신냉전 한일전

일러두기

1. 이 책은 사건 발생 시점에 남북미일 등 당사국의 공식 발표문과 기자회견을 뼈대로 삼고 이에 대한 언론 보도와 논평, 사건에 직접 관여했던 관계자들의 회고록(예: 존 볼턴 미 백악관 국가안보보좌관의 회고록 《그 일이 일어난 방The Room Where It Happened》) 등을 더해가며 기술했다. 각 사건 사이에 정확한 진상을 알 수 없는 부분에선 저자가 합당한 근거를 제시하며 추론했지만, 의도를 갖고 창작하거나 꾸며낸 내용은 없다.

2. 등장인물의 직함은 사건이 발생한 때를 기준으로 했다(예: 아베 신조 일본 총리는 책이 출간된 2021년 7월 시점에서는 '전 총리'지만, 본문에서는 '총리'라 기술).

3. 외국인의 발언 내용은 의미를 크게 훼손하지 않는 선에서 우리말 어법에 맞게 의역했다. 인용문 내에서 의미가 불명확한 부분은 대괄호([ ])로 내용을 보충했다. 인용문 안에 원래 포함돼 있던 괄호는 소괄호(( ))를 사용했다.

4. 국명 표기에서 남북 관계를 기술할 때는 대한민국은 '남', 조선민주주의인민공화국은 '북'으로 표기했다. 국제관계의 맥락에서 남북을 언급할 때는 대한민국은 '한국' 혹은 '한', 조선민주주의인민공화국은 '북한' 혹은 '북'으로 표기했다. 국가의 표기 순서는 본문에서는 한국을 중심으로 했고(예: 한일 관계, 한미일 관계), 인용문 안에서는 발언자의 국적을 중심으로 했다(예: 일본인이 한일 관계를 언급하는 인용문 내에서는 발언자가 발언한 대로 일한 관계로 표기).

5. 일본과 북한에서는 한반도를 '조선반도', 조선민주주의인민공화국을 '조선' 혹은 '북조선'이라 부른다. 이를 한국인에게 익숙한 표현인 '한반도'와 '북한' 혹은 '북'이라 통일하지 않고 그냥 두었다.

6. 본문에 설명이 필요한 부분에는 주를 달았다.

7. 단행본은 겹꺾쇠표(《 》)로, 신문, 잡지, 방송 프로그램 등은 홑꺾쇠표(〈 〉)로 표기했다.

8. 국내에 소개된 작품명은 번역된 제목을 따랐고, 국내에 소개되지 않은 작품명은 원어 제목을 독음대로 적거나 우리말로 옮겼다.

신냉전 한일전

길윤형 지음

동아시아 신냉전 시대에 마주한
결정과 갈등과 대립의 순간들

생각의힘

차례

프롤로그

서울의 끈덕진 아스팔트가 '아베 타도'의 열기로 달아올랐던 2019년 여름이었다. 오랜 일본의 벗에게서 "서울에 가니, 잠시 만나자"는 연락이 왔다.

독립 언론인 야스다 고이치安田浩一는 일본 사회 내에 독버섯처럼 뿌리내린 '혐한' 현상에 맞서 가장 치열하게 반대 활동을 해온 일본인으로 꼽힌다. 그의 대표작인 《거리로 나온 넷우익》은 일본의 혐한 세력인 '재일특권을 허용하지 않는 시민모임'(재특회)의 이면을 심층 취재한 책이다. 온라인 공간에서 분절된 채 활동하던 '넷우익'들이 한데 뭉쳐 거리로 쏟아져 나온 현상에 주목해 일본에서 진행 중인 새로운 우경화 흐름의 본질을 날카롭게 포착해내는 데 성공했다. 이후 그는 일본 사회 내에 만연한 약자에 대한 혐오 공격(헤이트 스피치)에 맞서는 일종의 아이콘으로 떠오르게 된다.

2013년 9월부터 2017년 4월까지 〈한겨레〉 도쿄 특파원으로 재직하면서, 이따금 일본 우익들의 혐한 시위를 취재하기 위해 거리로 나서야 했다. 그럴 때면 어김없이 아스팔트 바닥에서 일본 우익들과 대치 중인 야스다를 만날 수 있었다. 자연스레 눈인사를 나누고, 명함을 주고받고, 이자카야에서 술잔을 주고받는 시간을 거치며 서로 속 이야기를 터놓을 수 있는 벗이 됐다. 일본 내 혐한 현상을 분석하면서도 섣부른 민족 감정에 얽매이지 않는 그의 태도가 특히 마음에 들었다. 그가 혐한에 반대하는 이유는 타인을 차별하고 증오하는 마음이 결국 "일본 사회 자체를 파괴한다"고 믿기 때문이다.

"넷우익들은 자이니치뿐 아니라 장애인, 원폭 피해자, 오키나와 기지 반대 운동을 하는 이들도 차별한다. 한국에서 '일베'가 세월호 유족들을 공격하는 것과 매우 닮아 있다. 이런 차별주의자를 용납하면 사회가 걷잡을 수 없이 망가진다."[1] 그의 독특한 시선과 강직한 태도가 마음에 들어 귀국 후 〈한겨레21〉 편집장을 하던 무렵, '야스다 고이치의 일본 사회'라는 제목의 글을 받아 한동안 잡지에 연재했다.

그러던 어느 날 야스다가 카카오톡 메시지를 보내왔다. 8월 초 취재차 한국에 들어가는데, 잠깐 만날 수 없겠느냐는 것이었다.

3일 오후 2시. 서울 인사동의 한 호텔 근처 선술집에 앉아 이런저런 이야기를 나누었다. 대화 주제는 '사상 최악의 수준으로' 악화되고 만 한일 관계가 될 수밖에 없었다. 그가 한참 동안 아베 신조 총리의 욕을 하고 나면, 나는 그 말을 받아 한일 과거사 문제 해결을 위해 애써온 일본 시민사회의 노력에 무지한 한국 사회의 풍조를 개탄했다. 잠시 정적이 흐른 뒤, 우리는 지금과 같은 한일 대립이 대체 언제까지 이어질지 알 수 없다고 말하며 한숨을 내쉬었다. 한낮의 뙤약볕이 서울의 아스팔트 위로 무참하게 내리쬐고 있었다.

그날 오후 민주노총, 한국진보연대, 한국YMCA전국연맹 등 682개 단체로 이루어진 '역사왜곡·경제침략·평화위협 아베 규탄 시민행동'이 서울 종로구 주한 일본대사관 앞에서 '아베 규탄 3차 촛불문화제'를 열었다. "선조들이 끌려간 곳에 놀러 갈 수는 없지 않은가?", "사지 않습니다. 가지 않습니다", "보이콧 재팬" 등 불매운동을 촉구하는 만장 수십 개가 등장하며 문화제는 시작됐다. 그곳에 모인 시민들은 'NO'라고 표시된 윗옷을 입고 "아베 정권 규탄한다", "강제징용 사죄하라", "조선일보 폐간하라" 등이 적힌 손팻말을 들고 있었다.

온종일 무더운 날씨가 이어진 탓인지 문화제 시작과 함께 굵은 빗방울이 쏟아졌다. 주최 쪽 추산 1만 5,000명의 시민들은 개의치 않고 자리를 지켰다. 정해랑 시민행동 대표는 참가자들을 "21세기 신독립군 여러분"이라 부르며 "이 폭염 속에서도 나날이 늘어나는 촛불은 시민의 힘"이라고 말했다.[2]

이 무렵 한국 사회가 반反아베 열풍에 휩싸이게 된 데는 그럴 만한 이유가 있었다. 집회가 열리기 한 달 전인 7월 1일 일본 경제산업성은 '대한민국을 향한 수출관리 운용의 재검토에 대해'라는 제목이 붙은 A4 한 장 분량의 짤막한 보도자료를 발표했다. 자료에는 일본이 한국을 향해 두 개의 '조치'를 취한다는 내용이 담겨 있었다. 첫 번째는 한국을 '화이트 리스트'*에서 제외하도록 정령政令(시행령)을 개정하는 절차를 시작한다는 것이었고, 두 번째는 4일부터 한국의 주력 수출품인 반도체와 디스플레이를 만들 때 꼭 필요한 불화수소, 포토레지스트, 플루오린 폴리이미드 등 3개 소재를 포괄수출허가제도의 대상에서 제외해 개별적으로 수출심사를 진행

---

* 전략물자를 수출할 때 관련 절차를 간소화해주는 국가 목록을 말한다.

한다는 내용이었다.

일본이 수출규제를 강화한다고 밝힌 품목의 2018년 대일 수입 비중은 불화수소 41.9퍼센트, 포토레지스트 93.2퍼센트, 플루오린 폴리이미드 84.5퍼센트 등으로 일본 의존도가 매우 높았다. 이 조치가 시행된다면 한국은 해당 물질을 수입할 때 일본 정부로부터 개별 허가를 받아야 하는 번거로운 상황에 놓일 수밖에 없었다.[3] 만약 일본 정부가 크고 작은 트집을 잡아 허가를 거부하거나 심사 기간을 늘리는 방식으로 시간을 끈다면 한국 반도체 산업은 적잖은 타격을 입을 것이 분명했다. 대한민국에게 반도체 산업은 1990년대 중반 이후 경제의 재도약을 가능케 하고 지금과 같은 물질적 풍요를 실현해준 '우리가 가진 사실상의 모든 것'이었다. 한국의 심장에 비수를 들이댄 아베 총리의 습격에 모두 할 말을 잃었다. 놀란 시민들은 거리로 달려나와 반아베 구호를 외치고, 일본 제품에 대한 불매운동을 시작할 수밖에 없었다.

그렇다면 아베 총리는 한국을 상대로 왜 이런 '비열한 공격'을 감행한 것일까. 집권 여당인 더불어민주당이 내놓은 해답은 다음과 같았다.

이번 공격이 일어난 1차 원인은 아베 총리가 '필생의 과업'이라는 말로 적극 추진 중인 '개헌 야욕' 때문이다. 나아가 2차적으로는 동북아시아의 패권 국가로 거듭나겠다는 신정한론과 같은 한반도에 대한 '침략 의도'가 있다.*

일본이 이번 조치를 취한 배경에 개헌을 통해 스스로를 다시
금 '전쟁할 수 있는 나라'로 만든 뒤, 실제로 한국을 재침략하려는
아베 총리의 큰 음모가 자리하고 있다는 주장이었다. 그렇다면 누
란의 위기 앞에 놓인 한국에게 남겨진 선택지는 전면 반격밖에 없
었다. 아베 총리가 휘두른 보복조치에 깜짝 놀란 더불어민주당은
11일 일본경제보복대책특별위원회(이하 특위)를 만들었고, 6일 만인
17일 '보복'이라는 용어를 '침략'으로 바꾸었다. 8월 5일 당대표회의
실에서 열린 특위 전체회의는 아베 총리에 대한 성토의 장이 됐다.
최재성 특위 위원장이 말했다.

아베 총리가 참의원 자민당 전원회의에서 내놓은 첫 일성이 헌
법 개정이었다. 이 헌법 개정은 전쟁에 참여할 수 없는 나라, 교
전에 참여할 수 없는 나라에서 '할 수 있는 나라'로 바꾸는 기존
한일 안보 관계에 근본적인 변화를 예고하는 것이다. 아베 총리
발 경제침략은 이 문제와 직결돼 있다. 우리 미래 산업에 대한
타격이라는 것을 넘어서는 매우 중차대한 현실이 진행되고 있

---

* 더불어민주당이 만든 일본경제침략대책특별위원회의 최재성 위원장과 김민석 부위
원장의 발언 내용을 토대로 필자가 정리했다. 구체적인 발언 내용은 이후 본문에서
소개했다.

는 것이다. 헌법 개정에 필요한 여건을 만들기 위해서 아베 총리발 한일 갈등은 경제 외적인 분야까지 확대될 가능성이 매우 높다. (중략) 일본은 돌이킬 수 없는 강을 건넜다. 이는 한일 간의 갈등을 의도적으로 증폭시키는 행위로, 헌법 개정을 통해 동북아시아 패권 국가로 거듭나겠다는 '신정한론'과 다름이 없다. 우리는 결코 이를 좌시하지 않을 것이다.

그로부터 다시 사흘 뒤인 8일 경남대 극동문제연구소가 진행한 제64차 통일전략포럼 '한일 관계 어떻게 풀어야 하나?'에서 김민석 특위 부위원장은 "아베 총리는 히틀러의 길을 가고 있다"고 단언하며 다음과 같이 말했다.

아베 총리의 의도는 개별 사안이라기보다는 정치적 갈등을 통해 개헌과 재집권으로 가려는 것이다. 상황의 본질에 대한 인식이 중요하다. 이것은 경제적·정치적 침략이지 한쪽만 강조해서는 안 된다. 과거 역사와 관련되어 있고 미래의 정치와도 관련되어 있다. (중략) 현재의 이러한 문제는 아베가 개헌을 할 수 있을 때까지 계속 있을 것이다. 이후에는 독도 문제에서 영토 분쟁으로까지 갈 수 있다. 이 문제는 국가의 명운이 걸려 있고, 국가의 명예를 걸고 이것을 잘 해결하느냐 아니냐에 따라서 정권의 명운이 걸려 있다. 아베 정권에서 누군가 "문재인 정권을 갈

아치우지 않으면 안 된다"고 하면, 결국 저는 이 문제는 아베 정권이 물러나는 것으로 끝나게 될 수밖에 없다고 보고 있다.

토론자로 참여해 같은 연단에서 김민석 부위원장의 발언을 들으면서, 만감이 교차하는 느낌을 받았다. 이번 사태가 발생한 원인에 대한 더불어민주당의 이해가 정확한 사실에 기초하지 않은 '음모론적 오해'에 그친다고 판단했기 때문이다. 집권 여당의 책임 있는 정치인들이 현상의 본질을 이해하지 못하면, 잘못된 정책 판단을 내리게 되고 결국 국가를 더 큰 위기에 빠뜨리게 된다. 이 특위에 참석했던 한 전문가는 "일본을 바라보는 더불어민주당 586 위원들의 시각이 지난 1980년대 수준에 머물러 있다는 사실에 큰 충격을 받았다"고 말했다.

일본의 지난 보복조치가 '침략의 전 단계'라고 한다면, 한국과 일본 사이에 화해의 가능성은 사라지고 너는 죽고 나는 살아야 하는 사생결단의 대결을 감수할 수밖에 없다. 실제로 정부는 "안보상 신뢰할 수 없다는 이유로 수출규제 조치를 취한 일본에 대해 군사정보를 공유하긴 어렵다"고 말하면서 그해 8월 22일 일본의 보복조치를 한일 군사정보보호협정 GSOMIA (이하 지소미아) 연장 문제와 연결 지으며 정면 대결로 치달았다. 한반도 정세를 잘못 읽은 이 조치로 인해 한국은 석 달 뒤인 11월 22일 자신이 쏟아낸 지소미아 중단 결정을 스스로 거둬들이는 수모를 감수하게 된다.

최재성·김민석* 의원의 지적대로 아베 총리는 개헌을 '필생의 과업'이라 말하며 지난 7년 8개월에 걸친 집권 기간 쉼 없이 헌법 개정에 의욕을 밝혀왔다. 그러나 구체적 현실을 보자. 아베 총리는 2018년 3월 25일 자민당 당대회를 통해 ①자위대 명기 ②긴급사태 조항 ③참의원 합구合區 해소** ④교육의 충실 등 개헌 4항목을 확정했다. 이 항목 가운데 한국인이 보기에 가장 신경 쓰이는 부분은 일본 평화헌법의 핵심인 9조와 관련된 내용일 것이다. 그러나 아베 총리가 추진하던 9조 개헌은 일본의 교전권과 군의 보유를 금지한 핵심 내용은 그대로 둔 채 9조2를 신설해 "내각총리대신을 최고 지휘감독자로 하는 자위대를 갖는다"는 조항을 추가한다는 내용이다. 아베 총리는 한국에 대한 보복조치를 감행한 직후인 7월 22일 참의원 선거에서 승리를 거두기는 했지만, 2016년 7월 확보했던 개헌 의석을 유지하는 데 실패했다. 결국 아베 총리는 개헌의 꿈을 이루지 못하고 2020년 9월 지병인 장궤양이 재발해 퇴임하고 만다. 아베 총리가 눈앞에 다가온 참의원 선거 승리를 위해 '한국 변수'를 활용했을 수 있지만, 이는 한국을 재침략하려는 의도 때문이 아니라 외조부 기시 노부스케岸信介로부터 이어받은 개헌이라는 '이념적 욕심'

---

* 김민석 더불어민주당 의원은 2019년 8월 시점에는 의원이 아니었으나 이듬해 4월 15일 치러진 제21대 총선에서 승리해(서울 영등포을) 의원직에 복귀했다.
** 일본의 광역지자체에 해당하는 각 도도부현에 최소 1명의 참의원 의원을 배정하겠다는 내용이다.

을 만족시키려는 것에 불과했다. 한국을 공격해 개헌에 대한 여론을 불 지피고, 이어 독도에 물리적인 영토 분쟁을 일으켜 한국을 다시 정벌한다는 것은 더불어민주당 586세대의 '공상' 속에서나 존재할 법한 이야기였다. 한반도와 동아시아 정세 변화의 복잡하고도 미묘한 맥락을 거세한 채 갈등의 원인을 일부 일본 우익의 야욕으로 치부하고 나면, 우리가 해야 하는 일은 단 하나 '일본의 버르장머리를 고쳐주는 것'*밖에 남지 않게 된다.

그러나 일본의 버르장머리를 어떻게 고칠 수 있을까. 나보다 큰 상대와 싸워 이기려면 자신에게 가장 유리한 전쟁터를 골라 병력을 집중할 때를 기다릴 줄 아는 냉철함을 갖추어야 한다. 우리는 상대의 의도를 지나치게 악마화했고 흥분했으며, 그래서 불리한 전쟁터에 전 병력을 쏟아붓는 어리석은 결정을 내렸다. 지소미아 종료 결정을 철회하는 치욕스러운 광경을 목도하면서 가슴속 깊은 곳에서 끓어오르는 분노와 부끄러움에 며칠 동안 아무것도 할 수 없었다. 그 시간들을 겪으며 현재 진행 중인 한일 갈등의 복잡한 원인

---

* 김영삼 대통령은 1995년 11월 14일 장쩌민江澤民 중국 국가주석과 정상회담 모두발언에서 "문민정부의 당당한 도덕성에 입각해 그런(일본 정치인들의 망언) 버르장머리를 기어이 고치겠다. 과거의 군사정부와는 다르다는 것을 보여줘야겠다고 생각했다"고 말했다. 김영삼 대통령의 유명한 '버르장머리' 발언이었다. 이에 대해 일본은 노나카 히로무野中広務 관방장관이 "좀 더 절도 있게 발언해주기 바란다"고 일침을 놓는 등 불만을 숨기지 않았다. 결국 김영삼 대통령의 발언에 크게 화가 난 일본은 1997년 말 한국이 외환위기를 맞았을 때 협력 요청을 거절한다(김영삼, 《김영삼 대통령 회고록 하》, 조선일보사, 2001년, 165쪽).

을 같은 사회를 살아가는 동료 시민들이 알기 쉽게 이해하도록 짚어줘야겠다는 일종의 의무감을 느끼게 됐다. 그 고민과 갈등의 소산이 이 책이다.

그렇다면 일본은 왜 한국을 공격했을까.

2017년 봄 도쿄 특파원 생활을 마치고 귀국하면서, 일본 현지에서 보고 들은 취재 내용을 묶어 2017년 10월 《아베는 누구인가》라는 책을 냈다. 서문에서 박근혜 정권이 들어선 뒤 지난 4년 동안 이어졌던 한일 갈등은 "어쩌면 앞으로 닥칠 '거대한 불화'의 서막에 불과할지도 모른다"고 적었다. 한일 간에 거대한 불화가 생겨난 것은 현상적으로 일본군 '위안부' 문제, 즉 역사 갈등 때문이었지만 그 밑바탕에서 또 다른 거대한 움직임이 진행되고 있었다. 이를 '중국의 부상'과 '북한의 핵 개발'이라는 두 개의 거대한 지정학적 충격이 가지고 온 '동아시아의 신냉전화'라는 표현으로 요약할 수 있을지 모른다.

돌이켜보면, 1965년 국교정상화 이후 한일 관계는 크게 세 시기를 거쳐왔다. 제1기는 국교정상화부터 1980년대 말 냉전 해체에 이르는 시기였다. 이 시기의 기본 조건은 '냉전'이었다. 살벌한 냉전 질서는 양국에 협력을 강제했다. 두 나라는 역사 문제를 봉인하고 경제협력의 길을 연, 이른바 1965년 청구권 협정을 통해 국교를 정상화했다. 한국은 공산권의 위협에서 일본을 방어하는 일종의

'방파제' 구실을 수행했고, 일본은 그런 한국에 무상 3억 달러와 유상 2억 달러라는 경제협력자금과 기술력을 제공하며 뒤를 받쳤다.

이 시기 한일 관계의 본질을 보여주는 상징적 사건은 오구라 가즈오小倉和夫 전 주한 일본대사가 쓴 《한일 경제협력자금 100억 달러의 비밀》이라는 책에 담겨 있다. 12·12 쿠데타를 통해 권력을 장악한 전두환 정권은 1981년 4월 일본을 향해 느닷없이 "한국은 자유진영의 주축으로 국가 예산의 35퍼센트를 국방 예산으로 쓰고 있다. 그로 인해 가장 큰 혜택을 받는 국가는 일본"이라고 말하며 100억 달러라는 천문학적 경제협력을 요구한다. 이에 대한 일본 정부의 첫 반응은 "한국 정부가 미쳤다"(기우치 아키타네木内昭胤 아시아 국장)는 것이었지만, 공식과 비선 라인을 넘나드는 1년 반에 걸친 기묘한 협상 끝에 결국 40억 달러의 차관을 제공하는 데 동의했다.[4] 이 시기에는 오히려 일본이 나서 국교정상화를 원하는 한국의 의향을 중국 쪽에 전하기도 했다. 한국의 국회의장에 해당하는 중의원 의장을 지내게 되는 나다오 히로키치灘尾広吉는 1977년 6월 휴전선 근처 전방부대를 방문해 "한국의 젊은이들이 38선을 지켜주고 있어 오늘의 일본이 있다"고 감사 인사를 전하는 흥미로운 일화를 남기기도 했다.[5] 한일의 전략적 이해는 일치했고, 그랬기에 같은 곳을 바라보며 힘을 합칠 수 있었다.

제2기는 냉전이 해체된 1980년대 후반부터 중국의 부상이 가시화되기 전인 2000년대 말까지로 구분된다. 냉전 해체와 함께

1987년 6월 혁명으로 한국이 민주화되자 일제 식민지배로 인해 고통을 받았던 피해자들의 배상·보상 요구가 터져 나오기 시작했다. 이에 자극받은 한일 양국은 여러 우여곡절 속에서도 위안부 동원 과정의 강제성과 일본 정부의 관여를 인정한 1993년 '고노 담화'와 식민지배와 침략에 대해 일본의 사죄와 반성의 뜻을 담은 1995년 '무라야마 담화'라는 성과를 만들어냈다. 김대중 대통령과 오부치 게이조小渕恵三 총리는 이런 성과 위에서 1998년 10월 서로를 대등한 파트너로 인정하는 '한일 파트너십 선언'에 서명할 수 있었다.

　　한일 파트너십 선언을 받치는 두 개의 큰 기둥은 일본의 반성적 역사 인식과 평화헌법이었다. 오부치 총리가 "금세기의 한일 양국 관계를 돌이켜보고 일본이 과거 한때 식민지 지배로 인하여 한국 국민에게 다대한 손해와 고통을 안겨주었다는 역사적 사실을 겸허히 받아들이면서 이에 대하여 통절한 반성과 마음으로부터 사죄"를 하자, 김대중 대통령은 이를 "진지하게 받아들이고 양국이 과거의 불행한 역사를 극복하고 화해와 선린우호협력에 입각한 미래지향적인 관계를 발전시키자"고 화답했다. 평화헌법과 관련해서는 오부치 총리가 "한국이 비약적인 발전과 민주화를 달성하고 번영되고 성숙한 민주주의 국가로 성장한 데 대해" 경의를 표하자, 김 대통령은 "전후 일본이 평화헌법 아래서 전수방위 및 비핵 3원칙을 비롯한 안전보장정책과 세계경제 및 개발도상국에 대한 경제 지원 등을 통하여 국제사회의 평화와 번영을 위해 수행해온 역할"을 높이 평가했다. 한일 파트너십이 가능했던 것은 일본이 지난 역사를 반성하고 평화헌법을 소중히 여기는 태도를 보였기 때문이었다. 불행한 역사를 극복하고 미래지향적 관계를 만들자는 한일의 이심전심 아래 대중문화가 상호 개방되면서 2000년대 중반 일본 사회에서 화려한 '한류 붐'이 꽃필 수 있었다.

그러나 '좋았던 옛 시절'은 앞서 언급한 중국의 부상과 북한의 핵 개발이라는 두 개의 충격과 함께 막을 내리고 만다. 제3기인 동아시아의 신냉전이 시작된 것이다. 2010년 이후 중국과 센카쿠열도尖閣諸島(중국명 댜오위다오釣魚島)를 둘러싼 영토 분쟁을 겪은 일본은 중국의 부상에 맞서기 위해 미국과 동맹 강화에 나섰다. 두 나라는 2015년 4월 미일 안보협력지침(가이드라인)을 개정해 미일 동맹을 그동안의 '지역 동맹'에서 '글로벌 동맹'으로 위상과 역할을 강화시켰다. 이어서 미국을 매개로 따로 기능하고 있던 한미 동맹과 미일 동맹을 한 축으로 묶는 한미일 3각 동맹을 구축하는 방향으로 나아가기 시작했다.

이 과정에서 등장한 인물이 바로 아베 총리였다. 아베 총리는 2014년 7월 집단적 자위권을 허용하는 헌법의 해석 변경(해석 개헌)을 통해 평화헌법의 핵심을 크게 훼손했고, 2015년 8월 14일 공개한 아베 담화를 통해 "전쟁과 아무런 상관없는 우리 아이들과 손자 그리고 다음 세대의 아이들에게 계속 사죄의 숙명을 짊어지게 해선 안 된다"고 선언했다. 지난 한일 파트너십 선언의 기본 전제인 평화헌법과 반성적 역사 인식이란 두 기둥이 동시에 무너져 내린 것이다. 하지만 신냉전의 거센 흐름 속에서 한국은 한미일 3각 동맹을 강화하려는 미국의 압박을 이겨내지 못했다. 결국 한일 협력의 중대한 '걸림돌'이었던 위안부 문제를 2015년 12월 12·28 합의로 봉합하고, 그 기반 위에서 2016년 11월 지소미아를 체결하고, 2017년 4월 사드 배치까지 나아갈 수 있었다.

이 시점에서 아무도 예상치 못한 돌발 사태가 발생했다. 한국의 촛불혁명이었다. 2016년 말 촛불혁명이 발생한 가장 큰 이유는 2014년 4월 세월호 참사에 대한 박근혜 정부의 무기력한 대응과 최순실의 국정 농단이었다. 하지만 우리가 이대로 한미일 3각 동맹에 끌려 들어가도 괜찮은 것인가에 대한 민중들의 경계심이 작용한 것도 틀림없는 사실이다. 촛불혁명으로 등장한 문재인 정부는 한일 간 역사 갈등을 봉합하는 장치였던 12·28 합의를 무력화하는 것을 시작으로 미일 양국이 2015~2017년 이루어낸 여러 성과를 뒤엎으려 했다.

이후 사태 전개는 우리 모두가 아는 바와 같다. 2017년 한반도를 전쟁의 일보 직전까지 몰고 갔던 김정은 북한 국무위원장은 2018년 1월 1일 신년사를 통해 돌연 국면 전환을 시도했다. 2월 평창겨울올림픽을 계기로 시작된 한반도 평화 프로세스는 세 차례 남북 정상회담과 세 차례 북미 정상회담이란 기적을 만들어냈다. 한국은 한반도 평화 프로세스를 통해 남북 관계를 개선하고 북미 대화를 촉진해 동아시아의 냉전 구조를 단숨에 허물려 했다. 하지만 일본은 사실상 이미 핵보유국이 된 북한과의 '안이한 타협'을 경계하며 미국과 단단히 연대해 중국을 억눌러야 한다는 전략적 입장을 유지했다. 현재의 신냉전 체제를 공고화하려 한 것이다. 그에 따라 일본은 북핵에 대해 '완전하고 검증 가능하며 불가역적인 비핵화'를 뜻하는 CVID Complete, Verifiable, Irreversible Denuclearization 라는 엄격한 잣대를 들이대고, 모든 종류의 탄도미사일 제거와 모든 일본인 납치 피해자의 생존 귀환이라는 3대 요구조건(핵·미사일·납치 문제 해결)을 내세우며 한반도 평화 프로세스의 '훼방꾼' 역할을 하게 된다. 문재인 정부의 '현상변경' 전략이 한미일 3각 동맹을 강화하고 그 힘으로 북한과 중국을 억제해야 한다는 일본의 '현상유지' 전략과 정면충돌한 것이다. 즉, 단순히 한일 간에 존재하는 역사 문제뿐 아니라 동아시아의 미래에 대한 화해하기 힘든 전략적 관점 차이가 2018년 이후의 파국을 가져온 것이라 해석할 수 있다. 일본은 2019년 2월 28일 '하노이 결렬'을 통해 이 처절한 외교전에서 자신들이 승리했음을 확인한 뒤, 1965년 이후 한일 관계의 기본 틀로 작용해온 '65년 체제'를 사실상 허무는 2018년 대법원 판결에 적극적으로 대응하지 않는 한국의 심장에 비수를 날리게 된다.

　이 책을 통해 문재인 정부가 등장한 이후, 한일 갈등의 원인과 전개 양상을 객관적이고 냉정히 복기해보려 한다. 지난 갈등의 두 주인공은 한국과 일본이었지만, 중요한 배경이 되었던 것은 같은 시기에 진행됐던 북미 간의 치열한 비핵화 협상이었다. 이 책에선 자세히 다루지 않지만, 갈등의 또 다른 한편에는 한반도에서 숨 가쁘게 진행되는 상황 전개를 한발 비켜난 곳에서 냉정하게 지켜보며 대응했던 중국도 있었다. 하여, 이 길고 복잡한 연극의 진짜 주인공은 어쩌면 문재인 대통령과 아베 총리가 아닌 김정은 북한 국무위원장과 도널드 트럼프Donald Trump 미국 대통령일지도 모른다. 즉, 한국과 일본의 지난 갈등의 시작과 전개 그리고 결말을 규정한 것은 같은 시기 이루어진 북한과 미국 사이의 핵협상이었다. '신냉전 한일전'이라 이름 붙인 이 연극은 2인극이 아닌, 여러 등장인물이 쉼 없이 등장했다 사라지는 다인극으로 그려내야 한다.

피가 거꾸로 솟아오를 만큼 가슴 아픈 순간들을 기록하면서도 되도록 감정에 치우치지 않으려 했다. 한반도 평화 프로세스를 재가동해 동아시아의 냉전 체제를 허물 기회가 우리에게 언제 다시 찾아올지 알 수 없지만, 지난 실패를 복기하는 이 책이 향후 대일정책을 세우는 데 반면교사가 되길 기원한다.

비록 볼 만한 것은 없을지라도 이야말로 그때의 사건과 자취이므로 버릴 수 없다. 그러니 이로써 시골 구석진 곳에서 온 정성으로 충성의 뜻을 드러내고, 우매한 사람이 나라에 보답하지 못한 죄를 기록하고자 한다.*

---

* '우매한 신하'를 '우매한 사람'으로 고쳤다(류성룡, 김흥식 역, 《징비록: 지옥의 전쟁, 그리고 반성의 기록》 서해문집, 2014년, 17쪽).

1장 정념의 충돌

기묘한 밀월이 파란에 이르다

첫 번째 전화 회담

문재인 대통령이 취임한 지 이틀째인 2017년 5월 11일. 아베 총리는 여느 때와 다름없이 바쁜 하루를 시작했다.

오전 9시 20분 도쿄 도미가야富ヶ谷의 사저를 출발해 16분 만에 총리관저에 도착한 뒤, 9시 46분 기타무라 시게루北村滋 내각정보관과 만났다. 정확한 대화 내용은 알 수 없지만, 이날 오후 이루어질 문재인 대통령과의 첫 통화에 대한 브리핑을 받았을 것으로 짐작해볼 수 있다. 오전 11시부터는 앞으로 진행될 기나긴 한일 공방전의 일본 쪽 주인공들인 야치 쇼타로谷内正太郎 국가안전보장국장, 기타무라 내각정보관, 이시카네 기미히로石兼公博 외무성 종합외교정책국장, 가와노 가쓰토시河野克俊 자위대 통합막료장 등이 한꺼번에 총리 집무실로 향했다.

그로부터 세 시간 반이 지난 오후 2시 35분, 문 대통령과 약 25분에 걸친 첫 한일 전화 회담이 이루어졌다. 통화 결과를 전하는 일본 외무성 자료에서 묘한 절박함을 느낄 수 있다. 아베 총리는 문 대통령에게 "한국은 일본에 '전략적 이해'를 공유하는 중요한 이웃이다. 일한 관계는 오랜 시간 양국 관계자들이 부지런히 노력을 쌓아 구축해온 것이다. 문 대통령과 함께 미래지향적인 일한 관계를 구축하고 싶다"고 말했다. 이어서 "하루라도 빨리 만나 뵙고 싶다"고 조기 정상회담 개최에 대한 의욕을 밝히면서도 "일한 합의를 포함한 양국 관계를 적절히 관리해가고 싶다"는 묘한 말을 남기는 것을 잊지 않았다. 아베 총리가 언급한 '일한 합의'란 자신과 박근혜 전 대통령의 결단을 통해 태어난 12·28 합의를 뜻하는 것이었다. 한일이 12·28 합의를 통해 위안부 문제를 "최종적, 불가역적으로" 해결한 만큼, 이를 존중해 역사 문제를 이제 그만 잊고 미래지향적 우호 관계를 만들어가자는 뜻을 밝힌 것이다.

그에 대한 문 대통령의 응답은 같은 날 나온 윤영찬 청와대 홍보수석의 브리핑에서 확인할 수 있다. 문 대통령은 "한일 양국은 다양한 분야에서 괄목할 만한 발전을 이루어왔고 앞으로도 협력의 잠재력은 무한하다"면서 "양국이 성숙한 협력 관계로 나가는 데 있어 과거사 문제 등 여러 현안이 장애가 되지 않도록 역사를 직시하면서 이러한 과제들을 진지하게 다뤄나갈 것"이라고 말했다. 문재인 정부가 이후 끈질기게 내세운 대일 외교의 기본 방침인 '투트랙 기조'*를 먼저 설명한 것이다. 이어서 12·28 합의 이행을 요청하는 아베 총리에게 "우리 국민 대다수가 정서적으로 그 합의를 수용하지 못하는 게 현실이다. 그런 국민들의 정서와 현실을 인정하면서 양측이 공동으로 노력하자"는 뜻을 강조했다. 아베 총리가 한국의 '합의 이행'을 강조한 데 견줘, 문 대통령은 한국인 대부분이 합의를

---

* 한일 과거사 문제 등 원칙을 지킬 문제에선 철저히 원칙을 지키면서, 협력할 분야는 마음을 터놓고 협력한다는 방침이다.

받아들이지 못하고 있다는 사실을 지적하며 이런 상황을 개선하기 위한 한일 두 나라의 '공동의 노력'에 방점을 찍은 것이다. 한일 모두 두 정상의 첫 통화가 어떤 분위기였는지에 대해선 말을 아꼈지만, 12·28 합의에 대한 이견으로 팽팽한 긴장감 아래 이루어졌음이 틀림없다.

2016년 말 촛불혁명을 통해 탄생한 문재인 정부는 박근혜 정권으로부터 12·28 합의라는 부담스러운 유산을 물려받았다. 합의가 나온 뒤 한일 사회의 입장은 첨예하게 둘로 갈렸다. 한국정신대문제대책협의회(현 정의기억연대)와 요시미 요시아키吉見義明 등 일군의 학자들은 이 합의를 무효화해야 한다는 '백지 철회론'을 내세운 데 견줘, 와다 하루키和田春樹 도쿄대 명예교수를 대표로 하는 일본 시민사회 인사들은 일본 정부의 추가 조치를 통해 합의를 충실히 만들어가자는 '보완론'으로 맞섰다.** 이들은 일본 정부가 피해자들에게 사죄 편지를 쓰는 등 추가적 조치를 해야 한다고 요구했지만, 아베 총리에겐 그럴 의사가 눈곱만큼도 없었다. 아베 총리는 앞선 2015년 8월 14일 패전 70주년을 맞아 내놓은 담화에서 "아이들과 손자들에게 계속 사죄의 숙명을 짊어지게 해선 안 된다"고 말한 데 이어, 2016년 10월 3일 사죄 편지를 보내달라는 요구에 대한 견해를 묻는 오가와 준야小川淳也 민진당 의원의 질의에 "털끝만큼도 생각하고 있지 않다"고 냉담하게 반응했다.

'쇼와의 요괴'라 불리던 기시 노부스케의 외손자로 1954년

** 한국에서는 이원덕 국민대 교수, 진창수 세종연구소 일본연구센터장, 박철희 서울대 국제대학원 교수 등 한일 관계를 국제정치적 맥락에서 바라보는 학자들이 합의의 성과를 받아들여야 한다고 주장했다.

에 태어난 아베가 전후 최장수 총리가 될 수 있었던 것은 한반도와 일본 열도 사이에서 발생한 '두 개의 비극'인 위안부와 일본인 납치 문제에 대한 강경한 태도 때문이었다. 이 두 문제는 아베 총리가 1993년 국회에 진출한 이후 우익의 희망으로 주목받게 되는 정치적 원점이었다. 한국인이 볼 때 12·28 합의는 박근혜 외교의 무능을 상징하는 '굴욕 합의'였겠지만, 아베 총리에겐 반세기 넘게 일본을 괴롭혔던 한일 과거사를 총결산하고 한국을 한미일 3각 동맹의 틀 안에 포섭하기 위해 내린 '힘겨운 결단'이었다.

이 합의는 단순히 한일 간 민감한 역사 문제를 종결한다는 차원을 넘어 매우 미묘한 군사·외교적 함의를 품고 있었다. 합의의 일본 쪽 당사자였던 기시다 후미오岸田文雄 외무상은 합의 당일 "(이번 합의로) 일한 그리고 일미한의 안보협력도 전진할 소지가 생겼다고 본다. 동북아 지역의 안보 현상을 생각하면 일본의 국익에 크게 기여할 뿐 아니라 이 지역의 평화와 안정에 크게 공헌할 수 있다"는 흥미로운 말을 남겼다. 일본뿐만이 아니었다. 오랫동안 한일 관계 개선을 요구해온 존 케리John Kerry 미 국무장관도 "우리는 이번 합의가 미국의 가장 중요한 두 동맹의 관계를 발전시키는 데 기여할 것이라 믿는다. 양국과 경제 및 안보협력 등을 포함한 지역적·세계적 문제들을 해결하기 위한 노력을 계속할 수 있기를 기대한다"고 말했다. 이 합의는 한일이 향후 안보협력을 본격적으로 추진해나가기 위해 반드시 거쳐야 할 통과의례였고, 그랬기에 아베 총리는 자신의 우익적 신념을 꺾는 힘겨운 결단을 내릴 수 있었다.

하지만 합의가 공개된 뒤 아베 총리는 일본 우익들의 엄청난 비판에 시달려야 했다. 와다 교수는 〈세카이世界〉 2016년 4월호에

기고한 '아베 총리의 사죄는 끝나지 않았다'라는 글에서 이 합의에 대한 일본 우익들의 끓어오르는 분노의 목소리를 자세히 소개하고 있다. 일본의 대표적 우익 인사로 고노 담화를 집요하게 공격해왔던 사쿠라이 요시코桜井よしこ는 "내 마음을 전적으로 말한다면, 너무나 분하다. 이런 내용이라면 장래 후회할 것이라 걱정한다. 아쉽고 받아들이기 힘들다"고 밝혔고, 1997년 '새로운 역사 교과서를 만드는 모임'을 주도해 만들었던 후지오카 노부카츠藤岡信勝는 "망국의 대죄"라고 분노를 터뜨렸다. 우익 철학자 니시오 간지西尾幹二 역시 "(우리) 보수 언론계가 아베 총리에게 완전히 이용만 당해온 게 아닌가 하는 생각이 점점 강해지고 있다"고 말했다.

일본 우익 인사들은 왜 이런 분노의 감정을 쏟아냈을까. 아베 총리는 12·28 합의를 통해 "위안부 문제는 당시 군의 관여 아래 다수 여성의 명예와 존엄에 깊은 상처를 입힌 문제로, 이러한 관점에서 일본 정부는 책임을 통감한다. 아베 내각총리대신은 일본국 내각총리대신으로 다시 한번 위안부로서 많은 고통을 겪고 심신에 걸쳐 치유하기 어려운 상처를 입은 모든 분들에 대해 마음으로부터 사죄와 반성의 마음을 표명한다"고 말했다. 이 문안에서 확인할 수 있듯 아베 총리는 위안부 문제에 대한 일본 정부의 책임을 인정했고* 그 연장선에서 정부 예산으로 10억 엔(108억 원)이라는 돈을 한국 정부

---

* 고노 담화는 "본 건은 당시 군의 관여 아래 다수 여성의 명예와 존엄에 깊은 상처를 입힌 문제다. 정부는 이번 기회에 다시 한번 그 출신지가 어디인지를 불문하고 이른바 종군위안부로서 많은 고통을 겪고 몸과 마음에 치유하기 어려운 상처를 입은 모든 분에 대해 마음으로부터 사과와 반성의 뜻을 밝힌다. 또 그런 마음을 우리나라로서 어떻게 나타낼 것인지에 관해서는 식견 있는 분들의 의견 등도 구하면서 앞으로도 진지하게 검토해야 할 일이라고 생각한다"는 내용으로 구성돼 있다. 하지만 "책임을 통감한다"는 내용은 12·28 합의에 처음 포함된 것이다.

가 만드는 재단에 출연하기로 약속했다. 1965년 체제의 틀을 완화해 위안부 피해자들에게 정부 예산을 지급한다는 결정은 식민지배에 대한 사죄와 반성의 뜻을 담은 무라야마 담화의 주인공인 무라야마 도미이치村山富市 총리(사회당)나 이따금 한국을 방문해 사죄 발언을 하는 하토야마 유키오鳩山由紀夫 총리(민주당)도 하지 못한 일이다.

그 대가로 일본이 손에 넣을 수 있었던 것은 위안부 문제가 "최종적, 불가역적으로 해결된 것임을 확인한다"는 한국 정부의 약속이었다. 그런 의미에서 이 합의는 '기억과 반성'이 아니라, 한일 군사협력의 문을 열기 위한 분명한 목적 아래 이루어진 '망각을 위한' 합의라고 평가할 수밖에 없다.

애끓는 두 정념

아베 총리는 오랫동안 일본의 명예와 자긍심에 상처를 입혀온 위안부 문제를 둘러싼 역사 갈등을 끝낼 수 있는 이는 '보수의 적자'인 자신뿐이라 생각했다. 그는 일본 우익의 젊은 희망으로 정계에서 주목을 받기 시작하던 1990년대 중후반부터 고노 담화의 수정을 꾸준히 요구해왔다. 그런 자신이 직접 나서 결단하지 않으면, 일본 우익들의 거센 반발을 견뎌낼 수 없다고 판단한 것이다. 그로부터 연유하는 자부심 때문이었을까. 아베 총리는 합의가 이루어진 직후인 2016년 1월 16일 밤 긴자의 한 술집에서 1993년 함께 첫 당선을 이룬 국회의원 동기인 우에다 이사무上田勇와 도미타 시게유키富田茂之를 만나 이 문제는 다음 세대에게 떠넘기지 않고 "내 손으로 꼭 해결해야 한다고 생각했다"고 고백할 수 있었다.

하지만 한국인들이 아베 총리의 '깊은 정념'을 이해하긴 힘든 노릇이었다. 앞서 말했듯 한국인들에게 12·28 합의는 박근혜식 굴욕 외교를 상징하는 적폐일 뿐이었다. 2017년 3월 1일 오후 5시 '박근혜 정권 퇴진 비상국민행동'이 주최한 제18차 촛불집회에 눈길을 끄는 인물이 등장했다. 위안부 피해자인 이용수 할머니였다. 그는 연단에 올라 "우리 후손들에게 올바른 역사를 넘겨줘야 한다. 새로 대통령이 바뀌어서 대한민국을 튼튼히 지켜주시도록 엎드려 빌겠다"고 말했다. 촛불집회의 연단에 위안부 피해자가 올라섰다는 사실은 촛불의 분노 가운데 '세월호 참사'나 '최순실의 국정 농단' 외에도 박근혜 정권의 굴욕 외교를 바로잡아야 한다는 한국인들의 열망이 상당 부분 섞여 있었음을 보여주는 것이었다.

이런 감정을 대변하며 역사의 전면에 등장한 이가 1953년 '흥남 피난민'의 아들로 태어난 문재인 대통령이었다. 역사 문제에 대한 애끓는 정념은 아베 총리만의 것이 아니었다. 촛불의 염원을 등에 업고 대한민국의 정상이 된 문재인 대통령에게도 '역사를 바로 세워야 한다'는 확고한 소신이 있었다. 문 대통령은 더불어민주당 대표 시절인 2015년 12월 "(위안부) 합의는 국민의 권리를 포기하는 조약이나 협약에 해당되기 때문에 국회 동의를 받아야 하는데, 동의가 없었으므로 무효임을 선언한다"고 말했고, 대선 공약집에는 "재협상 등을 통해 피해자들이 인정하고 국민이 동의할 수 있는 수준의 합의(를) 도출"[1]하겠다고 밝혔다. 문재인 대통령은 2017년 1월 11일에는 위안부 할머니들의 묘소를 찾아 "박근혜 대통령 국정 농단 가운데 이루어졌던 위안부 합의는 그냥 10억 엔 돈만 받았을 뿐, 일본으로부터 공식적인 사죄조차 받지 못했던 그런 합의다. 우리로

서는 도저히 받아들일 수 없는 무효의 합의다. 위안부 문제에 대해
선 새로 합의를 해야 한다"고 말했다.

이 같은 문 대통령의 소신은 대통령 당선이 조금씩 가시화되
며 현실적으로 수정되는 모습을 보인다. 12·28 합의에 대한 문재인
대통령의 '최종적인 입장'은 취임 직전인 2017년 3월 공개된 심리학
자 이나미와의 대담집 《운명에서 희망으로》에 잘 드러나 있다. 이를
보면, 문 대통령이 역사 문제와 그밖에 한일이 협력할 사안을 분명
히 구분한다는 투트랙 기조를 기본적 대일 접근법으로 삼고 있음을
알 수 있다.

> 위안부 문제를 포함한 과거사 문제는 우리로서는 어쨌든 지속
> 적으로 일본에 요구해야 할 내용들입니다. 다만, 그것을 한일
> 관계의 전제로 삼으면 안 되는 거죠. 박근혜 정부의 실패는 위
> 안부 문제를 한일 외교의 전제조건으로 삼아버렸기 때문에, 그
> 문제가 풀리지 않으면 아무것도 할 수 없게끔 흘러가버린 거예
> 요. 오히려 자승자박이 돼서 할 수 없이 그렇게 말도 안 되는 합
> 의를 한 건데, 처음부터 잘못된 거죠.
> 과거사 부분은 지속적으로 요구해나가되, 미래지향적인 한일
> 관계는 별도 트랙으로 발전시켜 나가는 실용적인 자세가 필요
> 합니다.[2]

아베 총리가 문 대통령이 제시한 투트랙 노선에 선뜻 동의
해줄지는 불투명했지만, 문 대통령의 임기 첫해인 2017년 한 해 동
안 한일 관계는 나름 '관리'되고 있었다. 북한의 잇따른 도발 때문

이었다. 김정은 북한 국무위원장은 2017년 신년사에서 "대륙간탄도로케트 시험발사 준비가 마감단계"에 이르렀다고 밝힌 뒤, 그해 늦가을까지 탄도미사일 발사를 거듭하고 핵실험을 감행했다. 5월에는 중거리탄도미사일IRBM 화성-12형, 잠수함발사탄도미사일SLBM 북극성-2형을 발사했고, 7월 4일엔 최초로 대륙간탄도미사일ICBM의 능력을 입증한 화성-14형을 쏘아 올렸다. 이 가운데 8월과 9월에 쏘아 올린 화성-12형 2발이 일본의 혼슈와 홋카이도 사이 상공을 날아 서태평양에 떨어졌다. 그때마다 일본 전역에 J-얼러트(전국즉시경보시스템)가 발동돼 일본인들은 공포에 떨었다. 여세를 몰아 북한은 9월 3일엔 미국이 2차 세계대전 막판에 일본 히로시마에 떨어뜨린 것보다 17배나 위력이 큰 수소폭탄을 사용한 것으로 추정되는 6차 핵실험을 실시했다.

북한의 도발은 한국은 물론 미국과 일본에도 큰 충격을 안겼다. 미국의 원로 언론인 밥 우드워드Bob Woodward는 2020년에 펴낸 《분노》에서 북한의 도발로 인해 "수백만 명을 죽일 수도 있는 전쟁의 가능성에 점점 더 불안을 느낀" 제임스 매티스James Mattis 미국방장관이 워싱턴 국립 대성당에 홀로 들어가 기도하는 장면을 묘사하고 있다.[3] 허버트 맥매스터Herbert McMaster 백악관 국가안보보좌관은 8월 5일 MSNBC 인터뷰에서 북한에 대한 예방전쟁preventive war을 언급했고, 트럼프 대통령은 8일 북은 "화염과 분노fire and furry에 직면하게 될 것"이라고 경고했다. 미국에서 들려오는 심상찮은 목소리에 크게 놀란 문재인 대통령은 8·15 경축사를 통해 "한반도에서 또다시 전쟁은 안 된다. 한반도에서의 군사행동은 대한민국만이 결정할 수 있고, 누구도 대한민국의 동의 없이 군사행동을 결정할 수 없다. 정부는 모든 것을 걸고 전쟁만은 막을 것"이라고 호소했다.

그럼에도 북미의 말의 응수는 점점 더 험악해졌다. 트럼프 대통령은 9월 19일 유엔 총회 연설에서 "북한은 핵무기와 탄도미사일을 무모하게 추구하며 세계 전체를 위협하고 있다"고 말하면서 "미국에겐 큰 힘과 인내가 있지만 자신과 동맹국을 지키기 위해서라면 우리는 북한을 완전히 파괴할 수밖에 없다. 로켓맨은 자신과 그의 체제를 자멸의 길로 몰아가고 있다"고 경고했다. 이 이야기를 가만히 듣고 넘겨버릴 북이 아니었다. 김정은 위원장은 9월 21일 성명에서 "미국의 늙다리 미치광이를 반드시, 반드시 불로 다스릴 것"이라고 맞받아쳤다. 흥분한 트럼프 대통령은 9월 22일 트위터에서 "자신의 국민들을 굶기거나 죽이는 것을 꺼리지 않는 북한의 김정은은 분명 미친놈a madman"이라며 혀를 내둘렀다. 2017년 한반도는 '4월 위기설'과 '9월 위기설' 등 일촉즉발의 전운이 감도는, 지구상에서 가장 위험한 땅이었다.

미국은 북한을 억제하기 위해 군사 위협을 극대화할 수밖에 없었다. 미국 정부는 9월 23일 밤과 24일 새벽 사이에 '죽음의 백조'라 불리는 전략 폭격기 B-1B 랜서 여러 대와 F-15C를 불시에 출격시켜 비무장지대DMZ 최북단까지 올려보냈다. 21세기 들어 북한에 가장 근접 비행을 시도한 것이다. 11월 중순 동해에서는 한미와 미일의 살벌한 연합군사훈련이 진행됐다. 이 훈련엔 로널드 레이건, 시어도어 루즈벨트, 니미츠 등 미 항공모함이 무려 3척이나 투입됐고, 이지스함은 11척 참가했다.[4] 한국 해군에서도 이지스 구축함 2척을 포함해 7척의 함정이 훈련에 나섰다. 미일 훈련 때는 일본에서

경항모 급의 역량을 갖춘 이세いせ와 호위함 이나즈마いなづま, 마키나미まきなみ 등이 참가해 무력시위를 했다. 미국은 불안했는지 12월 1일 하와이에서 북한의 핵 공격에 대비한 사이버 대피 훈련도 했다. 미국이 북한의 핵 공격에 대비해 주민대피 훈련을 실시한 것은 역사상 처음 있는 일이었다.[5]

일본의 분위기는 심각하기 그지없었다. 당시 자위대의 통합막료장(한국의 합동참모의장)을 지낸 가와노 가쓰토시는 2019년 8월 〈분게이순쥬文藝春秋〉 인터뷰에서 다음과 같은 흥미로운 증언을 남겼다.

2017년 북한 사태가 가장 긴장됐다. 당시 북한이 탄도미사일 발사 거리를 늘려 사정권에 괌, 하와이, 워싱턴을 두는 등 미국에 대해 날마다 행동[수위]을 높여갔다. 트럼프 대통령이 북한 김정은 조선노동당 위원장을 "리틀 로켓맨"이라 부르자, 트럼프 대통령을 "겁먹은 개"라 부르며 응수했다. 9월 유엔 총회에서 트럼프 대통령은 "미국과 동맹국을 지켜야 할 상황이라면 북한을 완전히 파괴하는 것 외엔 선택지가 없다"고까지 말했다. 지금까지와는 다른 단계에 왔다고 느꼈다. 미군과는 조지프 던포드Joseph Dunford 합참의장이나 해리 해리스Harry Harris 태평양사령부 사령관을 통해 빈번히 연락을 취했다. 미일이 긴밀히 연대해 대응했다. 미국은 "모든 옵션이 테이블 위에 있다"고 북한에 전했다. 미군이 군사행동에 나서 한반도에 유사사태가 발생할 가능성도 생각했다. 만약 그렇게 될 경우 자위대는 어떻게 움직일까. 나로서는 "머릿속에서 체조(시뮬레이션)"를 해야 했다. 그 내용[구체적으로 대비한 내용]을 말하는 것은 불가능하다.

이 같은 '북풍'은 모리토모森友학원, 가케加計학원 등 각종 비리 스캔들로 지지율이 급락한 아베 총리에게 기사회생의 기회를 제공했다. 아베 총리는 9월 25일 "국난을 돌파하기 위한 해산"을 선언한 뒤 10월 22일 치러진 중의원 선거에서 손쉬운 승리를 거두었다.

북한이 새로운 미사일을 쏘아댈 때마다 한일 정상은 전화 회담을 통해 연대를 확인하고, 한일은 물론 한미일 3개국 정상회담을 열어 북한을 견제하는 강력한 메시지를 던질 수밖에 없었다. 한일 정상은 2017년 5월부터 그해 말까지 반년 남짓 동안 주요 20개국G20 정상회의 등을 통해 세 번 직접 만났고, 아홉 번 전화 회담을 했다. 하지만 한일 갈등은 잠시 유예된 것에 불과했다. 눈앞에 닥친 북핵과 미사일 위협이 12·28 합의와 대북 접근법을 둘러싼 양국 간의 심연과 같은 견해차를 뒤덮는 형국이었다.

무너져 내린 둑

분쟁의 불씨가 처음 모습을 드러낸 것은 문 대통령이 취임하고 한 달 정도 지난 6월 12일이었다. 이날 니카이 도시히로二階俊博 자민당 간사장이 아베 총리의 친서를 들고 문 대통령을 방문했다. 북한의 비핵화와 위안부 합의에 대한 아베 총리의 생각을 확인한 문재인 대통령은 민감히 반응했다. 이 발언은 당일 청와대 브리핑 자료를 통해 확인할 수 있다.

먼저, 대북 압박이었다. 문재인 대통령이 말했다.

북한의 완전한 핵 폐기를 위해 더 강한 압박과 제재가 필요하다는 총리의 말씀에 공감한다. 그러나 압박과 제재만으로 끝날 것이 아니기 때문에 북한을 대화의 테이블로 끌어내야 완전한 핵 폐기에 이를 수 있다. 그래서 한편으로는 강력한 압박과 제재를 가해야 하지만, 다른 한편으로는 북한이 핵을 포기한다면 함께 도울 수 있다는 메시지를 전할 필요가 있다.

두 번째는 위안부 문제였다.

아베 총리께서는 위안부 합의에 대해서도 친서에 담아주셨는데, 이 문제에 대해 한국 국민이 받아들이지 못하는 것이 솔직한 현실이다. 무엇보다 당사자인 위안부 할머니들께서 이 문제를 받아들이지 않고 계시다. (중략) 한일 관계를 불편하게 하고 발목을 잡는 것이 역사 문제인데 이것이 단숨에 해결되리라고는 생각하지 않는다. 다만, 일본이 한국 국민의 정서를 헤아리려는 노력이 중요하고 양국이 지혜를 모아 개선해나간다면 양국 관계는 더 빠르게 발전할 것이다.

흥남 피난민의 아들로 태어나 어린 시절 처절한 가난을 맛본 인권 변호사 출신인 문재인 대통령과 기시 노부스케의 외손자이자 자민당의 유력 정치인인 아베 신타로安倍晋太郎의 아들로 태어나 도쿄대생에게 과외를 받으며 도련님 같은 어린 시절을 보낸 아베 총리는 머리부터 발끝까지 공통점이라고는 찾을 수 없는 이질적 존재였다. 문 대통령이 "나는 우리 집의 가난도 아팠지만, 분단과 전쟁 때문에 아버지가 당신의 삶을 잃은 것이 늘 너무 가슴 아팠다"[6]고 회상할 때, 아베 총리는 "내가 납치 문제와 관계를 맺기 시작한 것은 아버지의 비서로 일하던 1988년부터였다"[7]고 말할 뿐이었다. 위안부 문제에서도 늘 피해자 중심주의를 강조하는 문 대통령과 달리, 아베 총리는 "관헌에 의한 강제연행을 직접 지시하는 기술은 발견되지 않았다"는 내용을 강변*하는 등 늘 싸늘하게 반응했다.

　　집권 뒤 두어 달이 흐른 7월께부터 문 대통령은 일본과 대치하고 있는 북핵(안보)과 위안부(역사)라는 두 개 전선 모두에서 현상 변경을 시도하기 시작했다. 먼저, 북핵이었다. 문 대통령은 북한이 첫 대륙간탄도미사일인 화성-14형을 발사한 직후인 7월 6일 독일 쾨르버 재단 초청 연설에서 북한에 ①이산가족 등 인도적 문제부터 하나씩 풀자 ②평창겨울올림픽을 '평화올림픽'으로 만들자 ③군사분계선에서 적대 행위를 상호 중단하자 ④한반도 평화와 남북 협력을 위한 대화를 재개하자고 제안했다. 이어진 8·15 기념사에서는 한반도 주변에서 끊임없이 이어지는 각종 위기설에 맞서기 위해 "다가오는 평창겨울올림픽을 평화올림픽으로 만들어야 한다. 남북 대화의 기회로 삼고, 한반도 평화의 기틀을 마련해야 한다"고 말했다. 9월 21일 유엔 총회 기조연설에서는 "민주주의 위기 앞에서 대한민국 국민들이 들었던 촛불처럼 평화의 위기 앞에서 평창이 평화의 빛을 밝히는 촛불이 될 것을 믿고 있다"고 간곡히 호소했다.

　　그와 거의 동시에 위안부 문제에 대한 대응이 시작된다. 외교부는 7월 31일 강경화 장관 직속으로 '한일 일본군 위안부 피해자

---

*　아베 총리는 이런 내용의 정부 답변서를 1차 집권기인 2007년 3월 16일 각의 결정했다.

38

문제 합의 검토 태스크포스'(이하 태스크포스)를 만들었다. 태스크포스의 위원장으로는 〈한겨레〉 논설실장 출신으로 이후 오사카 총영사가 되는 오태규, 부위원장으로는 외교부 동북아국장 출신으로 이후 제1차관을 역임하게 되는 조세영이 임명됐다.

태스크포스가 만들어졌다는 소식이 전해지자 일본은 민감한 반응을 보였다. 아베 총리는 문 대통령과 소통할 기회가 생길 때마다 "일한의 현안(위안부 문제)을 적절히 관리해가는 게 중요하다"고 말하며 한국의 움직임을 견제했다. 그러나 9월 3일 북한의 6차 핵실험으로 위기가 최고조에 달한 뒤인 7일 전화 회담에선 "지난달 세 번이나 전화 회담을 하고, 북한의 핵실험 이후인 4일에도 전화 회담을 하는 등 (양국) 정상끼리 의견 교환이 가능한 관계 구축이 가능해져 기쁘게 생각한다"고 말했다. '반일'로 알려진 문 대통령이 일본이 느끼는 안보 위협에 공감하고, 대북제재에 동참하는 모습을 보이자 감사의 뜻을 전한 것이다.

한반도를 둘러싼 일촉즉발의 분위기 속에서 트럼프 대통령이 11월 7일 한국을 방문했다. 트럼프 대통령은 이튿날인 8일 국회에서 진행된 34분간의 연설에서 시종일관 김 위원장을 비판하며 "당신이 얻고자 하는 무기는 당신을 더 안전하게 만들어주지 못한다. 북한은 당신(김정은 위원장)의 할아버지가 그리던 낙원이 아니다. 그 누구도 가서는 안 되는 지옥"이라고 말했다. 북한은 이에 아랑곳하지 않고 3주 뒤인 29일 전 세계를 공포와 경악의 수렁으로 빠뜨리는 엄청난 전략적 도발에 나섰다. 미국의 수도 워싱턴을 직접 타격할 수 있는 대륙간탄도미사일 화성-15형을 쏘아 올리는 데 성공한 것이다. 북한 관영 〈조선중앙통신〉은 이날 "화성-15형은 최대 정점고도 4,475km까지 상승해, 850km의 거리를 53분 동안 비행했다"*고 밝히며 "이로써 우리는 미 본토 전력을 타격할 수 있는 초대형 중량급 핵탄두 장착이 가능한 또 하나의 신형 대륙간탄도로케트 무기체계를 보유하게 되었다"고 전했다. 이 기사의 제목은 '국가 핵무력 완성의 역사적 대업 실현, 새형의 대륙간탄도로케트 시험발사 대성공'이었다. 냉전 이후 30년 동안 이어진 간난신고 끝에 북한이 말 그대로 "국가 핵무력 완성의 거대한 성공탑을 쌓아" 올린 것이다.

그와 거의 동시에 한일의 '기묘한 밀월' 역시 파탄에 이르게 된다. 먼저, 일본이 우려하던 태스크포스의 결론이 12월 27일 공개됐다. 태스크포스는 보고서에서 12·28 합의에 대해 "피해자의 의견을 반영하지 않은 정치적 합의이며 일본 측에 일방적으로 유리한 불균형한 합의"였다고 결론 냈다. 문재인 대통령은 이튿날인 28일 "2015년 한일 양국 정부 간 위안부 협상은 절차적으로나 내용적으로나 중대한 흠결이 있었음이 확인됐다. 유감스럽지만 피해갈 수는 없는 일"이라고 말하며, "이 합의로 위안부 문제가 해결될 수 없다는 점을 다시금 분명히 밝힌다"고 선언했다. 아슬아슬하게 균형을 유지하던 한일 사이의 '둑'이 무너져 내린 것이다.

일본은 "양국 현안을 적절히 관리해가자"는 아베 총리의 거듭된 메시지를 문 대통령이 간단히 무시한 것으로 받아들였다. 분노한 일본 정부는 27일 외무대신 담화를 통해 "재작년(2015년)의 위안

---

* 탄도미사일의 사거리는 상승했을 때 최대 정점고도의 3배 정도로 추정할 수 있다. 화성-15형이 4,475km까지 솟아올랐다는 것은 이 탄도미사일의 사거리가 미국 워싱턴을 타격할 수 있는 1만 2,000km에 이른다는 것을 보여주는 것이다.

부 합의는 민주적으로 선출된 양국 정상 아래에서 외교 당국 간 국장급 합의를 포함한 여러 레벨의 노력으로 당시 기시다 후미오 외무대신과 윤병세 한국 외교장관이 위안부 문제의 '최종적이고 불가역적' 해결을 확인하고 공동기자발표를 통해 표명한 것"이라고 밝혔다. 이어 "한국 정부가 이 보고서에 기초해 이미 실시되고 있는 합의를 변경하려 하면 일한 관계는 관리불능 상태가 된다. 결코 받아들일 수 없다"고 선언했다. 아베 총리는 화가 머리끝까지 치밀었는지 "합의는 1mm도 움직일 수 없다"고 말했다.[8]

이튿날인 28일 고노 다로 외무상은 출장지이던 터키 앙카라에서 재차 기자들과 만나 "오늘 발표를 듣고 바로 한국 정부에게 외교 루트를 통해 강하게 항의했다"고 방방 뛰었다. 하지만 니시무라 야스토시西村康稔 관방 부장관은 북핵 위협에 대비하기 위해 한일 협력이 필요하다고 여겼는지 "북한의 상황을 생각한다면, 일한이 긴밀히 연대해야 할 때다. 한국이 이런 점을 인식해줬으면 한다"는 유화적인 입장을 밝혔다.

하지만 니시무라 관방 부장관이 미처 알지 못한 사실이 있었다. 문 대통령이 그에 앞선 19일 미국 NBC 방송 인터뷰를 통해 2018년 2월 평창겨울올림픽 기간 한미 연합훈련을 연기하자고 미국에 제안했다는 사실을 공개했기 때문이다. 역사 문제로 어려움을 겪고 있지만, 북핵과 미사일 위협에 대해선 한국과 일본은 전략적 이해를 공유하는 이웃이 아니었던가! 한국의 '전선 이탈'로 패닉에 빠진 일본에서는 본때를 보이기 위해서라도 올림픽 개막식 참가를 보이콧해야 한다는 강경 여론이 솟구치기 시작한다.

2장 갈등의 서막

서로의 진짜 속내를 확인하다

모두를 놀라게 한 메시지

문재인 대통령이 12·28 합의 2주년인 2017년 12월 28일 "이 합의로 위안부 문제가 해결될 수 없다"고 말하며 일본에 큰 충격과 실망을 안긴 지 나흘 만에, 아베 총리는 한반도에서 날아온 또 하나의 급보를 접하게 된다. 지난해 다양한 종류의 탄도미사일을 시도 때도 없이 쏘아대며 한반도를 전쟁의 벼랑 끝까지 몰고 갔던 김정은 북한 국무위원장이 돌연 유화 노선으로 태도를 바꾼 것이었다.

김 위원장은 2018년 1월 1일 공개한 신년사를 통해 "지난해 우리 당과 국가와 인민이 쟁취한 특출한 성과는 국가 핵무력 완성의 력사적 대업을 성취한 것"이라고 말하면서 "마침내 그 어떤 힘으로도, 그 무엇으로써도 되돌릴 수 없는 강력하고 믿음직한 전쟁 억제력을 보유하게 됐다"고 선언했다. 이어 미국을 직접 겨냥해 "미국 본토 전역이 우리의 핵 타격 사정권 안에 있으며 핵 단추가 내 사무실 책상 위에 항상 놓여 있다는 것, 이는 결코 위협이 아닌 현실임을 똑바로 알아야 한다"고 경고했다. 트럼프 대통령은 2일 트위터를 통해 "북한 지도자 김정은이 방금 '핵 단추가 항상 책상 위에 있다'고

했다. 나는 그가 가진 것보다 더 크고, 강력한 핵 단추가 있다는 사실을 식량이 부족하고 굶주린 정권의 누군가가 그에게 제발 알려줬으면 한다. 내 버튼은 작동한다"며 불쾌감을 감추지 않았다.

하지만 전 세계를 놀라게 한 김 위원장의 메시지는 따로 있었다. 문 대통령은 2017년 7월 6일 독일 베를린 퀘르버 재단 연설과 9월 21일 유엔 총회 기조연설을 통해 김 위원장에게 2018년 2월 시작하는 "평창겨울올림픽을 평화올림픽으로 치르자"고 거듭 호소했었다. 놀랍게도 그에 대한 북한의 회답이 신년사에 담겨 나온 것이었다.

새해는 우리 인민이 공화국 창건 일흔돐을 대경사로 기념하게 되고 남조선에서는 겨울철올림픽 경기대회가 열리는 것으로 하여, 북과 남이 다 같이 의의 있는 해입니다. 우리는 민족적 대사들을 성대히 치르고 민족의 존엄과 기상을 내외에 떨치기 위해서도 동결상태에 있는 북남 관계를 개선하여 뜻깊은 올해를 민족사에 특기할 사변적인 해로 빛내여야 합니다. (중략) 남조선에서 머지않아 열리는 겨울철올림픽 경기대회에 대해 말한다면 그것은 민족의 위상을 과시하는 좋은 계기가 될 것이며 우리는 대회가 성과적으로 개최되기를 진심으로 바랍니다. 이러한 견지에서 우리는 대표단 파견을 포함하여 필요한 조치를 취할 용의가 있으며, 이를 위해 북남당국이 시급히 만날 수도 있을 것입니다. 한 피줄을 나눈 겨레로서 동족의 경세를 같이 기뻐하고 서로 도와주는 것은 응당한 일입니다.

북한이 왜 이 시점에 문재인 정부를 상대로 유화적 자세를 취하기 시작했는지에 대해선 실로 많은 이들이 다양한 의견을 제시할 수 있을 것이다. 북한 입장에서 본다면 2017년 11월 29일 화성-15형의 성공 발사로 국가 핵무력을 완성해 '누구도 건드릴 수 없는' 나라를 만들었으니("우리 국가의 핵무력은 미국의 그 어떤 핵위협도 분쇄하고 대응할 수 있으며 미국이 모험적인 불장난을 할 수 없게 제압하는 강력한 억제력이 된다"), 앞으로는 경제발전에 집중해야 했다("국가경제발전 5개년 전략 수행의 세 번째 해인 올해에 경제전선 전반에서 활성화의 돌파구를 열어제껴야 한다"[1]). 북한은 앞선 2016년 5월 조선노동당 제7차 당대회를 통해 침체된 경제를 획기적으로 끌어올리는 것을 목표로 한 국가경제발전 5개년 전략을 공개했었다. 이를 달성하려면, 2017년 연속적으로 이루어진 탄도미사일 발사와 6차 핵실험으로 부과된 가혹한 유엔 안전보장이사회 제재를 어떻게든 풀어야 했다. 이를 위해 가장 먼저 남북 관계를 풀어야 한다는 것은 북한의 전략적 계산에서 봤을 때 어쩌면 너무 당연한 일이었다.

　　북한의 갑작스러운 국면 전환 시도에 일본은 크게 당황했다. 돌이켜보면, 아베 총리에게 2017년은 롤러코스터를 타는 것 같은 한 해였다. 그해 초 터진 모리토모학원, 가케학원 비리 의혹으로 일본에선 아베 정권의 장기집권 폐해를 상징하는 '손타쿠忖度'*라는 말이 유행어가 됐다. 20퍼센트 후반까지 지지율이 급락했던 아베 총리를 구한 것은 역설적이게도 북한이었다. 김 위원장이 일본 열도를 위협하는 탄도미사일을 쏘아대자 형용하기 힘든 안보 위협을 느낀

---

*　　윗사람의 눈치를 보며 알아서 긴다는 뜻이다.

일본인들이 다시 정권을 중심으로 뭉친 것이다.

그와 함께 지지부진하던 대외 정책에도 힘이 붙었다. 트럼프 대통령이 2017년 9월 유엔 총회 연설에서 "북한을 완전히 파괴하는 수밖에 다른 선택지가 없다"고 선언하자, 아베 총리는 이틀 뒤인 21일 한미일 3개국 정상회담에서 "'모든 선택지가 테이블 위에 있다'는 트럼프 대통령의 결단을 지지한다"고 말하며 이에 적극 호응했다. 귀국한 아베 총리는 25일 "국난을 돌파하기 위한 해산"을 단행했고, 10월 22일 치러진 중의원 선거에서 승리한 직후엔 필생의 과업이라 말해온 개헌을 언급하며 "폭넓은 합의를 형성해갈 수 있도록 노력하겠다"고 말했다. 11월 5일엔 일본을 방문한 트럼프 대통령과 나란히 서 "일미가 100퍼센트 함께 있다는 것을 강하게 확인했다"고 선언했다. 새로 시작된 2018년은 대외적으로는 미일이 하나 돼 북한을 강하게 압박하는 모습을 연출하고, 국내적으로는 개헌을 위해 총력을 집중하는 한 해가 되어야 할 터였다.

한반도 평화 프로세스의 시작

하지만 북한의 뜻하지 않은 국면 전환 시도로 정세가 급변하기 시작했다. 북한을 대화의 장으로 끌어내기 위해 노심초사하던 한국 정부는 이 '천금 같은 기회'를 놓치지 않았다. 한국의 반응은 전광석화 같았다. 문재인 대통령은 김 위원장의 신년사가 나온 다음 날인 1월 2일 "통일부와 문체부는 후속 방안을 조속히 마련하라"고 지시했다. 그러자 불과 네 시간 만인 오후 2시 조명균 통일부 장관은 북을 향해 "9일 판문점에서 남북 고위급 회담을 열자"는 제안을 내놓는다.

북한도 빠르게 화답했다. 리선권 북한 조국평화통일위원회 위원장은 3일 오후 3시 30분 조선중앙텔레비전방송에서 그동안 끊겼던 남북 대화채널을 복원하겠다는 뜻을 밝혔다. 흥미로운 것은 미국의 반응이었다. 트럼프 대통령이 2일 트위터에서 "로켓맨(김 위원장을 지칭)이 지금 처음으로 한국과 대화를 원하고 있다"고 말하며 북한의 대남 접근에 긍정적인 반응을 보인 것이다. 문 대통령은 이 틈을 놓치지 않고 4일 밤 트럼프 대통령과 전화 회담을 통해 올림픽 기간 중 "한미 연합군사훈련을 실시하지 않는다"는 12월 제안에 대한 동의를 이끌어냈다. 문 대통령은 이 통화에서 "남북 대화 과정에서 미국과 긴밀히 협의할 것이다. 우리는 남북 대화가 북핵 문제 해결을 위한 미국과 북한의 대화 분위기 조성에 도움이 된다고 확신한다"고 말했다. 그러자 트럼프 대통령은 "우리 도움이 필요하다면 언제든 알려달라. 미국은 100퍼센트 문재인 대통령을 지지한다"고 화답했다.

바야흐로 동아시아의 냉전 질서를 단숨에 걷어낼 한반도 평화 프로세스가 본격 가동되려 하고 있었다. 한반도와 동아시아 전체가 전쟁의 문턱까지 치달았던 끔찍한 2017년을 보낸 만큼, 대화는 더 간절했고 평화는 무엇보다 절실했다. 문재인 대통령은 이런 마음을 10일 공개한 2018년 신년사에 담았다. 이제 평화를 향한 새로운 발걸음이 본격 시작될 것이었다.

어제 북한과 고위급 회담이 열렸습니다. 꽉 막혀 있던 남북 대화가 복원되었습니다. 북한이 평창올림픽 참가에 합의했습니다. 트럼프 대통령은 남북 대화와 평창올림픽을 통한 평화 분위기 조성을 지지했습니다. 한미 연합훈련의 연기도 합의했습니다. 이제 시작입니다. 우리는 평창동계올림픽과 패럴림픽을 성공적으로 치러내야 합니다. 평화올림픽이 되도록 끝까지 노력해야 합니다. 나아가 북핵 문제도 평화적으로 해결해야 합니다. 이를 통해 남북 관계 개선과 한반도 평화의 전기로 삼아야 합니다. 올해가 한반도 평화의 새로운 원년이 되도록 최선을 다하겠습니다. 이 과정에서 동맹국 미국과 중국, 일본 등 관련 국가들을 비롯해 국제사회와 더욱 긴밀히 협력할 것입니다.

한국인들에게 커다란 감동으로 다가왔을 2018년 새해 벽두의 거대한 정세 변화를 일본인들은 꺼림칙한 마음으로 받아들였다. 트럼프 대통령을 끌어들인 남북의 속도전에 일본은 대혼란에 빠졌다. 한때 일본 '리버럴의 성채' 구실을 하던 〈아사히신문〉마저 3일 해설 기사에서 "김 위원장이 평창올림픽 참가와 남북 대화를 언급한 배경엔 미한 관계를 흔들어 (둘 사이에) 쐐기를 박으려는 의도가 엿보인다. 한국이 북한에 접근하면 미한 동맹의 약체화가 진행될 가능성이 있다"고 우려했다.

일본 정부의 공식 반응은 5일 나왔다. 스가 요시히데菅義偉 관방장관은 정례 기자회견에서 "훈련 기간에 대한 결정(훈련을 연기한 것)은 북한에 대한 압력 강화의 움직임에 손상을 주는 게 아니다. 일미한이 압력을 최대한 높여간다는 방침엔 변화가 없다"고 말하며 정세 변화의 의미를 축소하려 애썼다. 물론 본심은 그렇지 않았다. 오노데라 이쓰노리小野寺五典 방위상은 5일 "과거 북한이 대화 자세를 보일 때도 국제사회가 지원했지만, 결과적으로 계속 속기만 했다"는 말로, 북한에 대한 깊은 불신을 드러냈다.

아베 총리 입장에서 볼 때 북한이 대화 공세에 나설 경우 한국이 이에 적극 호응한다는 것은 충분히 예상 가능한 범주 안에 있는 일이었다. 그를 충격의 도가니로 밀어넣은 것은 '훈련 연기'라는 말도 안 되는 제안을 받아들인 트럼프 대통령의 결정이었다. 〈아사히신문〉은 6일 일본 정부가 "한국이 군사연습의 일시 정지를 요청해도 미국이 거절할 것으로 예측하고 있었다"고 전했다. '100퍼센트 함께 있다'고 확신하던 미일 간에 대북 접근법을 둘러싼 견해차가 불거지기 시작한 것이다.

한일의 '갈등 전선'은 대북정책만이 아니었다. 아베 총리가 큰 공을 들였던 역사 문제에서도 중대한 변화가 시작되고 있었다. 문재인 대통령은 2017년 말 12·28 합의를 검증한 태스크포스 보고서를 받아든 뒤 이 합의에 "중대한 흠결"이 있었다고 말하며, 관계 부처에 "정부는 피해자 중심 해결과 국민과 함께하는 외교라는 원칙 아래 빠른 시일 안에 후속 조치를 마련해주기 바란다"고 지시했다.

문 대통령은 일주일 뒤인 1월 4일 청와대 본관 충무실로 위안부 피해자 할머니 여덟 분을 초청했다. 이 자리에서 지난 12·28 합의에 대한 정부 입장이 사실상 결정된 것으로 보인다. 와다 명예교수는 국민대학교 일본연구소가 펴내는 〈일본공간〉 24호 원고에서 "정대협과 일부 위안부 할머니들은 합의의 파기를 요구하지는 않았으나 합의의 실질 무효화를 고려해 화해·치유재단의 해산과 [이 재단에 일본 정부가 출연한] 10억 엔을 한국 정부가 충당할 것을 요구했다. 2018년 1월 4일 위안부 할머니들이 대통령 관저에 초대된 자리에서 그 요구가 전달됐다"고 적었다. 문 대통령은 이어 신촌 세브란스 병원으로 자리를 옮겨 한국 위안부 운동의 상징이었던 김복동(1926~2019) 할머니를 병문안했다. 문 대통령은 할머니의 손을 잡고 "'지난 합의는 잘못된 것이다. 그것으로 문제 해결이 된 것이 아니다', 그렇게 제 입장을 밝혔다. 그래도 어쨌든 과거 정부에서 양국 간 공식적인 합의를 했던 것은 사실이고 앞으로도 일본과 관계를 잘 풀어가야 하는데 어떻게 해야 할지 쉽지 않다"고 말했다. 문 대통령의 발언을 확인한 언론들은 정부가 조만간 12·28 합의의 파기와 재협상을 선언할 것이라는 예측 보도를 쏟아냈다.

　　12·28 합의에 대한 문재인 정부의 공식 입장은 다시 닷새 뒤인 9일 나왔다. 언론의 예상과는 다소 다른 결과였다. 강경화 외교장관은 이날 오후 2시 기자회견을 열어 "정부는 합의와 관련해 일본 정부에 재협상은 요구하지 않을 것"이라는 기본 원칙을 공개했다. 이어 ①위안부 피해자분들의 명예·존엄 회복 및 마음의 상처 치유를 위해, 우리 정부가 해야 할 일을 해나가는 데 모든 노력을 다하겠다 ②피해자, 관련 단체, 국민들의 의견을 광범위하게 수렴하면서 피해자 중심의 해결 방안을 모색해나가겠다 ③일본 정부가 출연한 화해·치유재단 기금 10억 엔은 전액 우리 정부 예산으로 충당하고, 이 기금의 향후 처리 방안에 대해서는 일본 정부와 협의하도록 하겠다는 방침을 밝혔다. 12·28 합의를 '파기'해 일본과 결정적 마찰을 벌이는 대신, 조금씩 '무력화'해나가기로 결심한 것이다. 정부의 12·28 합의 무력화 구상은 그해 11월 21일 화해·치유재단 해산으로 구체화된다. 문재인 대통령은 "재협상은 요구하지 않겠다"는 타협

안으로 한일 간 본격적 충돌을 피할 수 있다고 판단했던 것으로 보인다. 그렇지만 상대방인 일본이 이를 어떻게 받아들일지는 다른 문제였다.

단절론과 관여론

한국 정부의 합의 무력화 시도에 어떻게 대응해야 할까. 일본 여론은 둘로 갈라졌다. 자민당 내 매파들은 정부 간 소중한 약속(12·28 합의)을 손바닥 뒤집듯 한 한국에 본때를 보이기 위해 아베 총리가 평창겨울올림픽 개막식에 참가하지 말아야 한다고 주장했다. 이후 점차 힘을 얻게 되는 한일 '단절론'이다.

하지만 아베 총리 등 정권 핵심부는 한일 관계를 이대로 방치해서는 곤란하다고 판단했다. 한국과 끈질기게 접촉하면서 문재인 정권의 외교정책을 조금이나마 일본에 유리한 쪽으로 유도하는 게 현명한 길이라 판단한 것이다. 이른바 한일 '관여론'이다.

한국에 대한 관여를 지속해간다는 것은 일본 정부 입장에서 볼 때 불가피한 선택이었다. 때는 2017년 이후 이어진 극단적 대결이 2018년으로 들어서며 대화 국면으로 전환되어 가는 동아시아 정세의 중대 전환점이었다. 이런 때에 평창겨울올림픽 개막식이라는 중요 외교적 이벤트에 불출석해 스스로 고립을 자초하는 것은 있을 수 없는 일이었다. 결심을 굳힌 아베 총리는 자신과 사상을 함께하는 〈산케이신문〉과 단독 인터뷰에 나섰다.

〈산케이신문〉 1월 24일 자 지면에 실린 아베 총리의 인터뷰는 2018년 초 이루어진 남북 접근에 대한 일본 우익의 견해를 '날 것

그대로' 보여준다는 점에서 매우 흥미롭다. 아베 총리는 "올림픽은 평화의 제전이며 일본은 2020년 도쿄올림픽을 개최한다. 제반 사정이 허락한다면 개막식에 출석하려 한다. 일본 선수들을 격려하고 현지에서 문재인 대통령과도 꼭 회담하고 싶다"고 운을 뗐다. 그리고 자신이 한일 정상회담을 통해 문 대통령에게 무엇을 전달할지 두 가지로 정리했다.

첫 번째 내용은 예상대로 위안부 합의에 대한 일본의 입장이었다.

위안부 문제를 둘러싼 일한 합의(12.28 합의)에 대해 한국이 일방적으로 새로운 조치를 요구하는 것은 받아들일 수 없다. 이 생각을 문 대통령에게 직접 전해야 한다고 생각한다. 일한 합의는 국가와 국가의 약속이며 일본은 약속을 한 것은 모두 성의를 갖고 실행하고 있다. 나는 일한 합의의 당사자이다. [문재인 대통령이 당사자는 아니지만] 국가로서 약속을 한 것이기 때문에 [한국에서] 정권이 바뀌었더라도 그 책임을 이어가야 한다. 이 보편적·국제적 원칙이 무너지면, 국가와 국가 사이의 약속은 의미가 없어진다. 국제질서의 안정성이 근저에서부터 사라지게 된다.

두 번째도 예상할 수 있는 내용이었다. 한국이 북한에 대한 헛된 기대를 접고 대북 압박을 유지해야 한다는 호소였다.

평창올림픽의 성공을 향한 남북 대화에 대해선 [긍정적으로]

평가한다. 올림픽은 올림픽으로 [다른 문제와] 구별해서 생각해야 한다. 북한은 핵·미사일 개발을 계속하고 있다. 북한에 대한 압력을 최대화해간다는 방침은 조금도 굽혀선 안 된다. 이 생각도 문 대통령에게 명확히 전하고 싶다. 일미한이 긴밀히 연대해 고도의 압력을 유지한다는 것을 재확인하고 싶다. (중략) 대화를 위한 대화는 의미가 없다. 1994년 [북미 간] 제네바 합의, 2005년 6자 회담에 의한 합의(9·19 공동선언 등)에 따라 북한은 핵 폐기를 약속했지만, 그들은 이를 시간 벌기용으로만 사용하고 핵·미사일을 개발해왔다. 북한에 대한 제재를 중국, 러시아를 포함해 이행해야 한다. 올림픽 기간에 도발적인 행동이나 말을 억제하는 것은 좋은 일이다. 그러나 그사이 [북한이] 핵·미사일 개발을 이어가고 있다는 것도 엄연한 사실이다. 그래서 제재를 계속 유지하는 게 중요하다.

인터뷰에서 밝힌 대로 아베 총리가 적잖은 반대 여론을 무릅쓰고 한국을 방문하려 한 것은 평창겨울올림픽을 통해 한반도 평화 프로세스를 가동하려는 문재인 대통령을 견제하기 위해서였다. 물론, 아베 총리도 자신의 말 한마디에 한국이 쉽게 설득되리라 생각하지 않았다. 이럴 때 필요한 것은 미일의 공동 압박이었다. 아베 총리는 트럼프 대통령에게 직접 전화를 걸어 설득을 시도했다. 미일 정상의 전화 회담은 2월 2일 오후 10시부터 약 한 시간 동안 이루어졌다. 통화를 끝낸 아베 총리는 기자들 앞에 나서 다음과 같이 말했다.

오랜만에 트럼프 대통령과 약 한 시간 전화 회담을 했다. 언제나처럼 흉금을 터놓고 솔직한 의견 교환을 했다. (중략) 북한 정세에 관해 트럼프 대통령은 지난 일반교서 연설에서 매우 많은 시간을 들여 북한에 대한 압력을 최대한 올려야 하는 필요성을 언급했다. 그에 대해 [높이] 평가한다는 얘기를 했다. 그리고 내가 평창올림픽 개회식에 사정이 허락하면 출석해 일한 정상회담을 하겠다고 전했다. [마이크] 펜스Mike Pence 부통령도 개회식에 참가할 것이기 때문에 그때 한국과 긴밀한 연대에 대해 얘기할 것이다. [미국이 한국에게] 북한에 대한 제재를 각국과 함께 분명히 이행해갈 필요가 있다는 점을 말해야 한다는 것에 관해서도 방금 막 합의가 이루어졌다.

아베 총리는 회견에서 자세히 언급하진 않았지만, 트럼프 대통령에게 흉금을 터놓은 얘기를 쏟아낸 것은 틀림없는 사실이었다. 이 통화 결과를 전하는 일본 외무성 자료를 보면, 양국이 "북한의 '미소 외교'에 눈을 빼앗기지 않고 압력을 최대한 강화해간다는 데 일치했다"는 표현이 등장하기 때문이다. '북한의 미소 외교에 속으면 안 된다'는 말은 아베 총리가 북한을 비난할 때 즐겨 사용하는 말이었다. 통화가 이루어지는 한 시간 내내 북한의 미소 외교를 경계해야 한다고 거듭 강조했음을 알 수 있다. 같은 통화 결과를 전하는 백악관 자료엔 "두 정상이 북한을 비핵화시키기 위해 국제적인 최대의 압박maximum pressure을 강화할 필요에 대해 동의했다"는 중립적 언어가 등장할 뿐이다.

대조적인 두 표정

2월 7일 오후 5시 30분, 성조기와 일장기가 두 개씩 놓인 일본 도쿄 총리관저 1층 기자회견장으로 아베 총리와 마이크 펜스 미국 부통령이 들어섰다. 이전보다 한결 편해 보이는 아베 총리의 표정과 근엄하게 찡그린 펜스 부통령의 모습이 묘한 조화를 이루어 회견장에는 긴장감이 감돌았다. 이 회견은 펜스 부통령의 8일 방한을 앞두고 급속히 진행 중인 남북 대화에 대한 미국의 입장을 공식적으로 확인할 수 있는 마지막 기회이기도 했다.

아베 총리는 "펜스 부통령과 충분한 시간을 들여 북한의 최신 정세를 분석하고, 이후 방책에 대해 의견을 나눴다. 관련국에 북한의 미소 외교에 눈을 빼앗기지 않도록 호소하자는 데 일치했다"고 말했다. 아베 총리가 언급한 '관련국'은 한국을 의미하는 것이었다.

펜스 부통령이 뒤이어 발언했다. 북한에 대해 충격적일 정도로 냉담한 반응이었다.

북한은 이번 겨울올림픽에 선수단을 보낼 예정이다. 한국과 함께 같은 깃발 아래서 행진한다. 이것은 예전에도 있었던 일이다. 2000년, 2004년 그리고 2006년 겨울올림픽에도 같은 일이 있었다. 그러나 얼마 지나지 않아 북한은 도발을 계속했다. 실제로 2006년 토리노겨울올림픽이 끝나고 8개월 뒤 북한은 핵실험을 했다. (중략) 동맹국과 어깨를 나란히 하고, 북한이 독재적이고 잔혹한 국가라는 것을 전하고 싶다. [북한에 억류됐다 풀려난 뒤 사망한] 오토 웜비어Otto Warmbier의 아버지와 함께

한다. 북한이 이번 올림픽을 프로파간다[선전도구]로 이용하지 못하게 할 것이다. 그리고 올림픽 분위기를 이용해 자국민을 노예로 억압하는 것을 감추지 못하게 할 것이다. 북한을 최대한 압박해 '완전하고 검증 가능하며 불가역적인 비핵화CVID'를 실현할 수 있도록 계속 압력을 가하겠다. 북한에 지금까지 본 적도 없는 엄혹한 제재를 조만간 발표할 것이다.

9일 열린 평창겨울올림픽 개막식엔 1950년 6월 한국전쟁 이후 처음 남쪽 땅을 밟는 '백두혈통'(김일성 주석의 핏줄)인 김정은 위원장의 여동생 김여정 노동당 제1부부장과 김영남 북한 최고인민회의 상임위원장이 참석했다. 김 부부장은 이날 아침 평양 순안공항을 출발해 서해 직항로를 거쳐 오후 1시 47분 인천국제공항에 도착했다. 김 부부장은 타고 온 북 정부 전용기 '참매 2호'에서 내려 곧바로 인천공항 의전실로 이동해 조명균 장관의 영접을 받았다.[2]

함께 온 김영남 위원장은 문 대통령이 개회식 직전 평창 용평리조트에서 주최한 만찬을 겸한 리셉션에 참석했다. 한국 정부는 문 대통령이 앉는 주빈석에 김영남 위원장, 펜스 부통령 부부, 아베 총리, 한정韓正 중국 공산당 정치국 상무위원 등을 배치해 북미가 자연스레 인사하며 접촉할 기회를 마련했다. 하지만 펜스 부통령과 아베 총리는 오후 6시 행사가 시작된 지 10분이 지난 뒤에 도착해 문 대통령이 환영사를 마칠 때까지 별도의 방에서 따로 대기했다. 이후 문 대통령이 두 정상을 데리고 오후 6시 39분께 행사장에 입장했지만, 펜스 부통령은 정해진 자리에 앉지도 않은 채 5분 만인 오후 6시 44분 자리를 벗어났다. 김영남 위원장과 단 한마디도 말을 섞지 않겠다는 분명한 의사를 드러낸 것이다.

　세 시간 앞선 오후 3시 15분 용평리조트 블리스힐스테이에서 예고됐던 한일 정상회담이 열렸다. 하지만 이 만남은 서로에 대한 깊은 불신만 키운 실패로 끝나고 말았다. 당시 자리에 배석했던 한 인사는 "아베 총리가 자리에 앉자마자 위안부 얘기를 꺼냈다. 회담 분위기가 너무 안 좋았다"고 말했다.

　일본 외무성의 자료를 보면 아베 총리는 이 자리에서 "문 대통령과 함께 미래지향적인 일한 관계를 만들어가길 원한다"고 말하며, 이를 위해서라도 "일한 합의와 징용공(강제동원 피해자) 문제에 대해 적절한 대응을 바란다. 올해 가을 일한 파트너십 선언 20주년을 맞아 미래지향적 관계 구축의 계기로 삼을 수 있도록 노력하고 싶다"고 밝혔다. 아베 총리는 이어 북한 정세와 관련해 "미소 외교에 눈을 빼앗겨선 안 된다. 올림픽이 끝난 뒤가 중요하다. 북한이 비핵화를 향해 진지한 의사와 구체적인 행동을 보여주는 게 매우 중요하다. 핵 무장을 한 북한은 결코 받아들일 수 없다"고 말했다. 청와대 자료를 보면 문 대통령은 이에 대해 "양국이 마음이 통하는 진정한 친구가 될 수 있기를 진정으로 바란다. 그동안 수차례 밝혔듯이 역사를 직시하면서도 또 총리와 함께 지혜와 힘을 합쳐서 양국 간 미래지향적 협력을 추진하고자 하며, 이를 위해 셔틀 외교를 복원하고 개선하는 등 정상 차원의 긴밀한 소통을 강화하고자 한다"는 뜻을 전했다.

　아베 총리의 간섭은 거기서 그치지 않았다. 올림픽 기간 동안 연기하기로 한미 정상 간에 합의가 끝난 연합훈련에 대해서까지 미주알고주알 의견을 쏟아낸 것이다. 일본의 도를 넘은 참견에 화가

난 윤영찬 청와대 국민소통수석은 아베 총리가 "한미 연합군사훈련은 예정대로 진행되어야 한다"고 말했다는 사실과 문 대통령이 그에 대해 "아베 총리의 말씀은 북한의 비핵화가 진전될 때까지 한미 군사훈련을 연기하지 말라는 말로 이해된다. 그러나 이는 우리 주권의 문제이고 내정에 관한 문제다. 총리께서 이 문제를 직접 거론하는 것은 곤란하다"고 반박했다는 사실을 공개했다.[3] 정상 간에 이루어진 감정 섞인 공방이 공개된 것은 매우 이례적인 일이었다. 이날 한일 정상은 그동안 외교적 수사를 통해 감춰왔던 서로의 '진짜 속내'를 확인했는지 모른다. 이후 치열하게 진행되는 한일 외교전의 본격적인 막이 열린 것이다.

실망 속에 귀국한 아베 총리에게 또 다른 불길한 소식이 전해진다. 며칠 전 자신과 단단히 말을 맞췄던 펜스 부통령이 11일 〈워싱턴포스트〉 인터뷰에서 "북한이 대화를 원하면 우리도 대화할 것"이라고 말했기 때문이다. 미국의 진짜 생각은 뭘까. 일본은 깊은 의구심을 품기 시작했다.

3장 급물살

침범과 욕심과 허영이 만들어낸 세기의 사건

정상회담 준비

"굿 이브닝. 오늘 저는 트럼프 대통령에게 최근 저의 평양 방문 결과에 대해 브리핑하는 영예를 가졌습니다."

2018년 3월 8일 저녁 8시(현지시각). 한국식 억양이 짙게 밴 정의용 청와대 국가안보실장의 영어가 어두움이 내려앉은 백악관 웨스트윙 앞뜰에 울려 퍼졌다. 정 실장은 이날 전 세계를 묘한 패닉에 빠뜨린 엄청난 뉴스를 공개했다. 트럼프 대통령이 지난 70여 년에 걸친 북미 간 증오와 불신의 벽을 뛰어넘어 김정은 위원장과 "만난다"고 결정했다는 소식이었다. 정 실장의 오른쪽 옆에는 서훈 국가정보원장, 왼쪽 옆에는 백발의 조윤제 주미대사가 옅은 미소를 지으며 자리를 지켰다. 정의용 실장의 말이 이어졌다.

저는 트럼프 대통령에게 북한의 지도자인 김정은 위원장과의 면담에서 김 위원장이 '비핵화에 대한 의지'를 갖고 있음을 언급하였다고 했습니다. 김 위원장은 북한이 향후 어떠한 핵 또는 미사일 실험도 자제할 것이라 약속했습니다. 김 위원장은 한미 양국의 정례적인 연합군사훈련이 지속되어야 한다는 점을 이해하고 있습니다. 그리고 김 위원장은 트럼프 대통령을 가능한 한 조기에 만나고 싶다는 뜻을 표명하였습니다. 트럼프 대통령은 오늘 브리핑에 감사를 표시하고 항구적인 비핵화 달성을 위해 김정은 위원장과 금년 5월까지 만날 것이라고 하였습니다.

평창겨울올림픽을 '평화올림픽'으로 개최하는 데 성공한 남북의 접근은 거칠 것이 없었다. 개막식 참석을 위해 한국을 방문한 김여정 제1부부장은 10일 문재인 대통령을 예방해 "문재인 대통령을 빠른 시일 안에 만날 용의가 있다. 편하신 시간에 북을 방문해주실 것을 요청한다"는 김정은 국무위원장의 구두 친서를 전했다. 문 대통령은 "앞으로 여건을 만들어서 성사시키자"고 화답했다. AP통신은 "평창올림픽을 계기로 방한한 김여정으로부터 직접 방북 초청을 받으면서, 문 대통령은 [남북 관계의 획기적 개선이라는] 정치적 유산을 남길 수 있는 순간을 눈앞에 두게 됐다"고 평했다.*

문 대통령이 김 위원장으로부터 남북 정상회담 개최를 전제로 한 초청을 받으면서 평창겨울올림픽 준비를 매개로 걸음을 뗀 남북 대화는 '정상회담 준비'라는 더 큰 목표를 향해 급물살을 타기 시작했다. 김여정 제1부부장이 김정은 위원장의 특사 자격으로 남쪽을 방문했으니, 문 대통령은 대화의 모멘텀을 살리기 위해서라도

---

* 평창겨울올림픽을 계기로 남북미 3자 협의가 진행된 것은 또 다른 성과였다. 서울 모처에서 동계올림픽 참가를 위해 남에 내려온 명경일 통일전선부 부부장, 김상균 국정원 차장, 앤디 김 코리아미션센터장 등이 물밑 3자 접촉을 했다(조성렬, 위의 책, 119~120쪽).

서둘러 북에 특사를 보내야 했다.

문 대통령은 3월 1일 밤 10시 트럼프 대통령에게 전화를 걸어 "북한 고위급 대표단 방남 시 논의했던 내용을 확인하기 위해 북한 김여정 특사의 답방 형식으로 대북 특사를 조만간 파견"할 예정임을 전했다. 그로부터 사흘 뒤인 4일 윤영찬 청와대 국민소통수석은 김정은 위원장과 만나게 될 특별 사절단의 명단을 발표했다. 정의용 실장이 수석특별사절을 맡고 서훈 원장, 천해성 통일부 차관, 김상균 국가정보원 2차장, 윤건영 청와대 국정상황실장 등이 사절단에 이름을 올렸다. 윤 수석은 이들이 5일 오후 특별기를 타고 서해 직항로를 통해 방북한 뒤 1박 2일 동안 평양에서 "한반도 비핵화를 위한 북미 대화 여건 조성, 남북 교류 활성화 등 남북 관계 개선 문제 등을 포괄적으로 논의할 것"이라고 밝혔다.

부친 김정일 국방위원장은 평양을 방문한 남쪽 특사단의 접견을 쉽게 허용하지 않으며 애를 먹이기로 유명했지만, 김정은 위원장은 달랐다. 김 위원장은 평양을 찾은 대북 특사단을 파격적으로 환대했다. 김 위원장은 대북 특사단이 평양에 도착한 지 세 시간 만인 5일 오후 6시 조선노동당 본부 청사 로비까지 나와 이들을 맞이했다.

이어 회담이 시작된 뒤 정 실장이 문재인 대통령의 친서를 전달하려 하자 김 위원장은 자리에서 일어나 회담 테이블 앞으로 이동해 문서를 받는 등 최고의 예우를 갖췄다. 조선노동당 본관 진달래관에서 열린 만찬 때도 김 위원장과 부인 이설주가 만찬장 앞으로 나가 특사단을 직접 영접했다.[1] 만찬 요리는 평양의 명물인 온반이었다. 청와대는 대북 특사단이 "남쪽 인사로서는 처음으로 조선노동당 본관을 방문"했으며 "접견과 만남에 걸린 시간은 저녁 6시부터 10시 12분까지 모두 4시간 12분"이라고 밝혔다. 이 만남에서 김 위원장은 남의 특사단에게 북한을 '가난한 나라'라고 언급한 것으로 전해진다.[2] 남쪽 당국자들이 김 위원장의 솔직하고 거침없는 성격을 처음으로 직접 확인하는 순간이었다.

역사적인 만남이었던 만큼 크고 작은 에피소드가 쏟아졌다. 평생 대북 관련 업무를 맡아온 서훈 원장은 서울고 선배이기도 한 정의용 실장에게 "북한을 화나게 하는 발언은 절대 하지 말라"고 주의를 주었다. 하지만 정 실장은 식사 도중 '골초'인 김 위원장의 건강이 걱정됐는지 "담배는 몸에 안 좋으니 끊는 게 좋다"는 말을 던지고 만다. 화기애애했던 분위기가 순식간에 얼어붙었다. 이 썰렁한 분위기를 단숨에 녹인 이는 김 위원장의 부인 이설주였다. 손뼉을 치고 기뻐하면서 "정말 그렇다. 언제나 담배를 끊으라고 하지만 듣지를 않는다"고 호응했다. 이 얘기를 듣고 김 위원장도 크게 웃었다.*

이튿날인 6일 서울로 돌아온 대북 특사단은 기자회견에서 눈이 휘둥그레질 만한 보따리를 풀어놓았다. 정 실장은 이번 방북을

---

*   이 에피소드는 마키노 요시히로牧野愛博가 쓴 《김정은과 트럼프ルポ金正恩とトランプ》 136~137쪽과 〈아사히신문〉 2018년 3월 8일에서 인용한 것이다. 똑같은 에피소드가 화자만 정의용 실장에서 앤디 김Andrew Kim 중앙정보국 코리아미션센터장으로 바뀐 채 우드워드의 《분노》에도 등장한다. 폼페이오 장관의 2018년 5월 7~8일 2차 방북 때 동행한 앤디 김이 식사 도중 김 위원장에게 "담배가 건강에 좋지 않다"고 말하자 김영철 부장과 여동생 김여정이 놀라서 얼어붙었다. 이 위기를 구해준 것이 "네, 맞아요. 제가 남편에게 흡연의 위험에 대해 말했어요"라고 반응한 이설주였다(우드워드, 앞의 책, 101쪽). 정의용 실장과 앤디 김 중 실제로 누가 이 얘기를 한 것인지는 불분명하다.

통해 ①4월 말 평화의 집에서 제3차 남북 정상회담**을 개최하기로 합의했고 ②군사적 긴장 완화를 위해 정상 간 핫라인을 설치하기로 했으며 ③대화가 지속되는 동안 북이 추가 핵실험과 탄도미사일 시험발사 등 전략 도발을 재개하지 않겠다고 약속했음을 밝혔다.

이것만으로도 충분히 놀라운 성과였지만, 진짜 뉴스는 따로 있었다. 정 실장은 "북측은 한반도 비핵화 의지를 분명히 했으며, 북한에 대한 군사적 위협이 해소되고 북한의 체제 안전이 보장된다면 핵을 보유할 필요가 없다는 점을 명백히 했다"고 말했다. 2017년 11월 29일 화성-15형 발사에 성공하며 국가 핵무력 완성을 선언한 지 넉 달 만에 북한 최고 지도자가 비핵화에 응할 수 있다는 뜻을 밝힌 것이다.

그뿐이 아니었다. 정의용 실장에 따르면, 김 위원장은 "비핵화 문제 협의 및 북미 관계 정상화를 위해 미국과 허심탄회한 대화를 할 수 있다"는 의사도 밝혔다. 이것이 사실이라면, 냉전 이후 지난 30여 년 동안 동아시아의 평화를 가로막아온 최대 난제인 북핵 문제를 외교적으로 해결하기 위한 획기적 계기가 마련됐다고 평가할 수 있었다. 평창겨울올림픽을 통해 시작된 남북 대화가 단숨에 미국을 끌어들이는 전 세계적인 외교 이벤트로 격상된 순간이었다.

김 위원장이 비핵화에 대한 의지를 드러내고 이를 위해 미국과 대화할 수 있다고 한 이상, 한시도 지체할 겨를이 없었다. 정 실장은 "곧이어 서훈 국정원장 등과 함께 이번 방북 결과를 설명하기

** 1차 남북 정상회담은 2000년 6월 김대중 대통령과 김정일 국방위원장, 2차 남북 정상회담은 2007년 10월 노무현 대통령과 김정일 국방위원장이 진행했다. 이 순서에 따른다면, 2018년 4월 27일 이루어진 판문점 회담은 3차 남북 정상회담이었다.

위해 미국을 방문한다"는 말로 회견을 마쳤다.

놀라운 속도로 진행되는 상황 변화에 일본은 얼이 빠질 뿐이었다. 스가 관방장관은 6일 오전 정례 기자회견에서 "한국으로부터 현시점에서 특단의 설명을 받지 못했다. 앞으로 설명을 듣고 싶다"는 떨떠름한 입장을 내놓는 데 그쳤다.

불과 몇 달 전까지 김 위원장에게 '리틀 로켓맨', '미친놈'과 같은 막말을 쏟아내던 트럼프 대통령은 "미국과 허심탄회한 대화를 할 수 있다"는 김 위원장의 제안에 어떤 반응을 보이게 될까. 자연스레 세계의 시선은 워싱턴으로 집중됐다. 하지만 이때까지만 해도 트럼프 대통령이 김 위원장의 제안을 덥석 받아들일 것이라고 기대한 이는 많지 않았다.

오바마에게서 트럼프로

동맹을 경시하는 '미국 우선주의'로 갖은 파격을 일삼던 트럼프라는 이단아가 언제부터 북핵 문제에 관심을 갖게 됐는지는 명확하지 않다. 트럼프 대통령이 북한에 대해 공개 발언한 것은 1999년 10월 시사 대담 프로그램인 〈미트 더 프레스Meet the Press〉(NBC)에 출연했을 때로 거슬러 올라간다. 이 자리에서 트럼프는 "나는 북한과 미친 듯이 협상할 것"이라는 특이한 발언을 남겼다. 2016년 본격적인 대선 유세가 시작된 뒤에는 "오바마Barack Obama 대통령은 북한이 공세를 강화하며 핵무기가 도달할 수 있는 범위를 더 확장하는 것을 맥없이 지켜보기만 한다", "나는 누구와도 대화할 수 있다. 나는 그(김정은 위원장)에게 공식 만찬을 허용하진 않을 것이다. 우리는 콘퍼런스 테이블에서 햄버거를 먹으며 얘기할 수 있다"와 같은 가십성 발언을 쏟아냈다. 트럼프 대통령은 북한과 대화할 수 있다는 입장이었지만, 대통령에 당선될 때까지 그의 여러 언동에서 북핵 문제 해결에 특별히 더 깊은 관심과 이해를 가졌다는 징후는 찾아볼 수 없다.[3]

트럼프 대통령이 북핵 문제에 관심을 갖게 된 직접적인 계기는 당선 직후 오바마 대통령과 나눈 대화였을 것으로 추정된다. 이와 관련해 매우 흥미로운 기록이 남아 있다. 밥 우드워드의 2018년 저서 《공포》에 따르면, 버락 오바마 대통령은 2016년 11월 10일 백악관에서 당선자 신분이 된 지 갓 이틀 된 트럼프와 만났다. 둘의 만남은 20분으로 예정돼 있었지만, 90분 넘게 이어졌다.[4]

전임 오바마 행정부의 대북정책은 '전략적 인내Strategic Patience'라는 한마디로 요약할 수 있었다. 북한이 먼저 핵을 포기하겠다고 결심하고 대화에 나설 때까지 그들의 도발을 철저히 무시한다는 전략이었다. 이 전략은 겉으로 보기엔 그럴듯했지만, 북한에 핵과 미사일을 개발할 시간을 허용하는 최악의 결과를 낳고 말았다. 오바마 행정부가 '전략적'으로 북한의 행동을 '인내'하는 사이 북한은 2016년 9월 5차 핵실험을 감행했고, 미 본토를 타격할 수 있는 탄도미사일 능력을 확보하려는 시험발사를 거듭했다. 뒤늦게 치명적인 정책 실패를 깨달은 오바마는 2016년 9월 국가안전보장회의NSC에서 북핵과 미사일을 제거하기 위해 미군이 북한에 선제타격을 가하는 게 가능한지 물었다. 미국 정보 당국과 국방부가 한 달 뒤 내린 결론은 "한 차례 공격으로 모든 것을 파괴할 수 없다"는 것이었다. 그렇다면 살아남은 북한의 탄도미사일이 미국의 두 동맹국인 한국과 일본을 상대로 끔찍한 공격을 퍼부을 것이었다. 오바마는 그로부터 두 달 뒤 미 대통령 당선자 신분으로 백악관을 찾은 트럼프에게 "한반도 문제는 당신이 시작해야 할 가장 크고 중요한 일일 겁니다. 그 문제가 나의 가장 큰 골칫거리였습니다"라고 말할 수밖에 없었다.

우드워드의 후속작 《분노》에 따르면, 트럼프 대통령은 취임 엿새째 되는 2017년 1월 26일 매슈 포틴저Matthew Pottinger 백악관 NSC 아시아 담당 선임보좌관을 불러내서 자신이 오바마 대통령에게서 들은 이야기를 전해줬다. 즉, 북한이 자신이 향후 4년 동안 마주하게 될 "가장 크고, 가장 위험하며, 가장 시간을 잡아먹을 문제가 될 것"이라는 이야기였다.

트럼프 대통령은 "내가 어떻게 해야 하느냐"고 물었다. 포틴저 선임보좌관은 "북한에 대한 오바마 행정부의 '전략적 인내' 정책은 재앙이었다. 이 전략은 북한이 스스로 무너져 협상 테이블로 기어올 것이라는 희망에 기대 있는 것"이라고 답했다.[5] 정확한 지적이었다. 오바마 행정부의 대북정책이 처절한 실패로 끝났다는 점에 대해선 민주·공화 양당을 아우르는 외교안보 정책 담당자와 전문가들 사이에 광범위한 공감대가 형성돼 있었다. 정보기관에서 상당한 경험을 쌓고 한국에서도 근무했던 적이 있는 한 분석가는 우드워드에게 "오바마 행정부가 이 문제를 외면한 채, 귀가 멀고 말도 못 하고 앞도 못 보는 원숭이처럼 행동하는 것을 보고 나는 충격을 받았다"고 말했다.[6]

트럼프 대통령의 호출을 받은 지 한 달 만에, 포틴저 선임보좌관은 북한을 핵보유국으로 인정하는 것에서부터 중앙정보국의 공작이나 군사 공격을 통해 정권 교체를 추진하는 것까지를 망라한 여러 정책 대안을 제시했다. 이후 내부 토론 과정을 거쳐 확정된 트럼프 행정부의 대북정책은 2017년 3월 17일 공개됐다. 이른바 '최대의 압박Maximum Pressure' 정책이었다. 이 정책은 북한에 대한 경제적·군사적·외교적 압박을 최대한으로 끌어올리고, 할 수 있다면 체제 전복을 위한 공작도 불사하는 것이었다.

이 작전을 실행할 인물로 트럼프 대통령이 선택한 인물은 마이크 폼페이오Mike Pompeo 중앙정보국장이었다. 폼페이오 국장은 북한 문제를 다루기 위해 전설적인 대북 정보요원이었던 앤디 김(한국 이름 김성현)을 불러냈다. 당시 앤디 김은 중앙정보국 한국지부장과 아시아태평양지역 책임자를 거쳐 퇴직한 상태였다. 한국에서 서울고를 1학년까지 다니다 부모와 함께 이민을 떠나 미국 국적을 취득한 그는 정의용 실장과 서훈 원장과 고교 동문이 된다.[7]

앤디 김은 폼페이오 국장에게 북한을 상대로 "전복 작전을 계획하고 시행하려면 많은 돈이 든다"고 말했다. 폼페이오 국장은 "원하는 돈을 마련해주겠다", "당신을 지원하겠다"고 약속했다. 그 결과 2017년 5월 12일 중앙정보국 산하에 수백 명의 요원으로 구성된 코리아미션센터Korea Mission Center가 만들어졌다. 중앙정보국에 특정 국가를 상대로 한 대규모 조직이 만들어졌다는 것은 매우 이례적인 일이었다. 오바마 전 대통령의 '고백'을 통해 북핵 문제에 눈을 뜬 트럼프 대통령이 임기 초부터 이 문제 해결을 위해 상당한 관심과 노력을 기울였음을 알 수 있다. 폼페이오 국장은 코리아미션센터가 출범할 당시 "북한발 위기에 대응하는 데 있어서 중앙정보국이 더 강력하게 지휘하고 노력을 통합할 수 있게 됐다"고 말했다. 우드워드는 트럼프 행정부 초기 미국의 대북정책에 대해 "매티스 국방장관은 북한에 대한 군사 작전을 계획했고, 렉스 틸러슨 Rex Tillerson 국무장관은 외교적 노력을 기울였으며, 앤디 김은 트럼프 대통령의 공식 명령이 있을 경우 북한의 지도자를 뒤엎을 전복 작전을 짰다"[8]고 논평했다. 이 모든 일이 가능했던 것은 오바마 행정부가 가장 큰 실패를 저지른 바로 그 지점에서 누구도 무시할 수 없는 외교적 업적을 달성하고 싶다는 트럼프 대통령의 허영 때문인지도 몰랐다.

진기한 광경

정의용 실장의 2018년 3월 8일 미국 방문은 실로 '세기적 사건'이었다. 이 만남을 통해 남북 대화를 주도하고 북미 접근을 유도해 평화로운 한반도를 만들어야겠다는 흥남 출신 탈북민의 아들인 문 대통령의 '집념', 국가 핵무력을 완성한 뒤 경제개발에 나서고 싶다는 김정은 위원장의 '욕심', 오바마 대통령을 좌절시킨 미국 최대의 외교 난제를 해결하고 싶다는 트럼프 대통령의 '허영'이 하나의 거대한 화학 작용을 일으켰기 때문이다. 이를 통해 불과 몇 달 전까지만 해도 불가능할 것 같았던 기적이 연출됐다.

또 다른 차원에서 보자면, 거짓말 같은 기적이 가능했던 것은 이 무렵 북미가 동상이몽을 꿀 수 있는 전략적 조건 아래 놓여 있었기 때문이었다. 트럼프 대통령은 자신이 추진해온 최대의 압박 정책이 마침내 효과를 발휘해 북한이 꼬리를 내리고 대화에 나섰다고 주장할 수 있었다. 이에 대해 김 위원장은 자신이 이룩한 국가 핵무력 완성에 공포를 느낀 트럼프 대통령이 비로소 북한의 대화 제의에 응했다고 생각하면 그만이었다. 실제 북한이 화성-15형 시험발사 성공을 통해 미 본토를 직접 타격할 능력을 입증하지 못했다면, 트럼프 대통령이 대화에 응했을지 알 수 없다. 물론 모든 일이 이렇게 단시간에 실현될 수 있었던 것은 문재인 대통령 등 한국의 중재노력 덕분이었다. 그에 따라 8일 밤 백악관에선 한국 외교사에 길이남을 그야말로 '진기한 광경'이 연출되기에 이른다.

임종석 청와대 비서실장은 〈창작과비평〉 2020년 여름호 인터뷰에서 이날 백악관 내의 풍경을 자세히 소개했다. 트럼프 대통령은 8일 늦은 오후 정 실장을 갑자기 백악관으로 불러냈다. 허버트 맥매스터Herbert McMaster 백악관 국가안보보좌관과 사전 협의를 거친 뒤 트럼프 대통령을 예방하려던 한국 대표단은 크게 당황했다. 안내를 받아 들어선 미 대통령의 집무실인 '오벌 오피스Oval Office'엔 미국 쪽 주요 책임자가 20명 남짓 앉아 있었고, 안쪽에 자리를 잡지 못한 비슷한 수의 인원이 복도에서 서성대고 있었다.

2018년 초 힘겹게 남북 대화가 시작됐지만, 이를 바라보는 백악관의 견해는 극히 부정적이었다. 유일한 예외는 트럼프 대통령이었다. 오바마 행정부의 '외교 업적'이라 평가받는 이란 핵협정(JCPOA·포괄적 공동행동계획)*에는 극히 부정적이었던 트럼프 대통령은 김정은 위원장에게 "비핵화 의지가 있다"고 전한 정 실장의 언급에 즉각 반응했다.

---

*   미국은 2018년 5월 이 합의에서 일방적으로 이탈했다.

"거봐, 내가 뭐랬어. 맞지? 그래, 맞아. 그거야. 나는 만날 의사가 있다. 그러니 당신이 가서 기자회견을 하라."

크게 놀란 정 실장이 맥매스터 보좌관과 함께 회견을 하겠다고 한발 물러섰다.

"노, 노. 당신 혼자 하라."
"맥매스터와 의논해서 하겠다."
"노. 그냥 당신이 하라니까."

이날 풍경과 관련해, 마키노 요시히로 〈아사히신문〉 전 서울 특파원은 2019년에 펴낸 책 《김정은과 트럼프》에서 트럼프 대통령이 "김정은 위원장과 4월에 [미국] 서해안"에서 당장 만나겠다고 서둘렀다고 밝혔다. 당황한 정 실장은 4월 말 남북 정상회담이 예정돼 있다는 사실을 알리며 "그 뒤가 어떻겠냐"고 설득했다. 결국 시점은 5월로 정해졌다. 정 실장의 이례적인 백악관 기자회견을 앞두고 맥매스터 보좌관과 포틴저 선임보좌관은 트럼프 대통령의 발언이 그릇되게 전달되지 않도록 세심하게 문안을 다듬었다. 이 작업에 한 시간이나 걸렸다.[9] 신이 난 트럼프 대통령은 2018년 1월 취임 후 처음 백악관 기자실에 들러 "조금 뒤 한국 안보실장이 중요한 발표를 할 것"이라는 사실을 알렸다. 미 CNN의 제프 젤레니Jeff Zeleny 기자가 기묘하게 웃으며 기자실을 떠나는 트럼프 대통령의 얼굴을 자신의 아이폰으로 찍어 트위터에 올렸다.

씁쓸한 아베

정 실장의 극적인 회견이 열리기 직전인 9일 도쿄에서 또 하나의 기자회견이 열렸다. 도쿄 총리관저에서 진행된 2분 44초 동안의 약식 회견에서 아베 총리는 '똥 씹은 표정'이라고밖에 설명할 수 없는 얼굴로 "방금 트럼프 대통령과 일미 [전화] 정상회담을 했다"고 운을 뗐다.

북한이 비핵화를 전제로 대화를 시작한다고 말했다. 이 같은 북한의 변화를 [긍정적으로] 평가한다. 미국과 일본이 확실히 연대하면서 또 일미한, 국제사회와 함께 고도의 압력을 계속해온 결과라고 생각한다. 이에 대해 트럼프 대통령과 [생각이] 일치했다. [하지만] 핵·미사일을 완전하고 검증 가능하며 불가역적 방법으로 포기하는 쪽으로 북한이 구체적인 행동을 취할 때까지 최대한의 압력을 가한다는 일미의 확고한 입장은 결코 흔들리지 않을 것이다. 일미는 지금까지도 그리고 앞으로도 100퍼센트 함께 있다. 이 점에서도 트럼프 대통령과 일치했다. [올해] 예산편성을 마친 뒤 4월에는 미국을 방문해 일미 정상회담을 진행할 것이다. 이에 대해서도 합의를 이뤘다. 핵·미사일·납치 문제의 해결을 향해 앞으로도 트럼프 대통령과 연대해가면서 한층 더 긴밀히 협력하며 노력해가겠다.

지난 1월 시작된 남북 접근을 바라보는 일본의 입장은 냉담하기 그지없었다. 불과 사흘 전인 6일 정의용 실장을 대표로 한 한국 특사단이 ①4월 남북 정상회담 개최 ②비핵화를 위해 북미 대화에 응하겠다는 북한의 의지 확인 ③대화 기간 중 핵·미사일 실험 동결 등의 성과를 발표한 뒤에도 일본의 태도는 조금도 바뀌지 않았었다. 스가 관방장관은 이튿날인 7일 정례 기자회견에서 "북한 문제에 대응할 땐 북한과 했던 과거의 대화가 비핵화로 연결되지 않았다는 교훈을 충분히 고려하며 대응해야 한다"는 미지근한 태도를 보였다. 그동안 계속 속아왔는데, 이번이라고 별다른 수가 있겠느냐는 냉소적 반응이었다. 스가 장관은 이날 무려 세 차례나 마이크 펜스 미국 부통령의 6일 성명("북한이 비핵화를 위해 신뢰할 수 있고, 검증 가능하며, 분명한 조치를 취할 때까지 모든 옵션이 테이블 위에 있다")을 언급하면서 북한에 대한 미일의 입장은 완벽히 일치한다는 사실을 강조했다.

하지만 9일 오전 김 위원장과 만나겠다는 트럼프 대통령의 통보를 받은 뒤 일본도 대세를 수용할 수밖에 없었다. 한국과 미국을 향해 강경한 목소리로 "북한의 미소 외교에 속아 넘어가선 안 된다"고 외치던 입장이 "비핵화를 전제로 대화를 시작한다는 북한의 변화를 평가한다"는 쪽으로 수정된 것이다.

아베 총리는 이 같은 입장 변화를 설명하기 위해 ①이런 정세 변화는 미일의 '최대의 압박' 정책의 성과라는 것 ②앞으로도 미일은 100퍼센트 함께할 것임을 강조했다. 하지만 남북 관계를 개선하고 북핵 문제를 해결해 동아시아의 냉전 구조를 깨뜨리겠다는 한국의 현상변경 전략과 대북 압박과 대중 견제를 통해 미일 중심의 기존 질서를 유지하려는 일본의 현상유지 전략 사이의 첫 대결에서 한국이 기분 좋은 승리를 따낸 것은 분명한 사실이었다. 씁쓸한 표정의 아베 총리와 대조적으로 문재인 대통령은 정 실장의 회견 직후 "(4월 27일) 남북 정상회담에 이어 두 분(김정은 위원장과 트럼프 대통령)이 만난다면 한반도의 완전한 비핵화는 본격적인 궤도에 들어설 것이다. 5월의 회동은 훗날 한반도의 평화를 일궈낸 역사적인 이정표로 기록될 것"이라고 말하며 기쁨을 감추지 못했다.

서훈 국정원장은 갑작스레 변화하는 한반도 정세에 대한 정보에 목말라하는 일본을 위해 12~13일 일본으로 향했다. 아베 총리와 만남이 이루어진 것은 13일 오전 11시였다. 만남 결과를 설명하는 청와대 자료를 보면 아베 총리는 "서훈 원장 등에게 북한과 관련한 상황, 북한의 현재 입장에 대한 세세한 부분까지 질문을 하며 대단히 높은 관심을 표명했으며 대화는 진지하고 밀도 있게" 이루어졌다. 이 만남은 애초 15분 예정이었지만, 아베 총리가 잇따라 질문을 쏟아내는 바람에 한 시간 정도로 길어졌다.

이날 아베 총리는 서훈 원장에게 향후 북미 협상 과정에서 줄곧 유지될 일본의 대북 외교원칙을 설명했다. 만남 결과를 전하는 총리관저 자료를 보면, 아베 총리는 "북한 문제에 대한 이후 일한, 일한미의 연대가 매우 중요하다. 계속해 긴밀히 협력해가고 싶다"고 말하면서 "납치·핵·미사일 문제를 해결한다는 것이 우리나라의 기본 방침"임을 설명했다. 일본이 북한에 내세우는 3대 요구인 CVID 기준을 만족하는 핵 폐기, 모든 사거리의 탄도미사일 금지, 납치 문제 해결 등의 요구 사항을 한국 특사단 앞에서 공식화하는 순간이었다.

한국이 서전에서 승리하긴 했지만, 동아시아의 바람직한 미래상을 둘러싼 한일 간의 진검승부는 이제 막 시작된 것이었다. 일본은 트럼프 대통령의 강력한 희망에 의해 시작된 북미 대화를 수용하긴 했지만, 향후 대화의 흐름이 자신들에게 불리하게 돌아갈 경우 모든 외교력을 동원해 이를 저지하겠다는 각오를 다졌다. 외무성에서 대한반도 외교를 전담하는 가나스기 겐지金杉憲治 당시 아시아대양주 국장은 외무성이 펴내는 외교전문잡지 〈외교〉의 2018년 5월호 대담에서 일본의 향후 대응을 예상케 하는 심오한 발언을 남겼다.

지금 순간적으로 낙관적 분위기가 형성돼 있지만, 이후 전개를 냉정히 바라볼 필요가 있다. (중략) 문 정권은 북한과의 화해를 하나의 목표로 내걸고 성립한 정권이니까, 북한과 심리적 거리는 일미와 다른 면이 있다. 그 점에 유의해 일미한의 협력을 느슨하게 하는 일 없이 추진할 필요가 있다. 어쨌든 대화의 목적은 북한 핵의 '완전하고 검증 가능하며 불가역적인 폐기CVID'라는 것을 잊어서는 안 된다.

실제로 일본은 아베 총리의 9일 기자회견이 끝난 뒤부터 처절한 대미 접근을 시작한다. 고노 다로河野太郎 외무상은 3월 16일 맥매스터 보좌관, 제임스 매티스 국방장관 등을 만나 "북한의 핵·미사일을 포기시키기 위해 최대한의 압력을 가해야 한다"고 힘주어 말했다.

그러는 와중에 향후 북미 핵협상의 방향에 결정적 영향을 끼치게 될 '불길한 소식'이 전해진다. 미 외교안보 정책의 사령탑 역할을 수행하는 백악관 국가안보보좌관이 3월 22일 전격 교체된 것이다. 미 육군 장성 출신인 맥매스터의 후임으로 정해진 이는 북한의 정권 교체와 리비아식 핵 폐기 모델* 적용을 공공연히 주장해온 저명한 원조 네오콘이었다. 기묘한 콧수염을 기른 대북 초강경파 존 볼턴John Bolton이 역사의 전면에 재등장한 순간이었다.

---

* 리비아 모델의 가장 큰 특징은 '핵 폐기를 위한 조치를 먼저 취한 뒤 단계적으로 경제제재를 해제하는 것'이라 요약할 수 있다. 무아마르 가다피Muhammad Gaddafi 정권은 2003년 12월 미국·영국과 비밀 교섭 끝에 1970년대부터 추진해오던 핵 개발을 포기한다고 발표했다. 리비아는 국제원자력기구IAEA 사찰을 수용하는 등 2005년 10월까지 핵·미사일 관련 시설·장비·연구자료 등을 모두 미국에 넘기며 핵 폐기를 완료했다. 미국은 그 대가로 경제제재를 차례로 해제하고, 2006년 5월 국교를 정상화했다. 볼턴 보좌관은 리비아가 핵을 포기할 당시 미 국무부 군축·국제안보 담당 차관으로 있으면서 이 작업을 직접 담당했다. 하지만 가다피는 2011년 아랍의 봄으로 권좌에서 밀려난 뒤 그해 10월 비참하게 살해당했다.

4장 문제적 인물들

블라디미르 아치의 회담이
핵협상을 파국으로 내몰다

협상의 문을 열다

트럼프-김정은 정상회담에 대해 알면 알수록, 나는 더 낙심했고 부정적 인상을 받았다.[1]

지난 2020년 6월 말 출간된 이후 큰 파문을 일으킨 책《그 일이 일어난 방: 존 볼턴의 백악관 회고록》에서 존 볼턴 전 백악관 국가안보보좌관은 2018년 초 시작된 북미 핵협상을 위와 같은 건조하고 음울한 문장과 함께 회상하고 있다. 3월 22일 백악관 국가안보보좌관으로 임명된 볼턴은 자신이 취임하기 전에 이루어진 북미 정상회담 성사 과정에 대해선 모르고 있었다. 이후 자세한 경위를 알게 된 볼턴 보좌관은 말 그대로 낙심했다. "북한 포로수용소의 사령관인 김정은에게 아무 대가 없이 트럼프를 만나게 해줌으로써 그의 지위에 정당성을 부여"했다고 여겼기 때문이었다.[2]

볼턴 보좌관은 회고록에서 북핵 문제 해결을 위해 역대 미국 정부가 지난 20여 년간 기울여온 여러 노력을 싸잡아 비난한 뒤,

"김정은을 만나겠다"는 도널드 트럼프 대통령의 열정에 대해서도 "골치 아팠다sick at heart"는 표현으로 냉소했다.

트럼프 대통령이 정의용 실장에게 "김정은 위원장과 금년 5월까지 만날 것"이라는 뜻을 전한 뒤 발등에 불이 떨어진 것은 미 국무부와 중앙정보국 등이었다. 이들이 가장 먼저 해야 할 일은 정 실장이 전한 김정은 위원장의 '비핵화 메시지'가 사실인지 확인하는 것이었다.

이를 위해 당시 중앙정보국장이었던 폼페이오가 미국의 대 표적 명절인 부활절(4월 1일)을 활용해 북한을 '극비' 방문했다.* 그 와 동행한 것은 코리아미션센터의 책임자 앤디 김이었다. 2018년 한 해에만 네 차례 이루어질 폼페이오 방북의 첫 시작이었다.

폼페이오 국무장관은 퇴임 직전인 2021년 1월 2~3일 자신 의 페이스북을 통해 '말도 많고 탈도 많았던' 북핵협상을 추억하는 11개의 게시물과 그에 대한 짧은 감상을 남겼다. 이 가운데 1차 방 북 때 김정은 위원장과 악수하며 찍은 사진을 확인할 수 있다. 사진 속에서 폼페이오 국무장관은 긴장한 듯한 표정으로 김 위원장의 손 을 맞잡고 정면을 응시하고 있다. 그는 이 사진에 "중앙정보국 국장 으로서 김 위원장과 우리의 협상의 문을 열었다"라는 짧은 평을 남 겼다.

2018년 4월 23일 자 〈아사히신문〉에 따르면, 폼페이오 당시 국장 등 6명의 미국 정부 인사들은 한국 국가정보원으로부터 북한 과 김 위원장에 대한 기초 정보를 제공받은 뒤 북한으로 향했다. 김

---

* 폼페이오는 1차 방북 직후인 2018년 4월 26일 미국의 제70대 국무장관에 정식 임명 됐다.

위원장은 한국의 대북 특사단에게 그러하였듯이, 폼페이오 장관 등을 방문 첫날부터 직접 환대했다. 그리고 폼페이오 장관을 향해 대뜸 "당신이 나를 죽이려 했던 사람이냐"고 물었다.[3]

김 위원장이 이런 도발적 질문을 하게 된 데는 그럴 만한 곡절이 있었다. 폼페이오 국무장관이 주도해 만든 코리아미션센터의 애초 목적은 3장에서 살펴본 대로 북한과 대화 가능성을 탐색하는 것보다 '체제 전복' 등 공작 쪽에 기울어져 있었다. 이와 관련해 2017년 5월 5일 북한 관영 〈조선중앙통신〉은 매우 흥미로운 보도를 한 적이 있다. 미 중앙정보국과 한국 국가정보원이 "우리 최고 수뇌부(김정은 국무위원장)를 상대로 생화학물질에 의한 국가테러를 감행할 목적 밑에 암암리에 치밀하게 준비하여 우리 내부에 침투시켰던 극악무도한 테러 범죄 일당이 적발되었다"고 밝힌 것이다. 물론, 보도가 나온 시점과 코리아미션센터가 만들어진 시점이 거의 같아 이 암살 기도가 폼페이오 장관과 코리아미션센터와 직접 관련이 있는지는 분명치 않다. 어찌 됐든 앞으로 진행될 북미 대화를 통해 묘한 인연을 맺게 되는 두 인물이 끔찍한 '블랙 유머'로 첫인사를 나눈 셈이었다.

폼페이오 장관은 김정은 위원장에게 물어야 할 것들이 너무 많았다. "정말 미북 정상회담을 원하는가", "진심으로 비핵화를 할 생각이 있는가", "그럴 경우 주한미군 철수를 요구할 생각이 없는가", "핵과 미사일 도발을 멈출 것인가". 한국어가 모국어인 데다 북미 모두의 사정에 정통한 앤디 김이 두 사람이 하는 말을 서로 알아듣기 쉽도록 내용을 보충해가며 통역을 진행했다. 이 회담에서 김 위원장은 폼페이오 장관에게 "북한에 대한 군사적 위협이 해소돼

체제가 보장된다면 핵을 보유할 이유가 없다"고 말했다. 앤디 김은 그로부터 1년 뒤인 2019년 2월 말 스탠퍼드대학 월터 쇼렌스틴 아시아태평양연구소APARC 강연에서 김 위원장이 폼페이오 장관에게 "나는 아버지이자 남편이다. 내 아이들이 평생 핵무기를 짊어지고 살길 원치 않는다"고 말했다는 사실을 소개했다.* 이 진솔한 발언을 듣고 폼페이오 장관의 마음이 움직였을 것으로 추정된다. 김 위원장도 폼페이오 장관과의 회담 결과가 만족스러웠던 듯 "나와 이렇게 배짱이 맞는 사람은 처음"이라고 말하며 크게 기뻐했다.[4]

극비리에 추진됐던 폼페이오 국무장관의 1차 방북 소식이 세상에 알려지게 된 것은 〈워싱턴포스트〉의 4월 17일 특종 기사를 통해서였다. 신문은 이 기사에서 폼페이오 장관과 "김(정은 위원장)의 만남은 2000년 매들린 올브라이트Madeleine Albright 국무장관이 전략적 이슈를 논의하기 위해 김정일을 만난 이후, 두 나라 사이에서 이루어진 가장 고위급 접촉"이라고 보도했다.

폼페이오 장관의 1차 방북을 통해 김정은 위원장의 비핵화 의지를 '직접' 확인한 미국은 북미 정상회담 준비를 시작했다. 하지만 이 시점까지 트럼프 행정부의 대북정책은 모든 옵션을 테이블 위에 올려놓는 '최대의 압박'을 통해 북한 비핵화를 유도한다는 것뿐이었다. 이제 대화가 시작됐으니 한국과 일본 등 핵심 동맹국들과 상의해가며 비핵화의 구체적 방법 등 상세한 대북정책을 채워 나가야 했다. 그 역할을 떠맡게 된 인물은 불행히도, 대북 초강경론자인 볼턴 보좌관이었다.

---

* 우드워드의 《분노》에도 같은 증언이 나온다(Woodward, 위의 책, 99쪽).

볼턴과 야치

문제적 인물인 볼턴 보좌관이 정의용 실장과 처음 얼굴을 마주한 것은 임명 22일째인 4월 12일이었다. 이 회담에서 볼턴 보좌관은 정 실장에게 그달 27일로 예정된 '판문점 회담'에서 한국이 "비핵화에 대한 구체적 논의를 피할 것"을 요구했다. "북이 남을 끌어당겨 한국과 미일 사이의 이간질을 시도할까 우려"된다는 이유였지만, 미 행정부 내에서 북한에 요구할 비핵화 방식에 대해 충분히 의견 조율이 이루어지지 못한 상황도 영향을 끼친 것으로 추정된다.

역사적인 북미 대화의 '산파' 역할을 한 정 실장이 백악관을 방문한 바로 그날, 볼턴 보좌관을 찾아온 또 한 명의 손님이 있었다. 아베 총리의 외교 책사이자 12·28 합의를 통해 일본군 '위안부' 문제의 "최종적, 불가역적 해결"을 시도했던 야치 쇼타로谷內正太郎 일본 국가안전보장국장이었다. 볼턴 보좌관의 표현을 빌리자면, 야치 국장은 한시가 급한 듯 "가능한 한 빨리 [북핵 문제에 대한] 자신들의 전망을 얘기하고 싶어" 했다. 트럼프 대통령의 갑작스러운 정상회담 수락으로 발생한 '외교적 시련'에 대응하기 위해 일본이 혈안이 되어 있었음을 짐작할 수 있다.

딱딱하고 사무적인 분위기에서 끝났을 것으로 짐작되는 정의용-볼턴 회담과 달리, 볼턴-야치 회담에선 향후 북미 핵협상의 방향을 사실상 결정하는 '놀라운 화학 작용'이 발생했다. 야치 국장은 볼턴 보좌관에게 "핵을 갖겠다는 북한의 결심은 확정된 것이어서 이 문제를 평화적으로 해결할 수 있는 마지막 기회에 가까워지고 있다"고 말하면서, 일본은 조지 부시 행정부가 2000년대 중반 6자회담 때 시도했던 '행동 대 행동'의 해법을 원치 않는다고 전했다.

일견 합리적으로 보이는 원칙이지만, 북한이 의미 있는 조치를 하기 전에 경제적 이득을 허용해 정작 중요한 비핵화를 영원히 지연시킨다는 이유에서였다. 야치 국장은 나아가 "트럼프 행정부 아래에서 바로 [북한의 핵을] 해체하기 시작해 [비핵화 작업이 마무리되는 데] 2년 이상 걸리지 않기를 원한다"고 밝혔다. 그러자 볼턴 보좌관은 자신이 주도했던 리비아 비핵화의 사례를 언급하며 "6~9개월이면 충분하다"고 화답했다. 볼턴 보좌관은 야치 국장이 "답변 대신 묘한 미소를 남겼다"고 적고 있다. 볼턴 보좌관은 이 만남에 대해 "도쿄의 예측은 한국의 예측과 180도 달랐고, 짧게 말해 나와 매우 비슷"했다고 평했다. 볼턴 보좌관이 트럼프 대통령의 깊은 신뢰를 얻고 있는 '아베의 일본'이란 우군을 만나게 된 것이다.

일주일 뒤에는 아베 총리가 직접 나섰다. 아베 총리는 북한과 섣부른 대화에 나서려는 트럼프 대통령의 마음을 돌려놓기 위해 최선을 다했다. 미일 정상은 4월 17~18일 플로리다주에 있는 트럼프 대통령의 개인 별장 마러라고에서 정상회담을 가졌다. 일본 외무성은 회담 소식을 전하는 자료에서 두 정상이 이틀 동안 세 차례(17일 오후 3시부터 55분간 일대일 회담, 오후 3시 55분부터 70분간 소인수 회담, 18일 오후 2시 50분부터 1시간 50분간 실무 만찬)에 걸쳐, 회담을 했다고 밝혔다. 이어진 공동 기자회견에서 아베 총리는 이제 막 시작된 북미 대화에 대한 자신의 견해를 가감 없이 드러냈다.

북한을 둘러싼 정세는 역사상 첫 미북 정상회담이라는 트럼프 대통령의 큰 영단에 의해 역사적 전환점을 맞고 있다. [하지만] 지난 잘못을 결코 되풀이해선 안 된다. 나와 트럼프 대통령은 이 점에 대해 완전히 일치했다.

1994년 제네바 합의 때도 2005년 6자 합의 때도 북한은 핵 개발을 포기하겠다고 약속했다. 그러나 그 약속을 저버렸다. 국제사회가 대화를 향해 노력했지만, 번번이 핵·미사일을 개발하기 위한 시간 벌기에 이용당했다. 그런 교훈 위에서 일미 양국은 국제사회와 함께 북한이 핵무기 등 대량파괴무기와 모든 탄도미사일을 완전하고 검증 가능하며 불가역적인 방법으로 폐기하도록 요구해갈 것이다. 우리는 여러 [상황] 전개를 상정하면서 구체적이고 면밀하게 향후 방침을 조율했다. 북한이 대화에 응했다는 것만으로 대가를 줘선 안 된다. [우리는] 최대한의 압력을 유지해, 북한에 비핵화를 향한 구체적 행동에 나서도록 요구한다는 확고한 방침을 다시금 완전히 공유했다.

아베 총리가 북한에 폐기를 요구한 것은 핵을 포함한 모든 대량파괴무기(생물학·화학 무기를 포함)와 미국을 타격할 수 있는 대륙간탄도미사일뿐이 아니었다. 이에 더해 일본을 위협할 수 있는 중·단거리 탄도미사일인 노동과 스커드ER를 포함한 모든 사거리의 탄도미사일을 완전히 포기할 것을 요구했다. 이는 북한에게 자신을 지킬 수 있는 자위적 수단을 갖기를 포기하라는 말과 같았다. 지난 3월 13일 아베 총리가 서훈 원장에게 앞서 설명한 것처럼 실현 불가능한 '최대치 요구'를 쏟아낸 것이다.

아베 총리는 트럼프 대통령과 자신의 견해가 "완전히 일치했다"고 주장했지만, 트럼프 대통령의 강조점은 사뭇 달랐다. 북한에 대한 '최대의 압박'만을 강조하는 아베 총리와 달리 남북 간의 종전선언 논의에 "축복한다"고 말했기 때문이다.

북한은 올림픽에 참가했고, [평창겨울올림픽을] 인상적인 올림픽으로 만들었다. 일어나지 않았을 수도 있는 대단한 성공이었다. 그리고 나는 남북한이 종전을 협의하는 것을 축복한다. 사람들은 한국전쟁이 아직 끝나지 않았다는 사실을 인지하지 못하고 있다. 전쟁은 계속되는 중이지만, 남북한은 이제 종전을 협의하고 있다. 따라서 합의가 도출된다는 전제 아래, 나는 당연히 남북한의 협상을 축복할 것이며 종전 논의에 대해서도 축복한다.

아베 총리가 트럼프 대통령의 마음을 되돌리기 위해 분주하던 무렵, 북한 역시 자신들의 비핵화 의지를 대외적으로 입증하기 위한 선제 조치들을 쏟아냈다. 김 위원장은 4월 20일 조선노동당 제7기 제3차 전원회의를 열어 2013년 3월부터 추진해왔던 핵과 경제개발을 동시에 달성한다는 '병진노선'을 대체하는 새 전략 노선을 제시했다. 북한이 방침 전환에 나선 명분은 매우 명료했다. 핵 개발을 끝냈으니 이제 경제발전에 매진한다는 논리였다. 김 위원장은 이날 의정 보고에서 "국가 핵무력 건설이라는 역사적 대업을 5년도 안 되는 짧은 기간에 완벽하게 달성"했다고 밝히며, 앞으로는 "사회주의 경제건설에 총력을 기울여야 한다"고 선언했다.

북한은 그 연장선에서 ①2018년 4월 21일부터 핵실험과 대륙간탄도로케트 시험발사를 중지하고 ②공화국 북부핵시험장*을 폐기하며** ③우리 국가에 대한 핵위협이나 핵도발이 없는 한 핵무기를 절대로 사용하지 않고 ④핵무기와 핵기술을 이전하지 않겠다고 선언했다. 병진노선을 버렸으니 더는 핵 개발을 안 하겠다고 하면서 그 증거로 쓸모없어진 일부 핵시설을 제거하는 등 기초적인 비핵화와 동결 조치를 취하겠다고 밝힌 것이다. 하지만 볼턴 보좌관의 평가는 야박할 뿐이었다. 그는 회고록에서 "언론은 이를 중요한 진전으로 받아들였고 트럼프도 '큰 진전'이라 불렀"지만, "내 눈에는 그저 북한의 또 다른 선전 수법으로만 보였"다고 적었다.[5]

북한이 새로운 전략 노선을 밝힌 지 나흘 뒤인 24일 문 대통령은 아베 총리와 전화 회담에 나섰다. 며칠 뒤 열리는 남북 정상회담을 앞두고 일본의 견해를 듣는 자리였다. 문 대통령은 "남북 정상회담의 성공은 이어질 북미 정상회담의 성공은 물론이고 일본과 북한 두 나라 사이의 관계 정상화에도 큰 도움이 될 것"이라고 말하며 남북과 북미 정상회담이 잘 이루어지면 "일본과 북한 사이의 대화나 일북 정상회담으로 이어질 필요가 있겠느냐"고 물었다. 남북 접근과 북미 대화를 너무 경계하지 말고, 일본도 북한과 관계를 개선해 '한반도 평화 프로세스'에 적극 동참하라는 제안이었다. 이에 대해 아베 총리는 "남북 정상회담과 북미 정상회담의 성공은 핵 문제, 미사일 문제, 납치 문제가 해결된다는 것을 의미하며, 그럴 경우 일

---

*   함경북도 길주군 풍계리에 자리한 핵시험장으로, 이곳에서 지난 여섯 번의 핵실험을 진행했다. 북한은 2018년 5월 24일 이 시설을 폭파했다.

**   북한에 있는 유일한 핵시험장인 풍계리를 폐기한다는 것은 더는 핵시험을 하지 않겠다는 의미다.

본과 북한 사이에 [2002년 9월 고이즈미 준이치로小泉純一郎 총리와 김정일 국방위원장이] 합의한 평양선언에 입각해 과거 청산과 관계 정상화를 이룰 수 있을 것"이라 답했다. 문 대통령의 호소에 긍정적인 취지로 답한 것처럼 들리지만, 핵·미사일·납치 문제가 모두 해결되어야만 관계 정상화를 이룰 수 있다는 매우 까다로운 조건을 제시했음을 알 수 있다.

판문점 회담

4월 27일 남북 분단의 상징인 판문점에서 남북 정상회담이 열렸다. 오전 9시 30분, 김정은 위원장이 검은색 양복을 입은 10여 명의 건장한 경호원들에 둘러싸인 채 판문점 북쪽 지점인 판문각에서 모습을 드러냈다. 그의 왼쪽에 자리한 것은 이후 북미 협상 과정에서 자주 등장하게 될 김영철 통일전선부장이었다. 검은색 인민복을 입은 김정은 위원장은 활짝 웃는 얼굴로 군사분계선 앞에 대기하고 있던 문재인 대통령에게 성큼성큼 걸어갔다. 손을 맞잡은 두 정상은 잠시 환담을 나누었다.

"정말 마음 설렘이 그치지 않습니다. 이 역사적 장소에서 만나니까. 대통령께서 이렇게 분계선까지 나와서 맞이해주시니 정말 감동스럽습니다."
"여기까지 온 건 위원장님의 아주 큰 용단이었습니다."
"아아, 아닙니다."

이어서 김 위원장은 70여 년 동안 남북의 허리를 갈라온 군사분계선을 넘었다. 북한의 최고 지도자가 사상 처음 남쪽 땅을 밟는 순간이었다. 두 정상은 남북 양쪽에 대기하고 선 취재진을 향해 사진 포즈를 취했다. 문재인 대통령이 말했다.

"저는 언제쯤 넘어갈 수 있겠습니까?"
"그럼 지금 넘어가볼까요?"

김 위원장이 웃으며 문 대통령의 손을 잡아끌었다. 두 정상은 손을 맞잡고 군사분계선을 넘었다. 북쪽에서 10초가량 머물며 대화를 나누다 다시 남쪽으로 넘어왔다.

오전 정상회담이 끝난 뒤 오후 4시 36분부터 이루어진 두 정상의 산책은 4·27 판문점 회담을 상징하는 하이라이트였다. 문 대통령과 김 위원장은 판문점 도보다리 쪽으로 나란히 걸으며 담소를 주고받았다. 이어 오후 5시 40분 4·27 '판문점 선언'이 발표됐다. 이 문서에서 남북은 ①서로에 대한 불가침 합의를 재확인하고 ②단계적으로 군축을 실현하며 ③남북 정전협정 체결 65주년이 되는 올해 종전을 선언하고 정전협정을 평화협정으로 전환하며 항구적이고 공고한 평화체제 구축을 위해 남북미 3자 또는 남북미중 4자 회담 개최를 적극 추진하자고 합의했다. 미국의 요구대로 초미의 관심사였던 비핵화에 대해선 "남북이 '완전한 비핵화'를 통해 핵 없는 한반도를 실현한다는 공동의 목표를 확인"한다는 선언적 문구만 넣었다.

회담에 직접 참여한 것은 아니지만, 아베 총리 역시 매우 분

주한 하루를 보냈다. 오전 7시 56분 자택을 출발한 아베 총리는 오전 8시 11분 총리관저에 도착했다. 남북 정상회담이 열리기 직전인 오전 8시 44분 고노 다로 외상으로부터 관련 보고를 받으며 일과를 시작했다. 이어 4·27 판문점 선언이 공개된 직후인 오후 6시 15분 아키바 다케오秋葉剛雄 외무성 사무차관, 가나스기 겐지 아시아대양주국장에게 설명을 들은 뒤 43분부터 언론사의 카메라 앞에 나서 3분 3초 정도 짧은 소감을 밝혔다. 이어 〈산케이신문〉과 단독 인터뷰에 응했다. 아베 총리는 자신을 둘러싼 기자들에게 "과거에도 [판문점 선언 같은] 성명이 있었다. 노무현 대통령과 김정일 위원장이 발표한 성명(10·4 성명)도 있었다. 그런 성명과 비교해 분석하면서 이후 우리들의 대응을 생각해보겠다"고 말했다.

이어 한 기자가 "일본이 모기장 밖에 놓여 있는 게 아니냐는 우려에 대해서 어떻게 생각하냐"는 '돌직구'성 질문을 던졌다. 남북이 주도하고 미국이 참여한 한반도 평화 프로세스에 일본만 소외된 것이 아니냐, 패싱당하고 있는 것이 아니냐는 지적이었다. 이 질문에 아베 총리는 "전혀 아니다"라고 정색한 뒤 "지난번에도 트럼프 대통령과 11시간 이상 충분히 얘기했다. [대북] 대응과 관련해 [미일의] 기본적 방침이 완전히 일치하고 있다"고 답했다. 아베 총리는 화가 덜 풀렸는지 이후 진행된 〈산케이신문〉과의 인터뷰에서도* "북한이 국제사회와 대화에 나선 것은 일본이 국제사회를 리드해온 결과가 아니겠느냐, 일본은 결코 모기장 밖에 놓여 있지 않다"고 말했다.

---

* 2018년 4월 29일 자로 보도되었다.

먼저 다가온 운명의 날

남북이 4·27 판문점 선언을 통해 '한반도의 완전한 비핵화'라는 원칙을 확인했으니, 이제 이를 실현하는 구체적 방법론을 정해야 했다. 향후 비핵화 협상의 운명을 결정할 이 중차대한 문제와 관련해 미일 안보팀 수장 사이에 원칙적 합의가 이루어진 것은 판문점 선언이 끝난 지 일주일 만인 5월 4일이었다.

이날 볼턴 보좌관을 만나기 위해 백악관을 방문한 이는 두 명이었다. 첫 번째 주인공은 한국의 정의용 실장이었다. 정 실장은 볼턴 보좌관에게 4·27 판문점 선언의 결과를 설명하고 문재인 대통령의 방미 일정을 확정했다. 만남 결과를 전하는 백악관 발표문에는 '문재인 대통령의 5월 22일 방미 준비를 시작한다'는 실무적 내용이 담겨 있을 뿐이다.

같은 날 이루어진 볼턴-야치의 회담은 달랐다. 회담 소식을 전하는 백악관 발표문을 보면, 두 인사가 북한의 모든 핵과 탄도미사일, 생물학·화학 무기, 나아가 관련된 모든 프로그램을 완전하고 영구적으로 해체한다는 공유된 목표를 재확인했다는 문장이 담겨 있다. 지나치게 결과론적인 해석이라 할 수도 있겠지만, 이듬해 2·28 '하노이의 비극'의 직접적 원인이 된 것으로 알려진 트럼프 대통령이 김정은 위원장에게 직접 건넨 '비핵화 정의 문서'의 내용이 이날 미일 사이에서 합의됐음을 알 수 있다. 그런 의미에서 2018년 5월 4일을 북미 핵협상의 비극적 앞날이 사실상 결정된 '운명의 날'이라 부를 수 있을지도 모른다.

이와 관련해 마키노 기획위원은 매우 재미있는 일화를 소개하고 있다. 정의용 실장이 볼턴 보좌관을 두 번째로 만난 4월 24일

한반도의 완전한 비핵화를 위한 방법론으로 '단계적 해법'을 제시했다는 것이다. 즉 비핵화 과정을 '신고', '핵물질·핵무기·미사일 폐기', '핵시설 파괴' 등 3단계로 분류해 북한이 각각의 단계를 수행할 때마다 그에 상응하는 대가를 주자는 제안이었다. 하지만 볼턴 보좌관은 "그런 얘기는 미국이 생각하고 있으니 괜찮다"고 대꾸하며 "북한의 비핵화 조치가 끝날 때까지 보상은 하지 않겠다"는 입장을 재차 강조했다.[6] 볼턴 보좌관의 강경한 입장으로 인해 향후 진행될 협상의 성패를 가를 비핵화의 방법론을 둘러싼 논쟁에서 한국 정부가 제시한 안이 거부된 것이다. 이후 진행된 미국 정부 내의 긴 논쟁 속에서 살아남은 것은 볼턴 보좌관과 야치 국장이 지지한 극단론적 '일괄타결식 해법'이었다.

볼턴-야치의 합의 내용이 언론에 공개된 것은 그로부터 9일 뒤인 5월 13일이었다. 볼턴 보좌관은 ABC 방송 인터뷰에서 "비핵화라는 것은 단순히 핵무기만을 말하지 않는다"고 말하면서 "우리는 탄도미사일도 테이블 위에 올려놓고 있고, 화학·생물학 무기도 들여다볼 것"이라고 전했다. 이어 '영구적이고 검증 가능하며 되돌릴 수 없는 비핵화'란 "모든 핵무기를 없애고, 그것들을 해체해서 [미국의 주요 핵시설이 자리해 있는] 테네시주 오크리지Oak Ridge로 가져가는 것을 의미한다"고 말했다. 미국이 북한의 핵·탄도미사일과 화학·생물학 무기를 대상으로 신속하고 공격적인 '빅딜'식 비핵화를 추진하겠다는 공개 선언이었다. 북한에 리비아 모델을 강요하는 볼턴 보좌관의 '강경론'은 이후 북한과 직접 협상을 담당하는 국무부, 특히 스티븐 비건Stephen Biegun 대북정책 특별대표의 '현실론'과 대립하며 여러 부침을 겪는다. 그러나 결국 하노이 2차 정상회담까지 살아남아 핵협상을 파국으로 몰고 가게 된다.

북미 정상회담을 개최한다는 사실이 정해진 상황에서 사실상 백기 투항을 요구하는 볼턴의 발언에 북한은 동요했다. 사흘 뒤인 16일 원로인 김계관 북 외무성 제1부상이 나섰다. 김계관 제1부상은 개인 담화를 통해 다음과 같이 주장했다.

백악관 국가안보보좌관 볼턴을 비롯한 백악관과 국무성의 고위관리들은 '선先핵포기, 후後보상' 방식을 내돌리면서 그 무슨 리비아 핵포기 방식이니, '완전하고 검증 가능하며 되돌릴 수 없는 비핵화'니 '핵·미사일·생화학 무기의 완전폐기'니 하는 주장들을 거리낌 없이 쏟아내고 있다. 이것은 대화를 통해 문제를 해결하려는 것이 아니라 본질에 있어서 대국들에게 나라를 통째로 내맡기고 붕괴된 리비아나 이라크의 운명을 존엄 높은 우리 국가에 강요하려는 심히 불순한 기도의 발현이다. 나는 미국의 이러한 처사에 격분을 금할 수 없으며 과연 미국이 진정으로 건전한 대화와 협상을 통하여 조미 관계 개선을 바라고 있는가에 대하여 의심하게 된다. 세계는 우리나라가 처참한 말로를 걸은 리비아나 이라크가 아니라는 데 대하여 너무도 잘 알고 있다. 핵 개발의 초기 단계에 있었던 리비아를 핵보유국인 우리 국가와 대비하는 것 자체가 아둔하기 짝이 없다.

이어 북한 내 강경파인 최선희 외무성 부상은 24일 마이크 펜스 부통령의 사흘 전 폭스뉴스 인터뷰 내용을 문제 삼으며 다시 한번 독설을 퍼부었다. "명색이 '유일 초대국'의 부대통령이라면 세상 돌아가는 물정도 좀 알고 대화 흐름과 정세 완화 기류라도 어느 정도 느껴야 정상일 것이다. 핵보유국인 우리를 고작해서 얼마 되지 않는 설비들이나 차려놓고 만지작거리던 리비아와 비교하는 것만 보아도 그가 얼마나 정치적으로 아둔한 얼뜨기들인가를 짐작하고 남음이 있다." 최 부상은 이어 "우리는 미국에 대화를 구걸하지 않으며, 미국이 우리와 마주 앉지 않겠다면 구태여 붙잡지도 않을 것"이라고 쏘아붙였다.

이 무렵 북한의 최대 고민은 '과연 미국을 믿을 수 있는가'란 신뢰의 문제였다. 김정은 위원장은 문재인 대통령과 진행한 도보다리 회담 등에서 "우린 핵을 포기할 성의를 갖고 있다. 미국이 우리 요구를 받아들인다면, 1년 이내에 비핵화하는 것도 가능하다"고 말했다. 하지만 이 말은 '미국이 우리 요구를 받아들인다면'이라는 전체조건 아래서만 가능한 얘기였다. 김 위원장의 기대와 달리 볼턴 보좌관 등 미국의 매파와 아베 총리로 대표되는 일본의 우익은 '선 핵포기, 후보상' 등 북한이 받아들이기 힘든 리비아식 핵 폐기 모델을 주장하며 어렵사리 열린 북미 대화의 판을 뒤엎으려 했다.

북한의 격렬한 반응에 당황한 트럼프 대통령은 최 부상의 성명이 나온 직후인 24일 오전 9시 45분(미국시각) 트위터에 올린 공개서한에서 "최근 담화문에서 드러난 엄청난 분노와 공개적인 적대감을 볼 때 회담을 여는 게 부적절하다고 느낀다"고 말하며 6월 12일 싱가포르에서 예정했던 북미 회담을 전격 취소했다. 정의용 실장은 그날 늦은 아침(한국시각으로는 한밤중이었을 것이다) 볼턴 보좌관에게 강력한 항의의 뜻을 담은 전화를 걸었지만, 야치 국장은 "회담이 취소돼 크게 안심했다"는 반응을 보였다. 대화의 판을 뒤엎으려는 볼턴-야치의 1차 시도는 성공한 듯 보였다.

　　하지만 국가의 명운을 걸고 어렵게 시작된 북미 간의 거대한 외교전이 이렇게 싱겁게 끝날 리는 없었다. 다급해진 북한은 유연한 자세를 보였다. 김계관 제1부상은 회담 취소 직후인 25일 공개담화에서 "트럼프 대통령이 지난 시기 그 어느 대통령도 내리지 못한 용단을 내린 점을 높이 평가"했었다고 말하며 "조선반도와 인류의 평화·안정을 위해 열린 마음으로 미국 측에 시간과 기회를 줄 용의가 있다"고 밝혔다. 김 위원장은 26일 문 대통령과 판문점의 북쪽 지역에 자리한 판문각에서 깜짝 2차 정상회담을 열어 북미 회담에 대한 간절한 의지를 드러냈다. 김 위원장은 문 대통령과 헤어지며 감사의 뜻을 담은 포옹을 남겼다. 문 대통령의 중재 역할에 정말로 큰 고마움을 느꼈는지, 〈노동신문〉은 27일 1면에서 김정은 위원장이 "조미 수뇌회담을 위해 많은 노력을 기울여온 문재인 대통령의 노고에 사의를 표했다"는 사실을 애써 강조했다.

　　키를 쥔 트럼프 대통령 역시 진심으로 회담을 취소할 생각은 아니었다. 판문각에서 남북 정상회담이 이루어졌다는 소식이 전해진 뒤인 26일 "우리는 6월 12일 싱가포르에서 만날 것이다. 이는 변하지 않았다"고 말했다. 북한도 문 대통령에게 고마움을 표시한 〈노동신문〉 27일 자 같은 기사에서 "6월 12일로 예정된 조미 수뇌회담"이란 표현으로 회담을 기정사실화했다. 정작 해결된 문제는 아무것도 없었지만, 파국은 일단 피한 듯 보였다.

5장 싱가포르 정상회담

합의서 혹은 짧은 문서

싱가포르 정상회담

"여기까지 오는 길이 그리 쉬운 길은 아니었습니다."

사상 최초의 북미 정상회담을 취재하기 위해 모여든 사진기자들의 카메라 플래시 세례를 받으며 김정은 북한 국무위원장이 웃음을 지어 보였다. 2018년 6월 12일 오전 9시 4분(현지시각). 도널드 트럼프 대통령과 12초에 걸친 '세기의 악수'를 마친 김 위원장은 싱가포르 카펠라 호텔 회담장으로 이동해 그동안 수백 번은 연습했을 '작심 발언'을 쏟아냈다.

우리한테는 우리 발목을 잡는 과거가 있고 또 그릇된 편견과 관행들이 때로는 우리 눈과 귀를 가리우기도 했는데, 우린 모든 것을 이겨내고 이 자리까지 왔습니다.

순차 통역으로 전달된 김 위원장의 이야기를 들은 도널드 트럼프 대통령은 "그건 사실That's true!"이라고 말하며 손을 내밀어 악수를 청했다.

그로부터 4시간 뒤 역사적인 6·12 북미 싱가포르 정상회담 공동성명문이 공개됐다. 이 문서를 받아든 일본은 경악하고 말았다. 엉성하기 짝이 없는 비핵화 문구 때문이었다. 공동성명문에는 "조선민주주의인민공화국(이하 북한)이 2018년 4월 27일에 채택된 '판문점 선언'을 재확인하면서, 조선반도의 완전한 비핵화를 위하여 노력할 것을 확약했다"(3조)는 문구가 포함돼 있긴 했다. 하지만 정작 중요한 비핵화의 시기나 방법 등 구체적 내용이 빠져 있었다. 그동안 일본이 강력히 주장하고, 미국도 동의했던 '완전하고 검증 가능하며 불가역적인 비핵화CVID'란 표현도 명기되지 않았다. 그럼에도 미국은 북한에게 "평화와 번영을 바라는 두 나라 인민들의 염원에 맞게 새로운 조미 관계를 수립해나가기로 했다"(1조)고 밝혔고, "조선반도에서 항구적이며 공고한 평화체제를 구축하기 위하여 공동으로 노력할 것"(2조)이라고 약속했다. 김정은 위원장이 세계 초강대국을 이끄는 트럼프 대통령을 상대로 거둔 커다란 외교적 승리였다.

그뿐만이 아니었다. 트럼프 대통령은 회담 직후 이루어진 기자회견에서 현재 한반도에 주둔 중인 주한미군 병력을 철수하진 않겠다고 하면서도, "[언젠가는] 병사들을 빼내고 싶다. 나는 우리 병사들을 집으로 돌려보내고 싶다"고 말했다. 나아가 주한미군의 전투력 유지를 위해 필요한 한미 연합군사훈련엔 "엄청난 돈이 든다"는 이유로 협상이 진행되는 중엔 훈련war game을 중단하겠다는 '깜짝 선언'을 했다. 한미 연합군사훈련을 중단한다는 내용은 공동성명문에는 명기돼 있지 않은 새로운 내용이었다.

일본은 싱가포르 공동선언을 자신들에 대한 심각한 '안보 위협'이라 인식했다. 이대로 간다면 일본이 그동안 침 튀기며 강조해온 북한에 대한 최대의 압박 정책은 무너지고, 한미 동맹이 약체화되면서 애써 구축해놓은 한미일 3각 동맹의 틀 역시 크게 훼손될 수밖에 없었다. 〈아사히신문〉은 14일 "미한 연습은 한반도의 유사사태에 대비해, 또 북한의 군사적 도발을 억제하기 위해 매년 봄과 여름에 이루어진다. 북한 정세가 일본의 안전보장에도 직결되기 때문에 일본도 이를 중시해왔다"고 지적했다. 이어 "실제 미한 연습이 중지될 경우 북한은 이후 전략 폭격기, 원자력 항공모함 같은 전략 병기의 한반도 파견 중지나 주한미군의 삭감·철수 등을 미국과 한국에 요구해올 가능성이 있다"고 우려했다. 트럼프 대통령의 한미연합군사훈련 중단 선언에 놀란 일본 정부 당국자들은 서둘러 미국의 카운터파트를 상대로 진위 확인에 나섰다.

하지만 싱가포르의 성공에 도취해 있는 트럼프 대통령의 심기를 공개적으로 건드릴 수는 없는 노릇이었다. 아베 총리는 이날 오후 기타무라 시게루 내각정보관과 아키바 다케오 외무성 사무차관으로부터 싱가포르 공동선언에 대한 보고를 받은 뒤 오후 4시 56분 기자들 앞에 나섰다. 마음속에서 솟구치는 불만을 최대한 억누른 채 외교적 수사로 가득한 억제된 견해를 밝혔다.

이번 정상회담에서 김정은 위원장이 미국에게, 트럼프 대통령에게 한반도의 완전한 비핵화를 명확히 약속했다. 그 의미는 크다고 생각한다. 이 역사적 회담의 성과 위에 서서 유엔 안보리 결의의 완전한 이행을 추구해간다는 일본, 일미, 일미한의 기본적 방침에 대해 다시 재확인하는 게 가능했다고 본다.

하지만 다른 자민당 의원들까지 트럼프 대통령의 눈치를 볼 필요는 없었다. 3일 뒤인 15일 자민당 본부에서 열린 당 외교부회·국방부회·납치문제대책본부의 합동회의에서는 트럼프 대통령을 성토하는 목소리가 이어졌다. 〈아사히신문〉은 16일 출석자들이 공동선언에 "CVID의 내용이 전혀 언급되지 않았다. 북한에 만점짜리 회담이었다", "(비핵화) 문안이 톤 다운되었는데 너무 낙관적으로 현 상황을 보고 있는 게 아니냐", "북한 비핵화의 기한 등이 포함되지 않아 실효성에 의문이 제기된다"는 등의 불만을 쏟아냈다고 전했다.

트럼프 대통령은 왜 이 정도 수준의 문서에 서명한 것일까. 볼턴 보좌관의 회고록과 마키노 〈아사히신문〉 기획위원의 저서 등을 통해 대강의 전모를 파악할 수 있다. 북미는 회담이 한 차례 취소되는 우여곡절 끝에 회담 일정과 장소가 확정된 5월 말부터 공동선언 문안 작성을 위한 '집중 협의'를 이어갔다. 이 실무 협의는 판문점 북측 지역인 통일각에서 여섯 번, 회담 전날인 11일 싱가포르에서 세 번 이루어졌다.[1] 이 회담을 이끈 미국 쪽 대표는 2011년부터 3년 동안 주한 미국대사를 지냈던 성 김 주필리핀 대사였다. 성 김 대사는 성명문에 미국이 그동안 밝혀왔던 비핵화의 원칙인 CVID와 트럼프 대통령의 임기가 끝나는 2020년까지 비핵화를 마무리한다는 기한을 명기하려 했다. 하지만 북한의 실무협상 대표인 최선희 외무성 부상의 방어는 철통같았다. 최 부상은 처음에는 '비핵화'란 용어의 사용조차 강하게 거부하면서, 미국이 북한의 체제를 보장하고 북미 간에 신뢰 관계가 생겨야만 비핵화를 할 수 있다는 주장을 꺾지 않았다. 북한이 너무 체제보장 요구만 이어가자, 답답해진 미국 협상단이 언성을 높이는 일도 있었다. 처절한 줄다리기 끝에 최선희 부상은 "공동성명에 비핵화를 언급하는 것은 괜찮다"는 선까지는 양보했지만, CVID에 대해선 결사반대 입장을 고수했다.

CVID

CVID는 완전하고complete 검증 가능하며verifiable 불가역적인irreversible 방식으로 비핵화를 한다는 원칙으로, 2003년 8월 열린 제1차 6자 회담 때 처음 등장했다. 이 중에 가장 핵심이 되는 용어는 '검증 가능한'이었다. 북한이 정말 비핵화에 뜻이 있는지, 나아가 약속대로 비핵화 작업을 수행하고 있는지 그리고 마지막으로 이를 완수했는지 확인하려면 반드시 검증을 해야 한다. 검증은 크게 두 가지 요소로 구성된다. 첫째, 북한이 자신들이 가진 핵물질·핵무기·핵시설 등을 '신고'해야 한다. 둘째, 이 신고 내용이 맞는지, 나아가 약속한 비핵화 조치가 이행됐는지 확인하려면 국제원자력기구 IAEA 요원 혹은 미국 전문가들이 현장에 접근해 '사찰'해야 한다. 즉 CVID에서 '검증 가능한'은 핵 폐기의 방법론을, '완전한'과 '불가역적'은 그에 따라 완성된 핵 폐기의 결과를 뜻하는 것이다. 볼턴 보좌관은 "북한이 핵무기와 탄도미사일 프로그램의 완전한 신고 baseline declaration를 한다고 약속하기 전까지 그 어떤 협상도 시작하면 안 된다고 필사적으로 강조"했다.[2] 북한의 신고 내용과 미국이 이미 알고 있는 사실을 비교하면서 상대가 얼마나 진지하게 비핵화에 나서고 있는지 판단해야 했기 때문이다. 가령, 북한의 신고 내용이 미국의 정보 판단과 크게 다르다면 미국은 북한이 무언가를 숨기고 있다고 의심할 수밖에 없다.

　미국은 북한이 CVID란 용어를 극력 거부하자, 김정은 위원장에게 정말 핵을 포기할 의지가 있는지 의구심을 품기 시작했다. 하지만 북한 입장에서 볼 때 CVID는 결코 받아들일 수 없는 '악마의 단어'였다. 핵물질·핵무기·핵시설을 신고하고 이에 대한 사찰을 받아들인다는 것은 미국 앞에서 완전히 발가벗겨지는 것을 뜻하기 때문이었다.

　이와 관련해 북한의 속내를 읽을 수 있는 흥미로운 옛 일화가 있다. 노무현 대통령이 김정일 국방위원장과 2007년 10월 3일 정상회담을 가졌을 때 일이다. 북한은 그에 앞선 9월 27일부터 30일까지 진행된 6자 회담에서 "현존하는 핵시설을 불능화"하고, "모든 핵 프로그램에 대해 완전하고 정확한 신고"를 약속한 10·3 합의를 맺었다. 김정일 위원장은 이 회담의 실무대표였던 김계관 부상을 정상회담장에 불러내 관련 내용을 설명하게 한다. 김 부상은 노 대통령 앞에서 신고와 관련해 "핵계획, 핵물질, 핵시설을 다 신고"하지만, "핵물질 신고에서는 무기화된 정형은 신고 안 한다"고 말했다. 북미가 여전히 "교전 상황에 있기 때문에 적대 상황에 있는 미국에다가 무기 상황을 신고하는 것"은 말이 안 된다는 논리였다.

　미국이 주장하는 CVID에 맞서 북한이 제시한 대안은 북미가 시간을 들여 조금씩 신뢰를 쌓아가면서 한반도의 완전한 비핵화라는 최종 목표를 향해 한 걸음씩 나아가는 '단계적 접근'이었다. 이 방식을 따른다면, 북한이 의미 있는 핵 폐기 작업을 진행할 때마다 미국은 '행동 대 행동'의 원칙에 따라 걸맞은 보상을 제공해야 한다. 북한은 미국과 본격적인 협상에 나서기 전인 4월 20일 조선노동당 제7기 제3차 전원회의를 통해 핵·미사일 실험 중지 선언, 북부핵시험장 폐기 등의 조치를 시행한 바 있다. 북한의 셈법에서 보자면, 미국은 CVID와 같은 허황된 요구를 내어놓을 게 아니라 자신들이 이미 취한 이러한 선조치에 대해 합당한 보상을 해야 했다.

회담 전 풍경

아베 총리는 트럼프 대통령이 싱가포르에서 북한에 '안이한 양보'를 하지 않도록 다잡기 위해, 회담 닷새 전인 6월 7일 워싱턴에서 미일 정상회담을 진행했다. 일본 외무성은 회담 결과를 전하는 자료에서 두 정상이 "북한에 안보리 결의의 완전한 이행을 요구하고 현행 조치를 계속 이어가며, [비핵화를 향한] 북한의 구체적 행동을 끌어내자는 것"에 동의했다고 밝혔다. 아베 총리는 이 회담에서 싱가포르 공동선언에 "CVID를 반드시 명기해야 한다"고 되풀이해 강조했다. 하지만 상대는 역대 미국 대통령의 모든 금기를 깬 '이단아' 트럼프 대통령이었다. 그는 CVID 개념이 무엇인지조차 이해하지 못하고 있었다.[3]

이 무렵 진행되던 성 김 대사와 최선희 부상의 실무회담도 양쪽 간의 심연과 같은 견해차로 인해 교착에 빠져 있었다. 북미의 대치는 회담 바로 전날인 11일까지도 해소되지 않고 있었다. 폼페이오 장관은 싱가포르에 도착한 트럼프 대통령에게 좀처럼 타협점을 찾지 못하고 있는 실무협상의 현황을 소개했다. 이에 대한 트럼프 대통령의 반응은 놀라울 정도로 무책임했다. 이번 회담은 "홍보 행사an exercise in publicity"이기에, "실질적 내용 없는 코뮈니케(공동성명)

에 서명하고 기자회견에서 승리를 선언한 뒤 도시를 떠나자"고 말한 것이다.

하지만 미국 외교안보 정책을 총괄하는 볼턴 보좌관까지 정신줄을 놓고 있을 순 없었다. 볼턴 보좌관의 회고록에 따르면, 당시 미국은 CVID라는 비핵화의 분명한 목표가 담긴 합의서agreement 작성을 목표로 하고 있었다. 하지만 북한은 회담 당일 새벽까지 이어진 치열한 실무협상에서 "완전하고 검증 가능하며 불가역적인 비핵화에 동의하길 거부"하고 있었다.

미국이 원했던 합의서에는 CVID와 북한이 이를 수용할 경우 미국이 제공하는 대가가 적혀 있었을 것으로 짐작된다. 하지만 북은 "그 매직 워드(CVID)만 거부하는 것이 아니라 이 서류의 콘셉트 전체를 거부"하고 있었다. 그렇다면 정상회담 자체가 "아무 의미 없는 행위"가 될 수밖에 없었다. 볼턴 보좌관과 폼페이오 국무장관은 11일 저녁 긴 논쟁 끝에 "우리가 생각하는 비핵화의 개념과 [유엔 안보리의 대북제재 결의] 1718호*에 대한 언급을 여기에 포함시키고, 납치된 일본인 문제에 대한 새로운 단락들을 추가하고, 한국전쟁에서 전사한 미군의 유해 송환을 약속하는 내용을 넣자"는 데 합의했다. 만약 북한이 이 제안을 끝까지 거부한다면 별다른 정치적 의미가 없는 '짧은 문서short statement'를 채택할 수밖에 없었다.

미국이 CVID의 대가로 준비하고 있었던 것은 다름 아닌 한

---

* 북한이 1차 핵실험을 한 직후인 2006년 10월 14일 유엔 안전보장이사회 15개국 만장일치로 채택된 대북제재 결의로, 북한의 핵무기 실험과 탄도미사일 발사를 금지하고 북이 핵 프로그램과 대량상상무기WMD를 완전하고 검증 가능하며 불가역적인 방식으로 포기abandon해야 한다는 내용이 들어 있다. 이 결의가 통과될 때 볼턴 보좌관이 미국의 유엔 대사였다.

국전쟁의 '종전선언'이었다. 볼턴 보좌관은 이를 짐작하게 하는 기술을 회고록 곳곳에 숨겨두었다. 트럼프 대통령은 자신이 "한국전쟁을 끝냈다고 말할 가능성에 대해 매료"돼 있었고, 볼턴 보좌관도 종전선언이 "의례적인 표현이자 언론에서 큰 점수를 따는 것일 뿐, 국제적으로 어떤 파급 효과가 있을 것"이라고 생각하지 않았기에 북한에 충분히 내어줄 수 있는 카드라고 판단했다. 그러나 공짜로 내어줄 수는 없는 노릇이었다. 그는 "분명한 대가를 얻어내기 전까지 종전선언을 받아들일 수 없다"고 주장했고, 6월 6일 백악관 회의에서 폼페이오 장관과 종전선언을 내주는 대가로 "핵무기와 탄도미사일 프로그램에 대한 기준이 되는 선언(신고)"을 요구하기로 합의했다. 볼턴 보좌관은 이에 대해 북한이 동의할지는 알 수 없었지만, 그래야 "미국의 쓸데없는 양보를 막을 수 있다"고 판단한 것이다.[4]

　　예상대로 북한은 종전선언과 CVID를 교환하자는 미국의 요구를 받아들이지 않았다. 회담 당일인 12일 새벽 1시 포틴저 선임보좌관이 볼턴 보좌관을 깨워 협상이 여전히 교착 상태임을 전했다. 결국, 합의가 이루어지지 못한 것이다. 그 결과 싱가포르 공동성명은 CVID와 종전선언을 맞바꾸는 알맹이 있는 합의서가 아닌, 비핵화에 대한 선언적 문구만 담은 짧은 문서가 될 수밖에 없었다. 볼턴 보좌관은 트럼프 대통령이 싱가포르에서 종전선언에 서명할 수 없게 돼 실망하지 않을까 걱정했다. 하지만 예상과 달리 트럼프 대통령은 12일 아침 회담장인 카펠라 호텔로 향하는 길에서 "짧은 문서에 만족한다"고 말했다. 그에겐 어차피 이 모든 것이 홍보 행사였던 것이다.

어긋남의 시작

　전 세계 언론의 이목을 한 몸에 받으며 세기의 악수를 나눈 북미 정상은 38분 동안 이어진 일대일 회담을 끝내고 오전 9시 54분부터 확대 회담에 돌입했다. 북한에선 김 위원장, 리수용 노동당 부위원장 겸 국제부장, 김영철 통일전선부장, 리용호 외무상, 김주성 외무성 통역요원이 참석했고, 미국에선 트럼프 대통령, 폼페이오 국무장관, 볼턴 보좌관, 존 켈리John Kelly 백악관 비서실장, 이연향 국무부 통역국장이 자리를 지켰다.

　이 회담에서 싱가포르 공동선언에 대한 마지막 의견교환이 이루어졌을 것으로 추정된다. 김정은 위원장은 완성된 짧은 문서에 크게 만족했다. '한반도의 완전한 비핵화'에 대한 의지를 밝힌 것만으로 새로운 북미 관계수립과 한반도 평화체제 구축에 대한 미국의 '서면 약속'은 물론이고, 오랫동안 북한에게 커다란 안보 위협이 되어온 한미 연합군사훈련 중지라는 트럼프 대통령의 '구두 약속'까지 챙겼기 때문이다. 애초 미국이 작성한 초안 1항에는 'CVID에 기초한 북한의 비핵화'라는 내용이 명기돼 있었지만 삭제됐고, 순서 역시 북한의 주장대로 1항에 '새로운 북미 관계수립', 2항에 '항구적이고 공고한 평화체제 구축'이 들어갔다. 초미의 관심사였던 비핵화에 대한 언급은 3항으로 밀리고 말았다.[5] 4항에는 북미 모두 이견 없이 동의할 수 있는 미군 유골 발굴에 대한 내용이 배치됐다.

　김 위원장은 확대 회담에서 북미가 서로 신뢰를 쌓아가면서 한 걸음씩 비핵화 단계를 밟는 행동 대 행동식 접근법이 중요하다는 점을 거듭 강조했다. 그는 트럼프 대통령에게 "그간 쌓여온 불신을 털어버리고 비핵화의 속도를 높이기 위해 같이 협력할 수 있다",

"북한의 강경파들이 [한미] 연합훈련을 하지 않겠다는 트럼프의 결정에 감동할 것이고, 협상이 진전되면서 그다음 단계들을 밟아나갈 수 있을 것"이라고 말했다. 이어, 미국이 더는 "북한의 위협을 받지 않을 것이기 때문에 서로 핵 버튼의 크기를 비교하는 일도 없을 것"이라는 농담을 던졌다. 마치 북한이 핵보유국으로 공인받는 것 같은 태도였다.

김 위원장은 이어 향후 북미 핵협상의 운명을 사실상 결정짓는 매우 의미심장한 말을 건넸다. "트럼프 대통령이 행동 대 행동의 접근에 합의해줘 기쁘다"는 인식을 밝힌 것이다. 김 위원장이 적어도 이 시점에는 자신이 트럼프 대통령을 멋지게 설득해 북한이 오랫동안 주장해온 행동 대 행동의 원칙에 동의하게 만들었다고 '착각'하고 있었음을 보여주는 대목이다. 회담 석상에서 이 발언을 직접 들은 볼턴 보좌관은 말로 표현할 수 없는 의아함을 느꼈다. 자신은 물론이고 트럼프 대통령 역시 행동 대 행동의 접근에 동의한 적이 없었기 때문이다.

기분이 좋아진 김 위원장의 기세는 멈출 줄 몰랐다. 자신의 뜻대로 회담이 술술 진행되고 있다고 믿었는지 북한이 추구하는 다음 목표가 무엇인지까지 넌지시 내비치기 시작했다. 볼턴 보좌관의 회고에 따르면, 김 위원장은 트럼프 대통령에게 바로 "유엔 (안보리) 제재 해제가 다음 차례가 될지 UN sanctions would be next step" 물었다. 북이 정한 협상의 논리적 순서에 따르자면, 1차 회담에서 '한미 훈련 중지'란 성과를 얻었으니 2차 회담의 목표는 본격적인 경제발전을 위한 '유엔 제재의 해제'가 되어야 할 터였다. 이에 대해 트럼프 대통령은 "열린 마음으로 생각해보고 싶다"고 대답하면서도 "우리에겐 문자 그대로 발표하려고 준비해둔 새로운 제재 방안이 수백 개는 있다"고 덧붙였다. 북은 실제로 여덟 달 뒤인 2019년 2월 28일 하노이에서 열린 2차 북미 정상회담에서 영변 핵시설 폐기를 대가로 2016년 이후 유엔이 부과한 제재 해제를 요구하게 된다. 2·28 '하노이의 파국'의 원인이 된 북미 간 인식의 불일치가 김 위원장 스스로의 고백에 의해 처음 수면으로 드러나는 순간이었다.

일본의 반응

일본의 북한 전문가들은 북미가 발표한 6·12 싱가포르 공동선언을 무거운 마음으로 받아들 수밖에 없었다. 1년간의 '비밀 협상' 끝에 2002년 9월 17일 고이즈미 총리의 방북을 현실화시켰던 다나카 히토시田中均 일본총합연구소 국제전략연구소 이사장은 15일자 〈아사히신문〉 '논좌論座' 기고에서 "북한의 핵 폐기를 향한 명확하고 구체적인 합의가 이루어질 것이라 기대했지만, 합의 내용은 분명히 기대를 벗어난 것이었다. 실망을 금할 수 없다"고 적었다. 일본내 한반도 연구 일인자인 오코노기 마사오小此木正夫 게이오대 명예교수도 "한마디로 좋다 나쁘다고 하긴 힘들다"고 유보적 태도를 밝히면서도 "(공동성명의) 논리 구성은 종래 북한의 주장에 따른 것이다. 먼저 비핵화를 달성하는 게 아니라, 북미 상호 간 신뢰 조성을 통해 비핵화를 촉진해간다는 점이 그렇다. 북한 쪽은 벌써 (북미가) '단계적 비핵화에 합의했다'고 전하고 있다"고 우려했다.

하지만 일본 역시 손 놓고 현재 정세를 그냥 구경만 할 순 없는 노릇이었다. 일본 보수의 정서를 대변하는 월간지 〈분게이슌주〉

는 6·12 합의 공개 직후 나온 2018년 8월호에 사토 마사루佐藤優 전 외무성 주임 분석관과 다나카 이사장의 기고를 나란히 실었다. 사토 분석관은 "이 게임의 승자는 김정은"이라고 단정하며, 북한의 대륙간탄도미사일만 제거하면 되는 미국과 중·단거리 미사일의 표적이 되는 한일의 사정은 다르다고 지적했다. 즉 아베 총리가 "미일이 100퍼센트 함께 있다"고 여러 차례 강조했지만, 6·12 합의를 통해 양국의 이해가 달라졌다고 꼬집은 것이다. 그렇다면 일본 역시 대미 의존에서 벗어나 북한과 독자적인 대화를 모색하는 방향으로 나아가야 했다. 게다가 일본은 아베 총리가 국정 최우선 과제라 말해온 '납치 문제'라는 난제를 끌어안고 있었다. 이 문제 해결에 강한 의욕을 가진 국가는 피해 당사자인 일본밖에 없었다.

다나카 이사장의 견해도 비슷했다. 그는 북미 합의가 "기대를 벗어난 것"이라고 아쉬워하면서도 "합의의 방향성은 올바르다"고 잘라 말했다. 비핵화를 위해 북미가 신뢰를 쌓아야 한다는 사고방식이 자신이 목숨을 걸고 추진했던 2002년 9월 북일 평양선언의 기본 생각과 일치한다는 주장이었다. 한때 일본 외무성 내 '최고 전략가'라 불렸던 다나카는 "나는 현재 상황이 정말 싫다. 미국은 물론 일본의 소중한 동맹이고 기본적 가치를 공유한다. 그러나 한반도 문제에 있어 이해가 일치하지 않는 부분이 정말 많다. 일한을 무시하고 한반도의 여러 사안을 미국의 논리로만 결정하는 것을 단호히 저지해야 한다"고 말했다.

그는 이어 "현재 일본이 꺼낼 수 있는 카드는 '경제협력'밖에 없다"고 말했다. "국교정상화 작업이 시작되면, 일본에게서 경제협력을 얻을지도 모른다는 생각을 [북한이] 가져야만 납치 문제가 움직인다. 그래서 지금 중단되어 있는 평양선언에 기초해 국교정상화 교섭을 재개해야 한다. 이를 위해선 평양에 일본의 연락사무소*를 설치하는 것도 좋다." 핵·미사일·납치 문제의 해결을 국교정상화의 전제조건으로 내걸지 말고 좀 더 적극적인 대북 외교에 나설 것을 주문한 것이다. 오코노기 명예교수 역시 "과거에 일조 대화를 추진하려 할 때 미국과 한국의 반대에 마주쳤던 적이 있었다. 지금은 그런 장애가 없다. 일본 정부는 납치·핵·미사일 문제의 해결 뒤에 국교정상화를 한다고 하지만, 북한을 둘러싼 국제상황이 크게 변화하고 있다. 트럼프 정권이 융화적인 정책을 제시하기 시작했기 때문에 일본도 문제 해결을 위한 유연성이 필요해진 아닌가"[6]라는 견해를 밝혔다.

2002년 이후 납치 문제를 둘러싸고 아베 총리와 각을 세워온 다나카 이사장은 7월 3일 일본기자클럽 강연에도 나섰다. 강연 첫머리에서 그는 "이곳 회견이 열 번째"지만 "이번이 마지막이라는 생각"으로 일본 정부를 향해 '압박' 일변도의 대북정책을 전환할 것을 강하게 요구했다. 그가 주장하는 핵심은 북일이 도쿄와 평양에 각각 연락사무소를 설치해 적극적인 관계 개선에 나서야 한다는 것이었다.

미북 정상회담 결과, 비핵화가 어떻게 될까요? 여러분은 어떻

---

* 상호 연락사무소 설치는 정식 국교수립의 전 단계이다. 베트남 전쟁에서 서로 대립했던 미국과 베트남의 국교정상화 절차가 한 예다. 빌 클린턴William Clinton 미국 대통령은 1994년 2월 베트남에 대한 경제제재를 전면 해제했고, 1995년 1월 각각 상대국의 수도에 연락사무소를 개설한 데 이어, 1995년 7월 베트남전쟁 종전 20년을 맞아 국교를 정상화했다.

게 생각합니까. 폼페이오가 북한에 가면 수일 내에 로드맵(비핵화 일정표)이 만들어질 거라 생각합니까? 그건 불가능합니다. 과거 역사를 알고 있는 사람이라면 알 거라 봅니다. [그렇다면] 뭐가 필요할까요. 북한이 비핵화를 하는 데 [일본이 나름의 방식으로] 관여하는 게 필요합니다. 북한이 하루 만에 비핵화하는 일은 결코 없습니다. 북한의 핵을 [단번에 없애지는 못해도] 줄여나가는 게 일본의 이익이라 생각하지 않습니까?

돌이켜보면 북미 대화가 급속도로 진행되던 2018년 여름, 한미일 세 나라 모두 한반도 비핵화에 대한 일종의 장밋빛 환상에 빠져 있었다고 냉정하게 평가하지 않을 수 없다. 문재인 대통령은 미국에 "북한 비핵화가 1년 안에 이루어질 수 있다"고 말했고, 미국 역시 트럼프 대통령 임기 내인 2020년 안에 이 일이 마무리될 수 있다고 기대했다. 하지만 다나카 이사장이 언급했듯 체제보장을 국가의 가장 중요한 목표로 여기는 북한이 단시일 안에 자신의 핵을 전부 내놓는 것은 "결코" 있을 수 없는 일이었다.

트럼프 대통령 역시 이 사실을 어렴풋이 깨닫고 있었다. 그는 싱가포르에서 김 위원장과 공동선언에 서명한 직후 응한 ABC 방송 인터뷰에서 비핵화에 얼마나 시간이 걸릴 것 같냐는 사회자 조지 스테파노풀러스George Stephanopoulos의 질문에 "전문가에게 이야기를 들어보면 이것을 단숨에immediately 할 수는 없다", "시간이 걸린다. 누구는 빨라도 15년이 걸린다고 한다"고 답했다. 그렇지만 비핵화 작업이 시작되면, 북한이 "아무것도 못 하게 돼" 미국을 향한 핵위협은 바로 사라질 수 있다는 견해를 밝혔다.

그 절차(비핵화 절차)에 들어가면, 정말로 해체를 시작하는 것이다. 다른 말로 하면 그 기간에는 아무것도 못 한다. 그렇지만 핵을 제거하는 절차를 시작하면, 이것은 바로 다음 날 끝내는 식으로는 못 한다. 과학적으로 그렇게 될 수 없다. 그러나 그들[북한]은 이를 할 것이다. 그들은 바로 시작할 것이다. 그들은 이미 시작했다. 그들은 핵실험장 site을 파괴했다. 이는 진짜 실험장이었고, 그들의 큰 실험장이었다. 이를 폭파했다.

트럼프 대통령의 언급 속에 등장하는 북한이 비핵화를 마무리하는 데 "15년이 걸린다"고 예견한 이들은 지그프리드 헤커 Siegfried Hecker 스탠퍼드대학 교수와 미 중앙정보국 분석관 출신인 로버트 칼린Robert Carlin 등이었다. 헤커는 2004년 북한 핵 개발의 심장인 영변을 처음 방문한 뒤 2007년, 2008년, 2010년 등 네 번 이곳을 찾은 최고의 북핵 전문가이자 영변 고농축우라늄HEU 생산시설을 직접 눈으로 확인한 유일한 미국인 과학자이기도 했다. 칼린 역시 북한을 서른 번 넘게 방문한 대북 전문가였다.

헤커와 칼린은 2018년 5월 스탠퍼드대학의 국제안보협력센터CISAC 보고서를 통해 실제 북한의 핵 폐기 작업이 진행됐을 때 미국 등이 직면하게 되는 여러 어려움에 대해 논했다. 헤커 교수는 5월 28일 〈뉴욕타임스〉 인터뷰에서 미국이 '신속한 비핵화'를 추구하고 있지만, 북한의 핵 군축에는 오랜 시간이 걸릴 수 있다고 우려하며 "북핵협상이 타결된다 해도 미국과 북한이 마주할 정치적·기술적 불확실성 때문에 개인적으로 북한의 핵 군축에 최대 15년이 걸릴 수 있다고 본다. 미국이 바랄 수 있는 최선은 북한 핵 프로그램에서 가장 위험한 부분을 먼저 처리하는 '단계적phased 비핵화'"라고 말했다. "우리는 수십 개의 핵시설과 수백 개의 건물과 수천 명의 사람들(북한의 핵과학자들)에 대해 말하고 있다. 북한의 제멋대로 커져가는 핵시설을 해체하는 열쇠는 북한과 다른 관계를 수립하는 것이다."

　　다나카의 외침, 오코노기의 제안 그리고 헤커의 우려에 대해 일본 총리관저에서는 이렇다 할 반응이 없었다. 하지만 머지않아 이들의 제안과는 반대 방향의 반응을 보이기 시작한다. 아베 총리는 21일 필립 데이비슨Philip Davidson 미 인도·태평양군 사령관과 만나 "강력한 미일 동맹과 미한 동맹 그리고 이에 기초한 억지력은 북동아시아 지역의 안전보장에 불가결한 역할을 하고 있다"고 말했다. 일본과 상의 없이 내린 미국의 한미 연합훈련 중단 결정에 대해 이견을 밝힌 것이다.

　　29일에는 고노 외무상이 제임스 매티스 미 국방장관을 만나 좀 더 분명히 일본의 요구 사항을 쏟아냈다. 이날 회담 결과를 전하는 일본 외무성의 자료에 따르면 미일은 다음과 같은 네 가지 사항에 합의했다. 첫째, 대규모 한미 연합군사연습을 계속 중단하려면, 북한이 모든 대량파괴무기 및 여러 사정거리의 탄도미사일에 대한 완전하고 검증 가능하며 불가역적인 폐기를 실현하기 위해 [구체적] 행동에 나서야 한다. 둘째, 미일 동맹, 한미 동맹 그리고 이에 기초한 억지력은 북동아시아 지역의 안전보장에 불가결한 역할을 하고 있다. 셋째, 주한미군의 철수·축소는 검토되지 않고 있다. 넷째, 북한이 주장하듯 동시적이고 단계적인 접근을 취하지 않고 CVID를 달성할 때까지 안보리 결의에 따른 조치를 유지한다는 것이었다.

즉, 강고한 한미일 3각 연대를 통해 북한에 대한 최대의 압박을 유지하자는 주장이었다.

하지만 일본도 언제까지고, 누워서 감 떨어지기만 기다릴 순 없었다. 아베 총리는 마침내 무거운 엉덩이를 들어 올리기로 결심한다. 그렇지만 한편으로는 최대의 압박을 유지하자고 외치며, 다른 한편으로는 대화를 호소하는 일본의 제안에 북한이 응할지는 알 수 없는 노릇이었다.

6장 재팬 패싱

불안한 아베, 접근을 시도하다

아베와 납치 문제

김정은 북한 국무위원장의 2018년 1월 1일 신년사를 계기로 동아시아의 냉전 구조를 허무는 남북과 북미 정상회담이 실현되자, 일본에서는 이 격변의 흐름에서 우리만 소외되는 것 아니냐는 우려가 쏟아지기 시작했다. 이른바 '재팬 패싱' 논란이었다. 논란이 불거질 때마다 아베 총리는 노골적인 불쾌감을 드러내며 예민하게 반응했다.

그럴 만한 이유가 있었다. 아베 총리는 북한이 저지른 국가 범죄인 일본인 납치 문제를 반드시 해결해야 한다는 사명감에 불타올라 있는 인물이었다. 아베 총리에게 납치 문제는 정치 인생의 알파이자 오메가였고, 이 문제의 해결은 개헌과 함께 그가 반드시 달성하겠다고 밝힌 필생의 과업이었다. 2000년대 초반 아직 우익의 젊은 기대주에 불과했던 그가 2006년 9월 총리의 자리에 오를 수 있었던 것은 오로지 납치 문제에 대해 보여준 강경한 태도 때문이었다.

아베 총리가 일본 우익의 주요 정치가로 성장했던 2000년대 초는 동아시아에 평화의 훈풍이 불던 시기였다. 김대중 대통령은

2000년 6월 평양을 방문해 역사적인 첫 남북 정상회담에 나섰다. 김대중 대통령과 김정일 국방위원장은 6·15 공동선언을 통해 "남북은 나라의 통일 문제를 그 주인인 우리 민족끼리 자주적으로 해결"하자고 합의했다. 그로부터 2년 뒤에는 일본이 움직였다. 고이즈미 총리는 2002년 9월 17일 평양에서 김정일 국방위원장과 만나 북일 간에 존재하는 '제반 문제들'을 해결하고 북일 국교정상화 회담을 재개하자는 데 합의했다. 6·15 남북 공동선언에 필적할 만한 역사적 문서인 북일 평양선언이 나온 것이다. 이 선언에 등장하는 제반 문제란 북한이 볼 때는 식민지배에 대한 청산이었고, 일본이 볼 때는 납치 문제의 진상 규명과 그에 따른 후속 조치였다.

고이즈미 총리는 2002년 방북을 통해 납치 문제와 관련해 매우 의미 있는 성과를 이끌어냈다. 김정일 국방위원장이 "1970~80년대 초 특수기관의 일부가 망동주의, 영웅주의에 빠져 이 같은 일을 벌였다"고 말하면서 북한 정부가 일본인을 납치했다는 사실을 인정하고 사죄한 것이다. 이어 그에 따른 후속 조치로 10월 15일 하스이케 가오루蓮池薫 등 납치 피해자 5명이 일본에 '일시 귀국'할 수 있게 허락했다.

그러자 일본 사회에서는 이들을 다시 돌려보내야 하느냐를 두고 치열한 논쟁이 벌어진다. 애초 일본 정부의 입장은 피해자들이 북한으로 돌아갈지에 대한 판단을 본인들에게 맡기자는 것이었다. 그러나 당시 관방 부장관이었던 아베 총리는 "납치 피해자들에게 스스로 결정하라고 하는 것은 국가의 책임을 방기하는 일"이라고 강하게 주장하며 "국가의 판단에 따라 돌려보내지 않는다"는 결론을 끌어냈다. 이 사건을 통해 아베 총리는 신뢰할 수 있는 젊고, 강한 지도자라는 입지를 굳히며 단숨에 차기 총리감으로 떠오른다.

납치 문제 덕에 정권을 잡은 아베 총리는 문제 해결을 위해 여러 노력을 기울였다. 1차 정권이 출범한 직후인 2006년 9월 26일에는 총리를 본부장으로 하는 납치문제대책본부를 만들어 "납치 피해자들이 전원 생존해 있다는 전제 아래 생환을 요구해가겠다"고 선언했다. 이어, 10월 16일에는 "납치 문제의 해결 없이 북한과 국교정상화는 없다"는 방침을 재확인했다. 북한과의 국교정상화를 위한 3대 조건인 핵·미사일·납치 문제의 해결이라는 공식이 처음 모습을 갖춘 순간이었다. 하지만 그로 인한 외교 정책상의 여파는 너무 컸다. 이미 사망한 것으로 보이는 납치 피해자 요코타 메구미橫田め ぐみ*가 살아 돌아오지 않는 한, 북일 국교정상화가 사실상 불가능해지기 때문이다. 역사 문제에서 남의 피해엔 무심하고, 자신의 피해에는 지나치게 민감하게 반응하는 일본의 굴절된 정념이 만들어낸 '자승자박 외교'였다.

비핵화와 과거 청산

2018년 1월 남북 접근이 시작됐을 때만 해도 이에 대한 아베 총리의 입장은 '대화를 위한 대화는 의미가 없다'는 것이었다. 그는

---

* 일본의 대표적인 납치 피해자이다. 1977년 11월 15일 니이가타新潟현의 요리이寄居 중학교에서 수업 후 배드민턴을 연습하고 집으로 돌아가던 중 갑자기 사라졌다. 이후 납치 피해자로 판명됐다. 요코타의 운명과 관련해선 여러 설이 있지만, 이미 사망한 것으로 추정된다. 〈동아일보〉는 2014년 11월 7일 요코타가 서른 살이던 1994년 4월 10일 평양의 정신병원에서 숨졌다고 보도했다. 일본 정부의 공식 입장은 요코타가 살아 있다는 전제 아래 조기 귀국을 추진한다는 것이다.

4월 2일 정부·여당 연락회의에 참석해 북한과의 "대화를 위한 대화는 의미가 없다. 북한이 완전하고 검증 가능하며 불가역적인 방법으로 핵·미사일 폐기를 향한 구체적인 행동을 취하도록 만들기 위해 최대한의 압력을 유지해야 한다"고 말했다.

물론, 아베 총리가 북한과의 대화에 대해 '경직적 입장'을 갖게 된 데는 그만한 이유가 있었다.

1차 집권 때 1년 만에 허망하게 권좌에서 내려온 아베 총리는 5년간 와신상담의 기간을 거쳐 2012년 12월 총리로 복귀했다. 이후 다시 납치 문제를 해결하기 위해 정력을 기울인다. 북일 사이에 극비 물밑 접촉이 시작된 것은 아베 2차 정권이 출범한 지 1년이 막 지난 2014년 1월 무렵이었다. 일본은 그로부터 넉 달 뒤인 5월 말 북한과 "일본인 납치자에 대한 전면적인 조사를 진행해 일본인에 대한 모든 문제를 해결한다"는 내용의 '스톡홀름 합의'에 서명했다. 북한은 특별조사위원회까지 만들어 납치 문제에 대한 대대적인 재조사를 벌였지만, 결론은 "생존 피해자는 없다"는 기존 입장을 재확인하는 것이었다. 일본은 맹반발하면서 북한의 조사 보고서 수령 자체를 거부했다. 이어 한동안 부분적으로 완화했던 독자제재를 원상회복했다. 그러자 북한은 2016년 2월 거친 욕설을 퍼부으며 스톡홀름 합의를 파기하겠다고 선언했다. 이 같은 실패를 경험하면서 북한에 대한 아베 총리의 불신은 더 깊어졌을 것으로 보인다.

하지만 한반도를 둘러싼 정세가 급변하는 상황에서 언제까지나 한 발 빠져 있을 순 없는 일이었다. 고노 외상은 4월 11일 판문점 회담을 앞둔 문재인 대통령과 만나 남북 정상회담에서 납치 문제를 언급해달라고 요청했다. 한국 정부는 이 요청을 기쁜 마음으로 받아들였을 것임에 틀림없다. 일본이 남북이 주도하는 한반도 평화 프로세스에 적극 동참해 동아시아의 냉전 구도를 해체하는 데 중요하고 의미 있는 역할을 담당해주기를 원했기 때문이다. 아베 총리는 판문점 회담 이틀 뒤인 4월 29일 문재인 대통령과 45분간 전화 회담을 마친 후 기자들 앞에 모습을 드러냈다. 그리고 다음과 같이 말했다.

문재인 대통령이 김정은 위원장에게 납치 문제와 일조 관계에 대한 나의 생각을 전달했다고 전해왔다. 상세한 내용에 대해선 현 단계에서 말씀드릴 수 없지만, 내가 요청한 것에 대해 분명히 제안해준 문재인 대통령의 성의에 감사드린다.

아베 총리는 "상세한 내용에 대해선 현 단계에서 말씀드릴 수 없다"고 전하며 매우 신중히 말을 아꼈지만, 한국 정부는 그럴 이유가 없었다. 김의겸 청와대 대변인은 같은 날 아베 총리가 문 대통령을 통해 김정은 위원장에게 전달한 "납치 문제와 일조 관계에 대한 나의 생각"이 무엇인지 거침없이 공개했다.

문 대통령은 김정은 국무위원장을 향해 아베 총리도 북한과 대화할 의사를 갖고 있고, 특히 과거사 청산에 기반한 북일 국교 정상화를 바라고 있다는 점을 전달했다고 아베 총리에게 말했습니다. 또한 김정은 국무위원장도 북한이 언제든지 일본과 대화할 용의가 있음을 밝혔다고 아베 총리에게 전달했습니다. 아베 총리는 일본도 북한과 대화할 기회를 마련할 것이며 필요가 있을 경우 문 대통령에게 협력을 구할 수도 있을 것이라고 말했습니다. 문 대통령도 북일 사이에 다리를 놓는 데 기꺼이 나서겠다고 말했습니다.

아베 총리가 "과거사 청산에 기반한", 즉 납치 문제의 해결을 전제로 한 북일 정상회담을 원하고 있으며, 김 위원장이 이에 대해 "일본과 대화할 용의가 있다"고 긍정적인 반응을 보였다는 얘기였다. 아베 총리가 이에 대한 자신의 결심을 공개한 것은 그로부터 보름이 지난 5월 14일이었다. 아베 총리는 중의원 예산위원회에 참석해 "납치 문제 해결을 위해선 국제사회의 협력도 필요하지만, 최종적으로 일조 정상회담을 해야 한다. 정상회담을 한다면, [만남을 위한 만남으로 그쳐선 안 되며] 납치 문제의 해결로 이어"지는 의미 있는 만남이 되어야 한다고 말했다. 아베 총리의 이 발언에 대해 〈아사히신문〉은 15일 자에서 "북한에 대한 미국과 한국의 입장이 압력에서 대화로 이동하는 모습이 선명해지는 가운데 일조 정상회담을 시야에 넣고 있는 듯한 아베 총리의 발언도 도드라지기 시작했다"고 평했다. 아베 총리는 이어진 6월 7일 미일 정상회담 이후 가진 기자회견에선 납치 문제에 대한 본인의 감정을 좀 더 솔직히 쏟아냈다.

니가타라는 일본해(동해)에 면한 아름다운 항구에 사는 겨우 13살인 소녀*가 북한에 납치됐다. 그로부터 41년, 가족들은 오

---

* 당시 중학교 1학년이던 요코타 메구미를 지칭하는 것이다.

로지 [아이가] 돌아오기를 바라며 계속 기다리고 있다. 양친도 고령이 되어 남은 시간이 얼마 없다.** 일본 국민들은 [부모님이] 건강할 때 메구미 씨를 다시 두 손으로 안아볼 수 있도록, 모든 납치 피해자가 일본에 돌아오는 날을 절실히 바라고 있다. 납치 문제의 해결을 위해 북한과 직접 마주해 얘기하고 싶다.

아베 총리는 이후 트럼프 대통령이 12일 열리는 싱가포르 북미 정상회담에서 김정은 위원장에게 "납치 문제를 제기할 것이라고 강하게 약속했다"는 사실을 여러 차례 강조했다. 하지만 이 '세기의 회담'을 자신을 위한 거대한 홍보 이벤트로 생각했던 트럼프 대통령이 얼마나 진지한 자세로 납치 문제를 거론했는지 알 수 없다. 일본 언론들은 트럼프 대통령이 아베 총리에게 약속한 대로 납치 문제를 언급했다고 보도했지만,[1] 싱가포르 공동선언문에 납치 문제에 대한 언급은 포함되지 않았다. 4장에서 언급한 대로 미국은 공동선언에 납치 문제에 대한 언급이 담기도록 애썼지만, CVID를 둘러싼 북미 간 이견으로 문서가 짧게 정리되면서 관련 내용이 빠진 것이다. 그에 대한 실망 때문이었을까. 아베 총리는 6월 12일 북미 정상회담이 끝난 직후인 오후 5시 56분 기자들 앞에 모습을 드러내 짙은 아쉬움을 감추며 다음과 같이 말했다.

우리에게, 일본에게 중요하고 절실한 납치 문제에 대해 지난 만남에서 트럼프 대통령에게 요청한 것을 [김정은 위원장과의 회

** 부친인 시게루滋는 2020년 6월 5일 사망했다. 모친인 사키에早紀江는 열심히 활동을 이어가고 있다.

담에서] 분명히 언급해준 것에 대해 높게 평가한다. 납치 문제를 명확히 제기해준 것에 대해 트럼프 대통령에 감사한다. 상세한 내용은 트럼프 대통령에게 전화로 물어보려 한다. 이후로도 납치·핵·미사일이라는 북한과 관련한 여러 현안을 해결하는 것을 목표로 일미, 일미한 그리고 중국, 러시아, 국제사회와 분명히 연대해가면서 전력을 다하고 싶다.

문재인 대통령과 트럼프 대통령이 아베 총리의 요청을 받아들여 김정은 위원장에게 납치 문제를 제기했다고는 했지만, 한미에게 이 문제는 북핵 문제라는 더 크고 핵심적인 외교 과제에 딸린 비본질적 문제에 불과했다. 결국, 일본이 직접 나설 수밖에 없었다. 실망스러운 싱가포르 공동선언 내용을 확인한 뒤 아베 총리는 이 사실을 절감한 듯 다음과 같이 덧붙였다.

물론 납치 문제에 대해선 일본이 직접 분명히 북한과 마주 서서 두 나라 간에 해결해야 한다고 결의하고 있다.

칼을 뽑아든 아베 총리는 신속하게 움직였다. 이틀 뒤인 14일 총리관저로 요코타 메구미의 모친인 사키에 등 납치피해자가족회 관계자들을 불러 모았다. 아베 총리는 이들 앞에서 "이번 미조 정상회담을 기회로 잡아 일본의 문제에 대해서는 앞으로 일본이 직접 북한과 마주하고 문제를 해결해가기로 결의했다"고 말했다. 아베 총리의 입장이 "대화를 위한 대화는 의미가 없다"는 것에서 "납치문제 해결을 위해 북한과 직접 마주해 이야기하고 싶다"는 쪽으로 바뀐 것이다.

국가의 정책 기조가 바뀌었으니, 그에 대한 설명이 이루어져야 했다. 답을 내놓은 것은 고노 다로 외무상이었다. 고노 외무상은 14일 서울에서 한미일 외교장관 회견을 마친 뒤 기자회견에 임해 북한이 4·27 판문점 선언과 6·12 싱가포르 공동선언을 통해 "비핵화에 대해 명확히 서약"했으니 이제는 북일 대화를 시도해도 되는 "새로운 단계에 접어들었다"고 말했다.

이번 미조 정상회담에서 북한은 비핵화를 명확히 서약했다. 그런 의미에서 [북일 간에 직접 대화를 위한] 새로운 단계에 들어선 것이라 생각한다. 일조 평양선언에서 핵·미사일·납치[문제를 해결해 국교를 정상화한다]라고 말했었는데 적어도 핵과 미사일에 대해선 북한이 이 문제를 국제사회와 해결하는 방향으로 한 걸음 내디뎠다고 말해도 좋지 않나 생각한다. 그런 의미에서 납치 문제도 이 흐름에 뒤처지지 않게 해결해야 한다. 그런 관점에서 [북일 간에 직접 대화를 위한] 새로운 단계로 들어갔다고 말해도 좋을 거라 생각한다.

북한과 직접 대화에 나서겠다는 아베 총리의 결단에 일본 국민들은 긍정적으로 반응했다. 〈아사히신문〉이 16~17일 조사한 여론조사 결과를 보면, 일본 국민의 67퍼센트가 북일 정상회담의 조기 개최에 찬성하는 것으로 확인된다. 한층 더 용기를 낸 아베 총리는 18일 참의원 예산위원회에서 "김정은 위원장은 미북 정상회담을 실현한 지도력이 있다", "납치 문제에 있어 상호불신의 껍질을 깨고

한 발짝 나가고 싶다", "마지막에는 내가 김정은 위원장과 마주해 일북 회담을 해야 한다", "회담을 하는 이상 납치 문제의 해결에 기여하는 회담을 하려 한다"고 말했다.

일본은 북일 정상회담 실현을 위해 서둘러 북과 접촉을 시도했다. 14일 시미즈 후미오志水史雄 외무성 아시아대양주국 참사관이 몽골 울란바토르에서 열린 국제회의에 참석하는 기회를 이용해 같은 회의에 참석한 김용국 북한 외무성 군축 및 평화연구소장에게 접근했다. 이 만남에서 북일 정상회담에 대한 일본의 의향을 전했을 것으로 추정된다. 일본 외무성은 26일에는 북동아시아과를 한국을 담당하는 제1과와 북한을 담당하는 제2과로 나누는 등 앞으로 이어질 북일 정상회담에 대비한 조직 정비도 마쳤다.

하지만 두꺼운 불신의 벽에 가로막힌 두 나라가 맨 땅에서 의미 있는 대화를 시작하기란 쉽지 않았다. 일본 언론에 따르면, 일본은 북한과 베이징의 대사관을 통한 '베이징 루트', 기타무라 시게루 내각정보관의 접촉 통로* 등을 갖고 있었다. 일본 외무성은 그와 별도로 다롄·홍콩 등 제3국을 활용하는 나름의 '외무성 루트'를 활용해왔다. 그러나 이 무렵 이 통로들이 모두 기능하지 않고 있었다.

일본이 대화 재개에 실마리를 잡지 못하자 한국이 팔을 걷어붙였다. 〈마이니치신문〉은 아베 총리의 집권 7년 8개월을 돌아보는 2020년 9월 기사에서 "아베 총리의 요청에 응해 중개 역할에 나선 것은 한국이었다"고 밝혔다.[2] 특히, 서훈 국가정보원장은 지난 판문점 회담을 전후해 북과 쌓은 신뢰를 활용해 기타무라 내각정보

---

* 한국으로 치면 국가정보원 채널이라 할 수 있다.

관이 김성혜 조선노동당 통일전선부 통일전선책략실장과 7월 베트남 하노이에서 '극비 접촉'을 할 수 있게 도왔다. 이 사실은 한 달 뒤인 8월 28일 미 〈워싱턴포스트〉의 특종 보도를 통해 공개된다. 스가 관방장관은 보도의 진위 여부를 묻는 기자들의 질문에 "보도 내용에 대해 하나하나 코멘트하는 것은 삼가겠다. 납치·핵·미사일이라는 여러 현안의 포괄적 해결을 향해 전력을 기울이겠다"고 말했다. 긍정도 부정도 하지 않는 애매한 태도로 접촉 자체는 사실임을 인정한 것이다. 하지만 그 뒤에 의미 있는 후속 움직임이 관찰되지 않는 것으로 보아 일본이 원하는 식의 성과는 얻지 못했던 것으로 보인다.

김정은 위원장은 4월 27일 판문점 회담에서 문 대통령에게 북일 대화에 대해 긍정적인 입장을 밝혔지만, 실제 아베 총리가 대화에 나서겠다는 뜻을 밝히자 북의 관영 매체들은 '말폭탄'을 쏟아내기 시작했다. 아베 총리가 북일 정상회담에 대해 언급한 6월부터 8월 사이에 북한은 〈조선중앙통신〉을 통해 8건의 대일 논평을 쏟아냈다. 북한이 연속 논평에서 일관되게 주장한 것은 엉뚱한 납치 문제 놀음은 그만두고 "일본이 먼저 과거 청산을 해야 한다"는 것이었다. "연초부터 우리의 주동적이며 평화 애호적 조치에 의해 화해와 긴장 완화 국면에 들어선 지역 정세 흐름을 제일 못마땅해하면서 제동을 걸려고 놀아댄 일본의 추태는 입에 담기조차 역겹다."(6월 19일) "일본이 케케묵은 '납치 문제'를 집요하게 떠들고 있는 것은 조선 인민에게 저지른 특대형 범죄를 가리우고 과거 청산을 회피해보려는 부질없는 모지름에 불과하다."(6월 26일) "일본이 대화에 대해 떠드는 것은 진정으로 조일 관계 개선을 바라서가 아니다. 격변하는 조선반도 정세 흐름에서 밀려난 궁색한 처지를 모면하고 뒤늦게나마 끼어들어 한몫 보려는 간특한 타산에 따른 것이다."(7월 3일)

총리관저는 북한을 대화의 테이블로 끌어내려면 다나카 이사장이 언급했던 '경제 지원' 등 유인책이 있어야 한다고 생각했다. 가장 먼저 머리에 떠오르는 것은 북일 국교정상화가 마무리될 때 일본이 북한에 제공하게 될 자금이었다.* 하지만 이는 북한의 핵·미사일·납치 문제가 모두 해결되고 두 나라가 국교정상화 교섭을 끝내야 내놓을 수 있는 돈이었다. 지금은 북핵과 미사일 문제로 인한 엄격한 유엔 안보리 제재가 시행되는 상황이었기 때문에 경제 지원을 하려 해도 할 방법이 없었다. 고심 끝에 일본이 꺼내든 '당근'은 북한이 본격적으로 비핵화에 나설 경우 국제원자력기구IAEA 사찰에 필요한 초기 비용을 부담하겠다는 것이었다. 북한은 7월 18일 〈조선중앙통신〉 담화를 통해 이 제안에 코웃음 쳤다.

얼마 전 일본 외상 고노가 국제원자력기구 총국장과 회담에서 '일본 정부가 북조선 핵시설을 사찰하는 데 필요한 초기 비용을 부담할 용의가 있다'느니 '기구의 사업을 지원'할 것이라느니 뭐니 떠벌리었다. 지난 6월에도 수상 아베가 '북비핵화 비용 부담 용의'에 대해 횡설수설한 바 있다. 섬나라 정객들다운 좀스럽게 유치한 나발이 아닐 수 없다. 이속타산을 앞에 두면서 몇

---

* 일본은 한국과 1965년 한일 청구권 협정을 맺으며 무상 3억 달러, 유상 2억 달러의 자금을 지원했다. 북일 사이에 국교정상화가 이루어진다면 일본이 물가상승률을 반영해 최소 그에 상당하는 금액을 제공해야 한다는 공감대가 형성돼 있다.

푼의 돈으로 조선반도 문제에 머리를 들이밀어보려는 이들은 분명 정치인이라기보다 간상배라고 해야 합당할 것 같다. 누차 강조한 바와 같이 일본은 조선반도 문제에 간참할 명분도 자격도 없다. 오늘까지도 집요한 대조선 적대시 책동으로 대세를 거스른 결과 세계적 지탄을 받고 있다. 그런 일본이 주제넘게 '지원'이니, '비용 부담'이니 하는 것은 조선반도 평화와 안정을 바라지 않는 속심을 가리워보려는 가소로운 술책에 불과하다. (중략) 일본의 '비용 부담 용의' 나발은 조선 인민의 분노를 촉발시킬 뿐이다. 일본은 부질없는 '용의' 나발이 아니라 과거를 청산할 용기부터 가지는 것이 좋다. 지난 세기 조선에 대한 식민지 지배와 우리 인민 앞에 저지른 반인륜적 죄악에 대해 성근하게 사죄하고 올바로 청산하는 것, 이것이 일본이 할 일이다.

접근 실패

마침내 파탄의 날이 왔다. 일본은 8월 초 싱가포르에서 열린 아세안지역안보포럼ARF을 북일 고위급 접촉의 기회로 삼으려 했다. 고노 외무상이 3일 밤 환영 만찬을 활용해 이 회담에 참석하는 리용호 북한 외무상에게 접근한 것이다. 고노 외무상과 가나스기 아시아대양주국장은 이를 위해 일본 대표단이 묵은 호텔 방에서 예행연습도 했다. 〈아사히신문〉에 따르면, 고노 외무상이 "어떤 타이밍에 리용호 외상을 만날 수 있을까"라고 묻자, 가나스기 국장은 "제가 유도하겠다"고 답했다. 이에 따라 고노 외무상은 2분 정도 선 채로 리 외무상과 간단한 대화를 나눌 수 있었다.

리용호 외무상과 짧은 접촉을 끝낸 뒤 고노 외무상은 밤 9시 41분부터 일본 기자들과 회견에 임했다. 그는 리 외무상에게 "우리의 생각과 기본적인 입장을 전했고, 이런저런 의견교환이 있었다"고 말했다. 더 자세한 내용을 캐내려는 일본 기자들의 질문이 쏟아졌다.

—리용호 외상에게는 지금까지 말해온 일본의 납치·핵·미사일을 포함한 입장을 말한 것인가.

"방금 말씀드린 것[우리의 생각과 기본적인 입장을 전했고, 이런저런 의견교환이 있었다] 이상을 말씀드릴 생각이 없다."

—두 번에 걸쳐 환영 만찬 전후에 만났다는 것인가.

"방금 말씀드린 대로다."

—시간으로 하면 대체 어느 정도였나.

"방금 말씀드린 대로다. 그 이상 말씀드릴 게 없다."

—대화를 나눈 것은 대신과 리용호 외상 둘뿐이었나. 통역을 포함한 것인가.

"앞서 말씀드린 이상의 것을 말할 생각이 없다."

—영어였나.

"방금 말씀드린 것 이상을 말할 생각이 없다."

—리용호 외상의 표정은 어땠는가.

"방금 말씀드린 것 이상의 것을 말씀드릴 생각이 없다."

—이 타이밍에 이루어진 일조 접촉의 의의는 무엇인가.

"지난해도 이 회의에서 만났다. 그 이상도 이하도 아니다."

—일조 정상회담을 하겠다는 뜻을 전달한 것인가.

"방금 말씀드린 것 이상을 말씀드릴 생각이 없다."

―납치 문제 해결로 이어질 수 있다고 생각하나.

"이 건에 대해 방금 말씀드린 것처럼, 방금 말씀드린 것 이상의 것에 대해 언급할 생각이 없다."

일본 기자들이 아홉 차례나 질문을 쏟아냈지만, 고노 외상은 "더는 드릴 말씀이 없다"는 말만 되풀이했다. 이 같은 태도를 보인 이유는 단순했다. 정말 더는 할 말이 없기 때문이었다. 몇몇 일본 언론이 이 만남에서 고노 외무상이 리용호 외상에게 아베 총리와 김정은 위원장의 직접 대화를 제안했다고 보도했다. 이에 고노 외무상은 화가 났는지 4일 기자회견에서 "오보다. 완전한 오보다"라고 답했다.

이날 대화의 전모가 드러난 것은 10일 〈요미우리신문〉 1면 보도를 통해서였다. 고노 외상이 "북일 간 대화를 할 용의가 있다. 납치 문제 해결로 이어지는 것이 지극히 중요하다"고 말하자, 리 외무상은 일본이 "우선 해야 할 과제는 과거 청산"이라고 답했다. "일본이 먼저 과거 청산을 해야 한다!" 북한 관영 매체가 그동안 쏟아낸 모범 답안을 되풀이한 것이다. 대화는 영어가 아닌 통역을 거쳐 이루어졌다.

김정은 위원장 입장에서 생각한다면, 이미 한미 양국과 정상회담을 하고 중러 등 우호국들의 전폭적인 지지를 등에 업고 있는 상황에서 납치 문제라는 까다로운 화제를 끈덕지게 물고 늘어지는 일본과 '답 안 나오는' 공방을 벌일 이유가 없었다. 일본의 독자적인 대북 접근은 허무한 실패로 끝나고 말았다.

실의에 빠진 일본에 묘한 소식이 전해진다. 북한이 4·27 남북 정상회담과 6·12 북미 정상회담에서 약속한 것과 달리 '한반도의 완전한 비핵화'에 극히 소극적인 반응을 보이고 있다는 것이었다. 북한은 비핵화를 향해 한 발 내딛기로 국제사회와 약속한 것이 아니었던가. 만약 그렇지 않다면, 어떻게 대응해야 할까. 일본은 다시 깊은 의구심을 품기 시작한다.

7장 협상 교착

북한, 영변 카드로 맞서다

V의 중요성

볼턴 보좌관이 싱가포르에서 열린 6·12 북미 첫 정상회담 결과를 설명하기 위해 회고록에서 꺼내든 형용사는 '애매모호하다ambiguous'는 것이었다. 트럼프 대통령에게서 회담 결과를 전해 들은 한일 양국은 혼란스러워질 수밖에 없었다. 한국과 일본은 "트럼프 대통령의 대화 방식 때문에 매우 혼란스러워"했고, "그가 대체 무슨 생각을 하고 있는 것"인지 알고 싶어 했다. 하지만 트럼프 대통령의 정확한 생각을 알 수 없기는 회담에 직접 참여했던 볼턴 보좌관과 폼페이오 국무장관도 마찬가지였다. 볼턴 보좌관에 따르면, 이들은 "트럼프 본인도 자기가 무슨 생각을 하고 있는지 모른다고 확신"했다.[1]

하지만 회담 이후 가장 큰 혼란에 빠진 이는 아마도 협상 상대였던 김정은 국무위원장이었을 것이다. 김 위원장은 싱가포르 회담을 통해 트럼프 대통령이 북한이 주장해온 행동 대 행동, 즉 북미가 서로 신뢰를 쌓아가며 하나하나 비핵화 작업을 진행하는 '단계적 비핵화' 해법에 동의했다고 믿고 있었다. 그랬기에 회담 다음 날인 13일 〈노동신문〉은 3면에서 "조미 수뇌분들께서는 조선반도의 평화와 안정, 조선반도의 비핵화를 이루어나가는 과정에서 단계별, 동시행동 원칙을 준수하는 것이 중요하다는 데 대해 인식을 같이 했다"고 쓸 수 있었다.

〈노동신문〉이 이해한 싱가포르 정상회담의 결론은 이랬다. 김정은 위원장은 "조선반도에서 항구적이며 공고한 평화체제를 수립하는 것이 지역과 세계평화와 안전보장에 중대한 의의를 가지"기 때문에 트럼프 대통령에게 "상대방을 자극하고 적대시하는 군사행동들을 중지하는 용단부터 내려야 한다"고 요구했다. 그러자 트럼프 대통령은 "조미 사이에 선의의 대화가 진행되는 동안 조선 측이 도발로 간주하는 미국-남조선 합동군사연습을 중지하며, 조선민주주의공화국에 대한 안전담보를 제공하고 대화와 협상을 통한 관계 개선이 진척되는 데 따라 대조선 제재를 해제할 수 있다"고 동의했다. 이에 만족한 김 위원장은 "미국 측이 조미 관계 개선을 위한 진정한 신뢰구축 조치를 취해나간다면, 우리도 그에 상응하게 계속 다음 단계의 추가적 선의의 조치들을 취해나갈 수 있다"고 화답했다. 이것이 싱가포르 정상회담에 대한 북한의 이해였다.

그러나 미국은 그렇게 생각하지 않았다. 싱가포르 정상회담을 자신의 치적 과시를 위한 홍보 이벤트 정도로 생각했던 트럼프 대통령은 어떠했는지 모르지만, 대북 강경론자인 볼턴 보좌관은 북한이 생각하는 바람직한 비핵화 방법론인 행동 대 행동 원칙에 결코 동의할 수 없었다. 볼턴 보좌관은 행동 대 행동이 북한의 속임수라고 생각했고, 그랬기에 '하루빨리' 북한을 실질적인 비핵화 과정으로 끌고 들어가야 한다고 판단했다. 북한에게 정말 비핵화 의지가 있는지 확인할 비교적 손쉬운 방법이 있었다. 북한이 자신이 가진 핵무기와 미사일 등 핵 관련 리스트를 '신고'한다면, 그제야 북이 비핵화를 진지하게 고려하고 있다고 믿어볼 수 있을 터였다.

이 지점에서 두 가지 난감한 문제가 불거지게 된다. 첫 번째는 비핵화의 '속도'였다. 5장 마지막 부분에서 언급했듯 트럼프 대통령은 싱가포르 정상회담 직후 ABC와 인터뷰에서 북한 비핵화가 시간이 매우 많이 걸리는 기술적으로 까다로운 일임을 인식하고 있다고 말했다. 하지만 볼턴 보좌관은 그런 '느긋한' 비핵화 방법론을 수용할 생각이 없었다. 그는 7월 1일 CBS 방송에 출연해 "우리는 미국과 협상해온 북한의 수십 년에 걸친 행동 패턴을 잘 알고 있다. 우리는 그들이 시간을 끄는 데 협상을 이용하면서, 핵·화학·생물학 무기 프로그램과 탄도미사일 무기 프로그램을 계속해서 [발전시켜]가는 것의 위험성을 정확히 인식하고 있다"고 말했다. 이를 막을 수 있는 유일한 길은 비핵화 작업을 신속히 진행하는 것뿐이었다. 볼턴 보좌관은 이어 "폼페이오 장관이 조만간 북한의 모든 대량살상무기 WMD와 탄도미사일 프로그램을 1년 안에 실제로 해체하는 방법을 북한과 논의할 것으로 확신한다"고 밝혔다. 볼턴 보좌관은 "1년 내라고 했느냐"는 사회자의 후속 질문에 "그렇다. 우리 전문가들이 모든 생화학·핵 프로그램, 탄도미사일시험장 등의 전면 공개를 전제로 또 북한의 협력을 전제로 그런 프로그램을 고안했다"고 답했다.

볼턴 보좌관의 돌출 발언에 실제 북한과 협상해야 하는 국무부는 당황했다. 헤더 나워트Heather Nauert 국무부 대변인은 3일 정례 브리핑을 통해 "일부 인사들이 [북한 비핵화의] 시간표를 제시한 것을 알고 있다"고 말하면서 "우리는 그것(비핵화)에 대해 시간표를 제시하지 않을 것"이라고 말했다. 대표적인 매파로 불리는 볼턴 보좌관과 북한과 직접 협상해야 하는 국무부의 비둘기파 사이의 심각한 의견 대립이 외부로 노출된 것이다. 입장이 난처해진 볼턴 보좌관은 한 달 뒤인 8월 5일 〈폭스뉴스 선데이〉에 출연해 1년 내에 북한을 비핵화한다는 시간표는 김정은 위원장이 4월 27일 판문점 회담에서 문재인 대통령에게 약속한 것이라고 말했다.

두 번째는 '보이지 않는 세력의 반격'이었다. 트럼프 대통령의 이질적 대북 접근으로 인해 "공포감에 휩싸인 미국 주류가 다양한 방식으로 반격"에 나선 것이다.[2] 이들은 북한이 북미 대화가 시작된 뒤에도 핵 활동을 계속하고 있다는 여러 첩보를 미 주류 언론을 통해 공개했다.

미 NBC 방송은 6월 30일 정보 당국의 보고서를 인용해 "북한이 지난 몇 달 동안 복수의 비밀 장소에서 핵무기의 연료가 되는 물질의 생산을 늘렸다. 김정은은 트럼프 행정부와 대화에서 더 많은 양보를 얻기 위해 이 시설들을 감추려 하고 있다"고 보도했다. 이튿날인 7월 1일에는 〈워싱턴포스트〉가 역시 복수의 정보 당국자를 인용해 "국가정보국DNI은 북한이 자신이 가진 핵무기를 완전히 포기하지 않고, 보유한 무기와 비밀 생산기지를 숨기는 방법을 고려하고 있다고 결론 내렸다"고 전했다. 이들 보고가 가리키는 결론은 분명했다. 북한이 말로만 떠들 뿐 실제로 비핵화를 할 의지가 없다는 것이었다.

그리고 7월 13일 중요한 특종 보도가 나왔다. 미 온라인 매체 〈디플로맷〉이 위성사진 등을 기초로 한 전문가들의 분석을 인용해 북한이 평양 교외의 강선 지역에서 우라늄 농축 시설을 만들어 2003년부터 가동해왔을 가능성이 있다고 폭로한 것이다. 북한은 2010년 10월 북핵 전문가인 지그프리드 헤커 교수에게 핵무기의 원료인 고농축우라늄HEU을 만들 수 있는 영변의 농축 시설을 공개한 뒤 제2, 제3 시설의 존재에 대해선 철저히 함구해왔다. 만약 이 보도가 사실이라면, 북핵 문제의 '판도라의 상자'가 열리는 꼴이었다. 이런 보도가 쏟아지자, 미 국무부는 북한에게 철저한 사전 신고와 그에 따른 사찰을 요구해야 한다는 강한 압박을 받게 된다. CVID 가운데 'V'(검증 가능한)의 중요성이 커지게 된 것이다.

실망만 남긴 3차 방북

이 같은 엄청난 인식의 불일치를 동반한 채 7월 6~7일 폼페이오 국무장관의 3차 방북이 이루어졌다. 폼페이오 장관이 협상 상대인 김영철 노동당 부위원장 겸 통일전선부장에게 어떤 이야기를 쏟아냈을지 상상하는 것은 어렵지 않다. 폼페이오 장관은 비핵화의 첫걸음으로 '신고'를 요구했다. 분노한 김영철 부장은 휴대전화를 집어 던지며 "트럼프에게 전화하라. 트럼프라면 그렇게 말하지 않을 것"이라고 소리쳤다.[3]

북의 관점에서 볼 때 이번 회담은 북한이 그동안 시행한 여러 선제적 조치에 대해 미국이 합당한 보상책을 제시하는 자리가 되어야 했다. 북은 5월 9일 폼페이오 장관의 2차 방북 때 북에 억류돼 있던 한국계 미국인 김동철·김상덕·김학송 씨를 석방했고, 5월 24일에는 풍계리 핵실험장도 폭파했다. 김영철 부장은 이런 내용을 언급하며 "미국은 왜 일방적 요구만을 내놓느냐"고 화를 냈다. 미국은 비핵화 절차를 진행하기 위한 실무그룹을 만들자고 제안했지만, 북한은 "김영철-폼페이오 루트가 있지 않나. 그런 것은 필요 없다"고 대꾸했다. 김영철 부장은 "북은 완전한 비핵화를 할 준비가 되어 있다. 그러나 미국이 북한만의 비핵화를 요구하고 있다. 교섭이란 것은 우리가 하나를 하면 미국도 똑같이 하나를 주는 것이다. 미국 정부는 우리에게 일방적 조치와 정보만을 요구하고 있다"고 주장했다.

이 당시까지만 해도 북은 싱가포르에서 아쉽게 불발된 종전선언에 상당한 미련을 품고 있었다. 김영철 부장은 이어 "(북한의) 이런 불만을 없애기 위해선 종전선언을 해야 한다. 김정은 위원장은 트럼프 대통령과의 회담을 높이 평가하고 있고, 만족했다. 트럼프 대통령이 평양에 오면 우리는 대대적으로 환영하겠다. 미국은 우리의 비핵화 시간표를 요구하고 있다. 우리의 일방적인 희생과 정보만을 요구하고 있다. 이렇게 된다면 교섭을 연기하지 않을 수 없다"고 경고했다. 그에 대해 폼페이오 장관은 "북한의 주장은 잘 알겠다. 미국도 비핵화의 단계에서 북한을 지원할 수 있는 게 뭐가 있을까 생각하겠다. 가능하다면 실현하도록 노력하겠다. 김 위원장이 가을에 미국을 방문해 트럼프 대통령과 회담하고, 유엔에서 연설한다면 싱가포르 회담보다 세계 사람들이 훨씬 더 놀랄 것"이라고 답했다.[4]

말은 이렇게 했지만, 북한의 강경한 자세에 폼페이오 장관은 크게 낙담했다. 그는 자신의 3차 방북에 동참한 미국 기자단에게 "대부분의 중심적 이슈에 대해 진전을 이루어냈다"고 말했지만, 7일 오전 7시 반(한국시각) 백악관에 전화를 걸어 회담은 "믿을 수 없을 정도로 불만스러웠고, 거의 진전이 없었다"고 고백할 수밖에 없었다. 폼페이오 장관은 김정은 위원장과 만나지도 못한 채 평양을 떠났다.

하지만 북한은 그보다 100배는 더 큰 실망감을 느꼈다. 북한의 분노를 절절히 보여주는 문서가 있다. 폼페이오 장관이 평양을 떠난 바로 그날 밤, 외무성 대변인은 〈조선중앙통신〉을 통해 미국에 대한 '깊은 배신감'을 토로하는 담화를 발표했다. 본문에 담긴 '강도 같은 요구'라는 독특한 표현으로 역사에 기록된 울분에 찬 담화였다.

> [우리 쪽은] 조미 관계 개선을 위한 다방면적 교류를 실현할 데 대한 문제와 조선반도에서 평화체제 구축을 위하여 우선 조선정전협정 체결 65돌을 계기로 종전선언을 발표할 데 대한 문제, 비핵화 조치의 일환으로 대륙간탄도미사일의 생산 중단을 물리적으로 확증하기 위하여 대출력발동기 시험장*을 폐기하는 문제, 미군 유골 발굴을 위한 실무협상을 조속히 시행하는 문제 등 광범위한 행동조치들을 각기 동시적으로 취하는 문제를 토의할 것을 제기했다. (중략) 그러나 미국 측은 싱가포르 수뇌상봉과 회담의 정신에 배치되게 '완전하고 검증 가능하며 불가역적인 비핵화'요, 신고요, 검증이요 하면서 일방적이고 강도적인 비핵화 요구만 들고 나왔다. 이미 합의된 종전선언 문제까지 여러 조건과 구실을 대면서 멀리 뒤로 미뤄놓으려는 입장을 취하였다.

---

* 　평안북도 철산군 동창리 서해위성발사장을 말한다.

편지로 마음을 돌리다

진정 6·12 싱가포르 회담이 한반도의 냉전 구조를 단숨에 깨뜨릴 '역사적 회담'이었다면, 정전선언은 태어난 지 65돌을 맞는 2018년 7월 27일 종전선언으로 대체됐을지 모른다. 하지만 모든 것이 신기루에 불과했다. 볼턴 회고록에 따르면, 폼페이오 장관이 전화로 백악관에 전해온 북한의 요구는 "비핵화를 하기 전에 안전보장을 해줘야 한다. 비핵화는 그다음에 한다"는 것이었다.[5] 이렇게 되면 북한은 핵에 대한 신고를 최대한 늦추거나 거부한 채 자신들이 원하는 비핵화 조치만 골라서 시행하고 미국에 상응하는 대가를 요구해올 것이 뻔했다. 볼턴 보좌관은 그렇게 되면 북한이 정말 '완전한 비핵화'를 한 것인지, 비핵화 전과 후를 비교할 방법이 없다고 판단했다. CVID에서 가장 중요한 '검증'이 불가능해지게 되는 것이다.

트럼프 대통령도 볼턴 보좌관의 지적에 동의했다. 폼페이오 장관이 전해온 북한의 주장에 대해 "이 신뢰 쌓기란 건 말똥 같은 소리horseshit"라고 반응했기 때문이다. 그리고 며칠 뒤 다시 말했다. "이건 시간 낭비다. 저들은 지금 기본적으로 비핵화를 하기 싫다는 말을 하는 것 아닌가." 이 시점에서 6·12 싱가포르 공동선언은 북미 정상 간의 기묘한 '브로맨스'를 제외한다면 사실상 무용지물이 된 것이나 마찬가지였다.

하지만 포기할 김정은 위원장이 아니었다. 폼페이오 장관의 3차 방북을 통해 위험 신호를 감지한 김 위원장은 트럼프 대통령의 마음을 돌려놓기 위해 집요한 '친서 외교'를 시작한다. 두 정상 간에 친서가 오고 있다는 사실이 공개된 것은 싱가포르 회담이 이루어지고 한 달 뒤였다. 트럼프 대통령은 7월 12일 트위터를 통해 김 위원장이 보내온 친서 전문을 공개하며 "북한의 김 위원장으로부터 아주 멋진 편지를 받았다. 큰 진전이 이루어지고 있다!"고 밝혔다. 이후에도 김 위원장의 정중한 친서가 도착할 때마다 북한에 대한 트럼프 대통령의 마음은 냉탕과 온탕을 오가며 휘청이게 된다.

친애하는 대통령 각하.

24일 전 싱가포르에서 있은 각하와의 뜻깊은 첫 상봉과 우리가 함께 서명한 공동성명은 참으로 의의 깊은 려정의 시작으로 되었습니다.
나는 두 나라의 관계 개선과 공동성명의 충실한 리행을 위하여 기울이고 있는 대통령 각하의 열정적이며 남다른 노력에 깊은 사의를 표합니다.
조미 사이의 새로운 미래를 개척하려는 나와 대통령 각하의 확고한 의지와 진지한 노력, 독특한 방식은 반드시 훌륭한 결실을 맺게 될 것이라고 굳게 믿고 있습니다.
대통령 각하에 대한 변함없는 믿음과 신뢰가 앞으로의 실천과 정에 더욱 공고해지기를 바라며 조미 관계 개선의 획기적인 진전이 우리들의 다음번 상봉을 앞당겨주리라고 확신합니다.

조선민주주의인민공화국 국무위원회 위원장
김정은
2018년 7월 6일, 평양

이 친서는 여러 가지 흥미로운 암시로 가득한 매우 재미있는 문서라고 평가할 수밖에 없다. 먼저 편지가 쓰인 시점(6일)에 주목해야 한다. 김정은 위원장이 친서에 서명한 날은 폼페이오 장관이 3차 방북을 통해 북한에 CVID와 관계된 요구를 쏟아낸 날이었다. 김영철-폼페이오의 고위급 회담에서 풀리지 않은 문제를 정상의 친서 외교를 통해 돌파해보려는 북의 의도를 읽을 수 있다. 김 위원장은 '독특한 방식'이라는 그야말로 독특한 표현을 통해 싱가포르에서 트럼프 대통령에게 설명했던 것처럼, '단계적 비핵화'를 통해 비핵화를 추진하자고 설득했다. "조미 사이의 새로운 미래를 개척하려는 나와 대통령 각하의 확고한 의지와 진지한 노력, 독특한 방식은 반드시 훌륭한 결실을 맺게 될 것이라고 굳게 믿고 있습니다"라는 일견 알 수 없는 문장은 조미 사이의 '새로운 미래'(관계 정상화)를 위해 이전과는 다른 '독특한 방식'(단계적 비핵화)을 선택한다면 '훌륭한 결실'(한반도의 완전한 비핵화)을 얻을 수 있다는 뜻으로 이해해야 한다.

트럼프 대통령이 이 편지에 설득됐는지는 알 수 없지만, 다소의 태도 변화가 이루어진 것은 분명했다. 트럼프 대통령은 13일(현지시각) 런던에서 테리사 메이Theresa May 영국 총리와 가진 정상회담 뒤 진행한 공동 기자회견에서 "그것(북한 비핵화)은 과정이다. 사람들이 바라는 것보다 좀 더 긴 과정이 될 수 있다. 나는 긴 과정에도 익숙하다"고 말했다. 전날 트위터를 통해 김정은 위원장의 친서를 공개한 것과 관련해서는 "여러분은 어제 편지를 봤을 것"이라고 운을 떼며 "우리는 매우 잘하고 있다"고 거듭 주장했다. 하지만 뒤에 이어진 발언은 북한을 다시 한번 실망시켰을 것임이 틀림없다. "우리는 제재를 해제하지 않았다. 제재가 (북한을) 아프게 하고 있다."
트럼프 대통령은 이후에도 미국이 북한에 지나친 양보를 한다는 비
판이 나올 때마다 '대북제재를 해제하지 않았기 때문에 양보한 게
아니다'라는 입장을 고수한다.

한국의 중재, 일본의 압박

　　싱가포르 정상회담 이후 북미가 심각한 교착 상태에 빠진
정황이 확인되자 한국 정부의 처절한 중재 노력이 시작된다. 강
경화 외교부 장관은 7월 19~21일, 정의용 청와대 국가안보실장은
20~21일, 서훈 국가정보원장은 26~29일 잇따라 워싱턴을 찾았다.

　　미국을 방문한 정의용 실장이 볼턴 보좌관에게 어떤 의견을
전했는지 쉽게 예측할 수 있다. 청와대는 22일 공개한 브리핑 자료
에서 정 실장이 "남북 관계 발전을 위한 노력과 현재 진행되고 있는
북미 간의 비핵화 협상이 선순환적으로, 성공적으로, 가급적 빠른
속도로 추진될 수 있도록 여러 가지 방안들에 대해서 매우 유익한
협의를 했다"고 밝혔다. 이 말은 남북 관계 발전이 북미 간 비핵화
협상에 긍정적인 영향을 줄 수 있도록 본격적으로 경제협력을 추진
하고 싶다는 한국 정부의 뜻을 미국 쪽에 전했다는 의미다. 이에 대
해 볼턴 보좌관은 부정적인 견해를 보였을 것으로 추정된다. 그가
관심을 갖는 사안은 오로지 북한의 비핵화였다. 볼턴 보좌관은 회고
록에 "북한은 십중팔구 지난 수십 년 동안 그래왔던 것처럼 무기와
미사일들과 생산시설들을 새롭고 좀 더 안전한 곳으로 옮기고 있
을 것이다. 당분간은 그들의 실험 프로그램이 임무를 달성했다고 결

론 내리고 무기와 운반 시스템들을 계속 생산하고 있을 것"이라 적었다. 한미 안보실장은 북한의 비핵화 의지를 믿을 수 있는지를 두고 날 선 공방을 주고받았을 것임이 틀림없다. 그런 의미에서 볼턴 보좌관 자신이 북미 대화의 진전을 가로막는 '보이지 않는 세력'의 핵심이었다.

북한에 대한 볼턴 보좌관의 부정적 견해를 강화시킨 이들이 있었다. 일본이었다. 볼턴 보좌관은 야치 국장이 7월 20일 통화에서 자신과 비슷한 의견을 거듭 피력하며 "어쩌면 무기 몇 개는 다른 나라에 보관돼 있을지도 모른다"고 말했다고 밝혔다. 강경 매파인 볼턴 보좌관보다 한술 더 떠 북한이 핵무기를 감추고 있을 뿐 아니라, 국외로 이전했을 가능성까지 언급한 것이다. 3차 방북에서 북한과 충돌했던 폼페이오 장관조차 이 무렵엔 비관론으로 돌아서 있었다. 7월 27일 금요일에 열린, 싱가포르 회담 이후 일어난 일들을 논의하는 장관급 회의에서 북한이 의미 있는 비핵화를 위해 취한 '의미 있는 조치'가 하나도 없고 "성공 가능성은 제로"라는 인식을 드러낸 것이다.[6]

이 무렵 미국은 북한이 핵무기를 지속 생산하고 이 중 일부를 국외 이전까지 할 수 있다는 우려가 커짐에 따라 북한의 핵탄두 nuclear warhead 수를 줄이는 것을 당면한 비핵화의 목표로 삼았던 것으로 보인다. 미 인터넷 매체 〈복스〉의 8월 8일 자 기사에 따르면 폼페이오 장관은 지난 두 달 동안 여러 차례에 걸쳐 북한에게 비핵화를 위한 일정표formal timeline를 만들기를 요구하며, 구체적으로 북한이 가진 핵탄두를 6~9개월 내에 미국 혹은 제3개국에 이전할 것을 요구했다. 서훈 원장 역시 28일 국회 정보위원회에 출석해 "비핵화의 1차 목표는 북한의 핵탄두를 60퍼센트 정도 없애는 것"이라고 말했다. 이 문제와 관련해 한미 사이에도 상당한 의견 조율이 있었음을 짐작할 수 있다.

한국 정부는 교착 상태에 빠진 비핵화 논의에서 북한의 양보를 얻어내려면 종전선언과 남북 경협에 대한 미국의 양해 등 대가를 지불해야 한다고 판단했다. 서훈 원장은 7월 말 미국을 방문해 이런 논리로 미국을 설득하려 애썼다. 하지만 미국은 "남북 경협을 제재의 예외로 취급한다는 것은 말도 안 된다", "북한은 비핵화 대상 리스트와 일정표를 제시하려 하지 않는다. 이런 상황에서 제재 완화는 불가능하다"고 말하며 한국의 요구를 거부했다.[7]

한국 정부가 불발된 종전선언에 거듭 집착하자 해리 해리스 주한 미국대사는 8월 2일 한국 언론과의 인터뷰에서 "종전선언을 하려면 북한이 비핵화를 향해 상당한 움직임을 보여야 한다. 북한이 신뢰 구축의 길로 갈 수 있는 핵심이자 본질적인 조치는 완전한 핵시설 목록을 제공하는 일"이라고 잘라 말했다.

북미 대화가 암초에 부딪히자 일본은 대북 압박 강화에 정력을 기울이기 시작했다. 유엔 안전보장이사회는 2017년 9월 결의 2375호를 통해 북한 선박과 공해에서 물품 이전을 금지했고, 2397호에선 대북 정유제품 공급량을 연간 200만 배럴에서 50만 배럴로 대폭 줄였다. 그러자 2018년 초부터 한반도 주변 공해에서 북한 선박이 정유제품으로 추정되는 무언가를 수상한 배와 주고받는 이른바 환적ship to ship transfer 방식의 밀수를 시도하는 모습이 자주 목격되기 시작한다. 〈아사히신문〉은 8월 4일 유엔 안전보장이사회 대북제재위원회 산하 전문가 패널 보고서를 인용해 북한이 올해 환적 방식을 통해 석유제품 밀수를 "대폭 늘이고 있다"고 보도했다.

북한에 대한 '최대의 압박'을 유지하려면 이런 밀수 시도를 차단해야 했다. 고노 외무상은 같은 날 아세안지역포럼ARF이 열린 싱가포르에서 폼페이오 국무장관과 만나 "안보리 결의의 완전한 이행을 위해 환적 방식을 이용한 밀수에 대한 대책 마련에 협력"하기로 합의했고, 25일 전화 회담에서는 "환적 밀수가 대북제재의 커다란 구멍이 되고 있다"고 재차 미국을 채근했다. 고노 외무상은 6장에서 살펴본 대로 한편으로는 리용호 외무상에게 접근해 대화를 요청하면서, 다른 한편으로는 폼페이오 장관과 만나 대북 압박을 유지해야 한다고 강조하는 '이중 플레이'를 한 것이다.

북한의 환적 밀수에 골머리를 앓던 일본 외무성과 방위성은 8월 31일 해상자위대가 촬영한 북한 선박의 환적 밀수 장면을 3분 19초짜리 영상으로 만들어 유튜브를 통해 공개하는 등 대북 압박을 위한 선전전을 강화했다. 이 영상을 보면 북한 선적의 탱커 '유평5호'가 상하이 남남동 400㎞ 해상에서 정체를 알 수 없는 소규모 선박과 호스를 통해 무엇인가를 주고받는 장면을 확인할 수 있다. 그와 함께 해상자위대는 한반도 주변 해역에 대한 정찰 강화에 나선다. 북한의 환적 밀수를 감시하기 위해 시작된 이 시도는 9장에서 다룰 '해상자위대의 위협비행 및 한국 해군의 레이더 조준' 사태라는 커다란 폭풍우를 불러오게 된다.

그러는 사이 트럼프 대통령을 겨냥한 북한의 친서 외교는 계속되고 있었다. 김 위원장은 7월 30일 친서에서 "비록 고대했던 종전선언이 이루어지지 않아 아쉬운 마음이 있지만, 대통령 각하와 같은 강력하고 탁월한 정치인과 관계를 맺게 돼 기쁘다"고 밝혔다.[8] 세라 샌더스 백악관 대변인은 8월 1일 성명에서 "김 위원장이 트럼프 대통령 앞으로 보낸 친서가 1일 수령됐다"고 말하며 "두 정상 간에 진행 중인 서신은 싱가포르 회담을 팔로업하고 북미 간 공동성명에서 이루어진 약속을 발전시키기 위한 것"이라고 덧붙였다. 샌더스 대변인은 오후 브리핑에선 "트럼프 대통령이 김 위원장의 친서에 답장을 썼다. 이는 곧 전달될 것"이라는 내용을 추가 공개했다. 트럼프 대통령은 한국전쟁 참전 미군 전사자 유해 55구가 하와이에 도착한 직후인 2일 새벽 트위터를 통해 김 위원장에게 감사를 표하면서 "당신의 멋진 편지에도 감사한다. 당신을 곧 다시 만나기를 고대한다"고 적었다.

샌더스 대변인이 언급한 트럼프의 답장은 4일 싱가포르에서 리용호 외무상에게 직접 전달됐다. 폼페이오 국무장관은 오후 2시 싱가포르 ARF 외교장관회의에 앞서 열린 기념촬영 시간을 활용해 리 외무상에게 웃으며 다가가 악수를 건넸다. 당시 찍은 사진을 보면 뒤쪽 열에서 흐뭇한 표정으로 이 광경을 바라보는 강경화 외교장관의 모습도 확인할 수 있다. 기념촬영이 끝난 뒤 성 김 주필리핀 미국대사는 리 외무상에게 다가가 얇은 회색 서류 봉투를 건넸다. 트럼프 대통령의 친서였다. 폼페이오 장관은 다음 일정을 위해 싱가포르를 떠나면서 올린 트위터 글에서 "우리 대표단이 김 위원장의 서한에 대한 답신을 전할 기회도 있었다"고 적었다.[9] 볼턴 보좌관은 회고록에서 트럼프 대통령의 답신 내용은 "평양에 폼페이오를 보내는 것을 제안하는 내용이었다"고 적었다. 트럼프 대통령은 문서의 끝에 김 위원장과 "곧 만나길 기대한다"고 적고 서명했다.[10]

폼페이오 장관의 4차 방북 소식은 3주 뒤인 23일 공개됐다.

폼페이오 장관은 이날 기자회견에서 "우리의 목표(북한 비핵화)를 향한 더 많은 외교적 진전을 이루기 위해 다음 주 북한을 방문할 것"이라고 발표했다. 폼페이오 장관은 구체적 일정은 언급하지 않았으나, 외교 소식통들은 방북 일정이 '27일 당일'이라고 공개했다. 이날 공개된 또 하나의 소식이 있었다. 폼페이오 장관이 앞으로 북미 대화의 주역이 될 새 대북정책 특별대표를 기자회견장에 데리고 나와 소개한 것이다. 볼턴 보좌관에 맞서 북미 간에 현실적인 타협의 길을 찾으려 했던 스티븐 비건 포드자동차 국제담당 부회장이 등장하는 순간이었다. 비건이 맡은 이 자리는 2018년 2월 말 조셉 윤 대표가 은퇴한 뒤 공석으로 남겨져 있었다.

9월 평양공동선언

하지만 폼페이오 장관의 방문 계획은 북한이 보내온 편지 한 통으로 취소된다. 〈워싱턴포스트〉의 조시 로긴Josh Rogin 기자는 8월 27일 폼페이오 장관의 4차 방북은 "북한 최고 당국자가 기밀 편지를 보내온 뒤 취소됐다"고 보도했다. 편지를 보내온 이는 폼페이오 장관의 상대인 김영철 부장이었다. 24일 오전 이 편지를 수령한 폼페이오 장관은 내용을 확인한 뒤 트럼프 대통령에게 보고했다. 로긴 기자는 편지의 정확한 내용은 분명치 않다unclear고 했지만, 볼턴 보좌관은 회고록에서 "폼페이오는 이번 출장에서 김정은을 만날 수 없을 것이다. 종전선언을 포함해 완전히 새로운 제안을 가져오기 전에는 수고롭게 여기까지 올 필요가 없다"는 차가운 내용이었다고 밝혔다.[11] 트럼프 대통령은 폼페이오 장관의 4차 방북을 중지시

킬 수밖에 없었다. 그는 트위터를 통해 "나는 마이크 폼페이오 국무
장관에게 이번에 북한에 가지 말라고 요청했다. 한반도의 비핵화와
관련해 충분한 진전을 이루지 못했다는 느낌이 들기 때문"이라고
썼다. 하지만 "나는 김 위원장에게 따뜻한 존경의 뜻을 담아 안부를
묻는다. 그를 곧 다시 만나길 기대하고 있다"고 여운을 남겼다.

　　북미가 대화의 모멘텀을 상실하자 문재인 대통령은 다시 한
번 거대한 '외교적 모험'에 나설 수밖에 없었다. 북미 교착을 단숨에
무너뜨리기 위해 평양에서 김정은 위원장과 3차 정상회담에 임한
것이다. 9월 4일 밤 9시 이를 논의하기 위한 한미 전화 회담이 이루
어졌다. 청와대 자료에 따르면, 문 대통령은 트럼프 대통령에게 "남
북 정상회담 개최 준비와 완전한 비핵화를 통해 한반도에 항구적인
평화 정착을 달성하는 방안 등을 협의하기 위해 대북 특사단을 파
견하겠다"고 밝혔다. 트럼프 대통령은 "남북 정상회담이 남북 관계
개선은 물론 지난 6·12 싱가포르 미북 정상회담 합의사항 이행과 향
후 대화 등을 위해 좋은 성과를 이루기를 바란다"고 화답했다.

　　북한은 5일 평양에 도착한 문재인 대통령의 특사단을 반갑
게 맞았다. 김정은 위원장은 문 대통령의 친서를 건네는 정의용 실
장에게 "민족 앞에 지닌 사명과 기대를 잊지 않고 힘껏 노력하여 우
리 겨레에게 하루빨리 더 좋은 결실을 안겨줄 결심에 변함이 없다"
고 말했다. 이어 "조선반도에서 무력 충돌 위험과 전쟁의 공포를 완
전히 들어내고 이 땅을 핵무기도 핵위협도 없는 평화의 터전으로
만들자는 것이 우리의 확고한 입장이며 자신의 의지"라고 말하면
서, 자신에게 정말 비핵화에 대한 의지가 있음을 거듭 확약했다. 김
위원장은 "조선반도의 비핵화 실현을 위해 북과 남이 보다 적극적

으로 노력해나가자"고 말을 맺었다.[12] 문 대통령은 10일 국무회의 모두발언에서 "한반도 비핵화는 기본적으로 북미 간에 협상으로 해결되어야 할 문제"지만, "북미 간의 대화와 소통이 원활해질 때까지는 우리가 중재하고 촉진하는 노력을 하지 않을 수 없다. 트럼프 대통령과 김정은 위원장도 제가 그런 역할을 해줄 것을 요청하고 있다"고 말했다.

문 대통령을 태운 대통령 전용기 '공군 1호'가 서울공항을 이륙한 것은 18일 오전 8시 55분이었다. 문 대통령 일행을 태운 비행기는 불과 50여 분을 날아 오전 9시 49분 평양 순안공항에 도착했다. 오전 10시 7분 김정은 위원장과 부인 이설주가 공항 활주로에 나와 문 대통령 내외를 영접했다. 지난 5월 26일 이후 115일 만에 만나는 두 정상은 서로의 어깨를 맞잡고 포옹을 나눴다. 북한 명예위병대를 이끄는 김명호 육군 대좌(대령)는 문 대통령에게 "대통령 각하, 조선인민군 명예위병대는 각하를 영접하기 위하여 도열하였습니다"라고 외쳤다. 공항엔 문 대통령을 환영하는 예포 21발이 울렸고, 시내까지 이어지는 연도에 몰려든 평양 시민들은 "평화번영 조국통일"을 외쳤다. 그날 평양의 하늘엔 옅은 구름이 끼었고, 기온은 17도였다.

남북 정상은 거리낌 없이 친분을 과시했다. 문 대통령 내외의 숙소로 마련된 백화원 영빈관까지 걸음을 함께한 김정은 위원장은 "환영 오찬을 하자는 말도 있었는데, 뭐 오시자마자 이렇게 일정이 너무 많으면 불편하시고 그러기 때문에 편히 여기서 쉬시고, 오후 3시부터 문재인 대통령과 만나서 좀 좋은 성과를 한번. 모두가 기대하는"이라면서 말을 흐렸다. 문 대통령이 웃으며 "이제 판문점의 봄

이 우리 평양의 가을로 이렇게 이어졌으니 이제는 무언가 정말로 결실을 맺을 때니까"라고 말을 받았다. 김 위원장은 익살스럽게 웃으며 "좀 쉬시게 우리는 김영철 부장이랑 다 나가자. 왜 여기까지 들어와요"라고 말하며 방 밖으로 나섰다. 김여정 부부장이 문 대통령 부부에게 친근한 눈인사를 남기며 오빠의 뒤를 따랐다.

문재인 대통령과 김정은 위원장은 18일 오후 3시부터 노동당 본부 청사에서 120분, 19일 오전 백화원 영빈관에서 70분 회담했다. 회담을 마친 두 정상은 오전 11시 37분 백화원 영빈관에서 역사적인 평양공동선언을 발표했다. 한반도 비핵화와 관련해 중대한 진전을 이루어낸 9·19 평양공동선언의 핵심은 북한이 새 대륙간탄도미사일을 개발하는 데 꼭 필요한 시설인 "동창리 엔진시험장과 미사일 발사대를 유관국 전문가들의 참관 아래 영구적으로 폐기"하고 "미국이 6·12 북미 공동선언의 정신에 따라 상응조치를 취하면 영변 핵시설의 영구적 폐기와 같은 추가적 조치를 계속 취해나갈 용의가 있다"는 내용이었다. 북한이 미국의 상응조치를 끌어내기 위해 자신들이 가진 핵심적인 핵시설인 영변 카드를 뽑아든 것이었다. 이어진 기자회견에서 먼저 입을 뗀 것은 김정은 위원장이었다.

"우리 민족의 운명은 우리 스스로 결정한다는 자주의 원칙을 다시금 확인하고 첫 출발을 잘 뗀 북남 관계를 시대와 민심의 요구에 부응하게 한 단계 도약시켜 전면적으로 발전시키기 위한 실천적 대책들에 대해 의논하였습니다. 수십 년 세월 지속돼온 처절하고 비극적인 대결과 적대의 역사를 끝장내기 위한 군사분야 합의서를 채택하였으며 조선반도를 핵무기도 핵위협도 없는 평화의 땅으로 만들기 위해 적극 노력해나가기로 확약하였습니다."

뒤이어 발언한 문재인 대통령이 이번 회담의 성과를 다음과 같이 정리했다.

"그동안 전쟁의 위협과 이념의 대결이 만들어온 특권과 부패, 반인권으로부터 벗어나 우리 사회를 온전히 국민의 나라로 복원할 수 있게 됐습니다. 나는 오늘 이 말씀을 드릴 수 있어 참으로 가슴 벅찹니다. 남과 북은 처음으로 비핵화 방안도 합의했습니다. 매우 의미 있는 성과입니다. 북측은 동창리 엔진시험장과 미사일 발사대를 유관국 전문가들의 참가하에 영구적으로 폐쇄하기로 했습니다. 또한 미국의 상응조치에 따라 영변 핵시설의 영구 폐기와 같은 추가적 조치도 해나가기로 했습니다. 우리 겨레 모두에게 아주 기쁘고, 고마운 일입니다. 한반도의 완전한 비핵화가 멀지 않았습니다. 남과 북은 앞으로도 미국 등 국제사회와 비핵화의 최종 달성을 위해 긴밀하게 협의하고, 협력해 나가기로 했습니다."

이번 평양 방문의 하이라이트는 문 대통령이 19일 밤 9시 김정은 위원장과 평양 능라도 5.1경기장을 찾아 15만 평양 시민들 앞에서 행한 연설이었다. 김정은 위원장과 부인 이설주가 기립해 박수를 치는 가운데 문 대통령이 만면의 미소를 지으며 연단 앞으로 나아갔다. 박수와 함성이 잦아들고 잠시 정적이 찾아왔다. 문 대통령이 입을 뗐다.

"평양 시민 여러분, 북녘의 동포 형제 여러분, 평양에서 여러분을 이렇게 만나게 되어 참으로 반갑습니다."

말이 끝나자마자 다시 북한 시민들이 큰 함성과 함께 박수를 쳤다.

"남쪽 대통령으로서 김정은 국무위원장의 소개로 여러분에게 인사말을 하게 되니 그 감격을 말로 표현할 수 없습니다. 여러분, 우리는 이렇게 함께 새로운 시대를 만들고 있습니다. 동포 여러분, 김정은 위원장과 나는 지난 4월 27일 판문점에서 만나 뜨겁게 포옹했습니다. 우리 두 정상은 한반도에서 더 이상 전쟁은 없을 것이며 새로운 평화의 시대가 열렸음을 8천만 우리 겨레와 전 세계에 엄숙히 천명했습니다. (중략) 평양 시민 여러분, 사랑하는 동포 여러분, 오늘 김정은 위원장과 나는 한반도에서 전쟁의 공포와 무력 충돌의 위험을 완전히 제거하기 위한 조치들을 구체적으로 합의했습니다. 또한 백두에서 한라까지 아름다운 우리 강산을 영구히 핵무기와 핵위협이 없는 평화의 터전으로 만들어 후손들에게 물려주자고 확약했습니다. (박수) 그리고 더 늦기 전에 이산가족의 고통을 근원적으로 해소하기 위한 조치들을 신속히 취하기로 했습니다. (중략) 김정은 위원장과 나는 북과 남 8천만 겨레의 손을 굳게 잡고 새로운 조국을 만들어나갈 것입니다. 우리 함께 새로운 미래로 나아갑시다."

이튿날인 20일 두 정상은 갑작스레 일정을 바꿔 백두산 천지를 찾았다. 김 위원장이 문 대통령에게 천지 방문을 제안했고, 문 대통령이 받아들인 것이다.[13] 오전 9시 33분 두 정상은 천지가 내려다보이는 해발 2,750m 장군봉에 도착했다. 당시 광경을 〈한겨레〉는 "구름 한 점 없는 쪽빛 하늘 아래 천지는 남북 정상에게 장엄한 자태를 드러냈다"고 묘사했다.

김정은 위원장은 천지를 내려다보며 의미심장한 말을 남겼다.

"이 천지 물에 붓을 담가서 북남 관계에서 새로운 역사를 우리가 계속 써나가야 된다고 생각합니다."

문재인 대통령이 활짝 웃음 지으며 화답했다.

"이번에 제가 [평양] 오면서 새로운 역사를 좀 썼죠. 평양 시민들 앞에서 연설도 다 하고."

2박 3일의 일정을 끝내고 경기도 성남의 서울공항으로 돌아온 문재인 대통령은 대국민 보고를 위해 곧바로 서울 동대문디자인플라자로 이동했다. 문 대통령은 "지난 3일간 김정은 위원장과 비핵화와 북미 대화에 대해 많은 대화를 나눴다. 김 위원장은 가능한 한 빠른 시기에 완전한 비핵화를 끝내고 경제발전에 집중하고 싶다는 희망을 밝혔다"고 말했다. 이어, 이번 평양공동선언의 핵심인 동창리 발사장과 영변 핵시설의 폐기에 대해 "미국이 상응하는 조치를 취해준다면 영변 핵시설의 영구적 폐기를 포함한 추가적인 비핵화 조치를 계속 취해나갈 용의가 있음을 표명했다. 북한이 평양공동선언에서 사용한 '참관'이나 '영구적 폐기'라는 용어는 결국, 검증 가능한 불가역적 폐기라는 말과 같은 뜻"이라고 덧붙였다. 미국의 CVID 요구를 영변의 철저한 폐기를 통해 우회 돌파하려 한 것이다.

이번에도 일본의 반응은 냉랭하기 이를 데 없었다. 스가 요시히데 관방장관은 19일 정례 기자회견에서 "남북 정상의 노력에 경의를 표한다"고 말했지만, 외교적 수사일 뿐이었다. 〈아사히신문〉은 20일 자 분석기사에서 일본 정부 내에서 "이번 회담을 통해 비핵화보다 남북 융화가 앞서가면 일미한 공동보조가 흐트러질 수 있다는 우려의 목소리가 나온다"고 전했다. 이어 이번 합의의 맹점에 대해 매우 날카로운 지적을 남겼다. "이번 남북 정상의 합의를 통해 북한의 비핵화가 진행될지는 불투명하다. 애초 미국이 요구하고 있는 것은 북한의 모든 핵 관련 시설 리스트의 신고와 비핵화 일정표의 제출이다. 문 대통령은 미국의 의향을 전달해 북한을 설득한 모습이지만, [이런 내용은] 공동선언에 포함되지 않았다. 나아가 북한은 영변의 핵시설 폐기에 대해서도 '미국의 상응조치가 이루어진다면'이라는 조건을 달았다. 미국은 북한이 핵시설을 신고하지 않는 것에 불신을 품고 있어, 북한에게 미군의 위협이 줄어드는 [이익을 가져다주는] 종전선언에 응하기 어렵다. [미국은] 북한이 영변 이외의 비밀 우라늄 농축시설을 갖고 있다는 뿌리 깊은 의심을 품고 있다. 또 과거 핵 교섭 때 냉각탑을 폭파*하거나 정지와 가동을 거듭해온 영

---

* 북한은 6자 회담이 아직 진행되던 2008년 6월 27일 불능화 대상이었던 영변의 5MW급 원자로 냉각탑을 폭파하고, 이를 전 세계에 녹화중계 방식으로 공개했다.

변 시설이 실제 폐기될까 의문시하는 견해가 있다."

　　어쨌거나 북은 북미 대화의 교착을 돌파하기 위해 큰 결심을 하고 영변 카드를 내던졌다. 초미의 관심사는 북한이 영변을 대가로 미국에 요구하게 될 '상응조치'의 정체였다. 그 해답은 머지않아 유엔 총회에 참석하게 될 리용호 외무상이 가져올 터였다. 그와 함께 한국과 일본 사이에 잠복해 있던 핵심 갈등 요인이 마침내 수면 위로 모습을 드러냈다. 한국 대법원의 강제동원 피해자 배상 판결 선고일이 다음 달 말(10월 30일)로 다가온 것이었다.

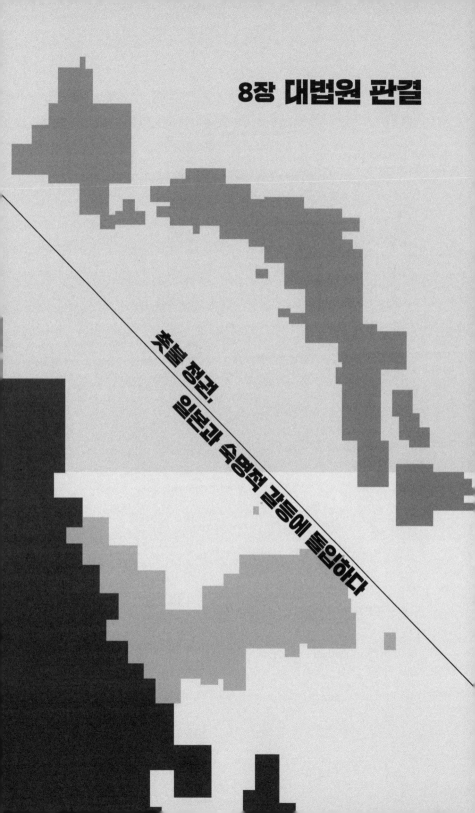

8장 대법원 판결

촛불 정권, 일본과 숙명적 갈등에 돌입하다

늘 해왔던 이야기

2018년 9월 18~20일 평양에서 김정은 국무위원장으로부터 "미국이 상응조치를 취하면 '영변 핵시설'의 영구적 폐기와 같은 추가적인 조치를 계속 취해나갈 용의가 있다"는 약속을 받아낸 문재인 대통령은 여독을 풀 새도 없이 미국 뉴욕으로 향했다. 한미 정상회담과 유엔 총회 기조연설을 통해 평양공동선언의 성과를 설명하기 위해서였다. 문 대통령은 24일 트럼프 대통령과 만나 "북한의 비핵화에 대해 진전된 합의가 있었다", "이제 북한의 핵포기는 북한 내부에서도 되돌릴 수 없을 만큼 공식화됐다"고 말했다. 문 대통령이 직접 15만 평양 시민 앞에서 "백두에서 한라까지 아름다운 우리 강산을 영구히 핵무기와 핵위협이 없는 평화의 터전으로 만들어 후손들에게 물려주자고 확약했다"고 했으니, 그런 말을 해도 무리는 아니었다. 트럼프 대통령은 "2차 미북 정상회담을 머지않은 미래에 하게 될 것"이라고 맞장구를 쳤다.

문 대통령의 26일 유엔 총회 연설은 한국인들이 오매불망 염원해왔던 "한반도의 완전한 비핵화와 항구적 평화"를 향한 '장밋빛 전망'으로 가득 찬 감동적인 내용이었다. 문 대통령은 "북한은 오랜 고립에서 스스로 벗어나 다시 세계 앞에 섰다"고 말하며 "북한이 항구적이고 공고한 평화의 길을 계속 갈 수 있도록 [국제사회가] 이끌어줘야 한다"고 강조했다. 이어 한국전쟁을 공식 종료하는 '정치 선언'인 종전선언에 대한 뜨거운 열망을 드러냈다.

지난주 나는 평양에서 세 번째로 김정은 위원장을 만나 한반도를 핵무기와 핵위협이 없는 평화의 터전으로 만들 것을 다시 한 번 합의했다. 김 위원장은 가능한 한 빠른 시기에 비핵화를 끝내고 경제발전에 집중하고 싶다는 희망을 밝혔다. 또한 비핵화의 조속한 진전을 위해 우선 동창리 엔진 시험장과 미사일 발사대를 국제적 참관하에 영구적으로 폐기할 것을 확약했다. 나아가서 북미 정상회담의 합의정신에 따라 미국이 상응하는 조치를 취한다면 영변 핵시설의 영구 폐기를 포함한 추가적 비핵화 조치를 계속 취할 용의가 있다고 분명하게 밝혔다.
한반도는 65년 동안 정전 상황이다. 전쟁 종식은 매우 절실하다. 평화체제로 가기 위해 반드시 거쳐야 할 과정이다. 앞으로 비핵화를 위한 과감한 조치들이 관련국 사이에서 실행되고 종전선언으로 이어질 것을 기대한다. 어려운 일이 따를지라도 남북미는 정상들의 상호 신뢰를 바탕으로 한 걸음씩 평화에 다가갈 것이다.

남이 이렇게 판을 벌여줬으니 이제 북이 세계 앞에 직접 나서 비핵화 의지를 재확인할 차례였다. 초미의 관심 속에 이루어진 리용호 외무상의 29일 유엔 총회 연설은 한국의 기대와는 사뭇 다른 내용이었다. 리 외무상은 "[싱가포르] 조미 공동선언이 원만히 이행되도록 하기 위해서는 수십 년 동안 쌓아온 불신의 장벽을 허물어야 하며, 그러기 위해선 조미 두 나라가 신뢰 조성에 품을 들여야 한다", "조선반도 비핵화도 신뢰 조성을 앞세우는 데 기본을 두고 평화체제 구축과 동시행동 원칙에서 할 수 있는 것부터 하나씩 단계적으로 시행해나가야 한다는 것이 우리의 입장"이라고 말했다. 북한이 그동안 늘 해왔던 이야기였다. 리 외무상은 나아가 북한은 "조미 수뇌회담이 진행되기 이전부터 핵시험과 대륙간탄도로케트 시험발사를 중지하고 핵시험장을 투명성 있게 폐기하였으며, 그 어떤 경우에도 핵무기와 핵기술을 이전하지 않을 데 대하여 확약한 것과 같은 중대한 선의의 조치를 먼저 취했다"고 말하면서 "이에 대한 미국의 상응하는 화답을 보지 못하고 있다"고 지적했다. 여기까지도 북한이 그동안 늘 해왔던 말이었다. 문제는 다음부터였다.

미국에 대한 신뢰 없이는 우리 국가의 안전에 대한 확신이 있을 수 없으며, 그러한 상태에서 우리가 일방적으로 먼저 핵무장을 해제하는 일은 절대로 있을 수 없다. 비핵화를 실현하려는 우리 공화국 정부의 의지는 확고부동하지만 이것은 미국이 우리로 하여금 충분한 신뢰감을 가지게 할 때에만 실현 가능하다. (중략) 우리의 핵시험과 로켓 시험발사를 문제시해서 숱한 제재 결의를 쏟아낸 유엔 안전보장이사회지만, 그 시험이 중지된 지 1년이 되는 오늘까지 제재 결의는 해제되거나 완화되기는커녕 토 하나 변한 것이 없다. 오히려 유엔 안보리는 조미 수뇌회담

과 공동성명을 환영하는 의장성명을 발표할 데 대한 일부 성원
국들의 제의마저도 거부하는 극히 우려스러운 태도를 보이고
있다.

이 연설에서 리용호 외무상은 문 대통령이 힘을 기울여 언급
한 종전선언에 대해선, 미국이 "종전선언 발표까지 반대하고 있다"
는 한 문장으로 정리한 뒤 더는 언급하지 않았다. 문 대통령이 설
명하듯 "전쟁을 끝내고 적대 관계를 종식시키겠다는 정치적인 선
언"에 불과한 종전선언에 대해서는 사실상 미련을 버렸음을 알 수
있다. 게다가 이번에 북한이 내놓은 것은 자신이 가진 것 중에 가장
값어치 있는 영변 핵시설이었다. 대어를 내놓았으니 그만큼 값비싼
것, 즉 경제개발을 위해 꼭 필요한 유엔 제재 결의를 해제해달라는
요구를 시작한 것이다. 앞선 5장에서 언급했듯 김정은 위원장은 싱
가포르 정상회담에서 트럼프 대통령에게 "유엔 (안보리) 제재 해제
가 다음 차례가 될지" 물은 적이 있다. 북한이 치밀한 전략적 계산
아래 1차 정상회담 때는 '한미 연합군사훈련 중지', 2차 정상회담 때
는 '유엔 안보리 제재 해제'를 노렸다고 볼 수 있다. 하지만 영변 핵
시설과 유엔 제재를 맞바꾸려는 북한의 시도는 다섯 달 뒤 '하노이
노 딜'이란 파국을 불러오게 된다.

65년 체제의 벽
리 외무상의 연설이 이루어지기 나흘 전인 25일 뉴욕에서 한
일 정상이 만났다. 이 무렵 일본은 한국에 대한 불만을 꾹꾹 눌러 참

고 있었다. 가장 큰 이유는 한국이 한미일 3각 공조를 통해 북한에 최대의 압박을 가하는 대신, 유화적 태도를 보인다는 점이었다. 둘째는 역사 문제였다. 문재인 정부는 위안부 합의와 강제동원 피해자 배상 판결 등에 대한 일본의 우려에 좀처럼 귀 기울이려 하지 않았다.

이 무렵 한국이 일본의 문제 제기를 귓등으로 듣고 있었음은 회담 결과를 알리는 한일 정부의 보도자료를 통해서도 확인할 수 있다. 일본 총리관저의 자료를 보면, 아베 총리가 문 대통령에게 "위안부 문제에 대한 일한 합의의 착실한 이행이 필요하다", "징용공 문제에 대해서도 우리나라의 기본적 입장에 기초해 다시 문제를 제기했다"는 내용이 들어 있다. 이에 대해 문 대통령은 "일한 합의(위안부 합의)는 파기하지 않는다. 재교섭은 요구하지 않는다"는 취지로 답한 것으로 확인된다. 하지만 청와대 자료에는 아베 총리의 이런 언급이 생략된 채 12·28 합의 결과 만들어진 "화해·치유재단이 제 기능을 못 하고 있다"는 문 대통령의 발언이 소개돼 있을 뿐이다. 청와대가 소개한 아베 총리의 발언은 "지난 남북 정상회담을 위해 대통령께서 강한 지도력을 발휘하신 데 대해서 경의의 말씀드린다. 납치 문제를 포함해서 일본과 북한 관계에 대해서 언급을 하신 데 대해서 감사 말씀드린다"는 것뿐이었다.

이튿날인 26일 이루어진 외교장관 회담을 설명하는 외교부 자료도 마찬가지였다. 외교부는 조만간 나오게 될 대법원 판결에 우려의 뜻을 전하는 고노 외무상의 발언을 생략한 채 "위안부 등 과거사 문제에 대한 일 측의 입장" 설명이 있었다고 언급하는 데 그쳤다. 일본 정부의 자료에는 곧이어 역사 문제로 대충돌을 일으키게 될 한일 관계를 우려하는 긴장감이 엿보이지만, 청와대와 외교부 자료에선 전혀 그런 낌새를 찾을 수 없다. 이는 정부가 머지않아 나올 대법원 판결에 대한 일본의 깊은 우려에 무지했거나, 의도적으로 무시했음을 보여주는 것이다.

일본은 일단 불만을 눌러 참았다. 남북이 주도하는 대화의 흐름이 동아시아의 전후 질서를 뒤흔드는 상황이었다. 이 움직임이 이어지는 한 일본은 재팬 패싱을 피하기 위해서라도 대화 흐름에 동참하는 모습을 보여야 했다. 아베 총리의 26일 유엔 총회 연설은 현재 진행 중인 한반도 정세에 대한 일본 나름의 견해를 집약해 보여준다는 점에서 매우 흥미롭다.

작년 이곳에서 북한에게 납치·핵·미사일 문제의 해결을 강하게 요구하고, 유엔 안보리 결의의 완전한 이행을 호소했던 나는 북한의 현재 변화에 가장 큰 관심을 갖고 있다. 지금 북한은 역사적 호기를 잡을 수 있을까, 없을까 하는 기로에 서 있다. 북한에겐 아직 손대지 않은 천연자원과 크게 생산성을 보일 수 있는 노동력이 있다. 납치·핵·미사일 문제를 먼저 해결한 뒤, 불행한 과거를 청산하고, 국교정상화를 목표로 해나간다는 일본의 방침에 변화는 없다. 우리는 북한이 가진 잠재력을 풀어주기 위해 조력을 아끼지 않을 것이다. 그러나 몇 번이고 말하지 않으면 안 된다. 모든 납치 피해자의 귀국을 실현할 것이다. 나는 이렇게 결의하고 있다. 납치 문제를 해결하기 위해 나는 북한과 상호불신의 껍질을 깨고 새로운 출발을 통해 김정은 위원장과 직접 마주할 용의가 있다. 지금 정해진 것은 아직 아무것도 없지만, 실시하는 이상 납치 문제의 해결에 기여하는 회담이 되어야 한다고 결의하고 있다.

2017년 말부터 2019년 5월까지 주일 한국대사를 지낸 이수훈 대사는 "2017~2018년 한일 관계가 많이 삐걱이긴 했지만, 그래도 관계가 유지된 편이었다"고 말했다. 특히 서훈 국정원장이 2018년 세 차례나 일본을 방문해 남북 간 협의 내용을 자세히 설명해준 것에 대해 일본이 크게 고마워했다고 한다. 6장에서 언급한 대로 2018년 7월 김성혜-기타무라의 하노이 극비 접촉이 가능했던 것도 서 원장 등 한국의 도움 때문이었다. 문 대통령 역시 김정은 위원장과 회담할 때마다 납치 문제의 해결과 북일 관계 개선에 대한 언급을 잊지 않았다. 이 전 대사는 "한일 관계가 결정적으로 악화된 것은 역시 2018년 10월 30일 대법원 판결이 나온 이후"라고 말했다.

일본은 위안부와 강제동원 등 양국 간 민감한 현안 문제에 대해 한국이 의도적으로 무시하는 태도를 보이는 것을 이해할 수 없었다. 하지만 이는 2016년 말 촛불집회라는 거대한 시민혁명으로 탄생한 문재인 정권의 숙명이었다. 박근혜 정권은 세월호 참사 당일 '7시간의 공백'을 통해 아이들의 죽음의 절규에 대응할 의사도 능력도 없음을 스스로 입증한 무능한 이들이었고, 12·28 합의를 통해 위안부 문제를 "최종적, 불가역적"으로 망각하겠다는 아베 정권의 손을 들어준 불의한 이들이었다.

사법부도 마찬가지였다. 촛불로 탄생한 문재인 정부의 눈에 양승태의 대법원은 숙원 사업인 상고법원 설치와 강제동원 피해배상 판결을 교환하려 한 '사법 적폐'의 소굴이었다. 대법원 기획조정

실이 2015년 3월 26일 작성한 '상고법원 관련 BH(청와대) 대응전략'
이라는 문건을 보면, 청와대가 "일제 강제징용 피해자 손해배상 청
구 사건에 대해 청구기각 취지의 파기환송 판결을 기대할 것으로
예상"한다는 묘한 내용이 포함돼 있다. 이 언급대로 실제 파기환송
판결이 나온 것은 아니지만, 대법원은 이춘식 할아버지 등 원고들이
일본제철을 상대로 낸 손해배상 재판에 대한 2012년 5월 원고 승소
취지 파기환송 판결의 최종 결론을 무려 6년 넘게 미루고 있었다.
실제로 양승태 대법원은 일본 기업들을 대리한 한국 최대 로펌인
김앤장 법률사무소를 도와가며 소송 지연에 도움을 주었다는 의심
을 받았다.[1] 이 모든 것이 정의의 심판을 받아야 할 사법 적폐였다.
이런 상황에서 정부가 일본의 우려를 받아들여 대법원의 판단에 개
입한다는 것은 촛불의 염원을 받아안은 문재인 정부가 사법 적폐에
가담한다는 것과 같았다.

　　하지만 일본의 입장은 크게 달랐다. 특히 강제동원 문제가 쟁
점이었다. 일본은 1965년 6월 22일 한일 청구권 협정으로 양국 간
모든 문제가 해결됐다는 공식 입장을 유지해왔지만, 전시하 여성에
대한 끔찍한 인권 침해였던 위안부 문제에 대해서는 무언가 성의
있는 조치를 해야 한다는 필요성을 인정하고 있었다.

　　일본 정부는 처음 이 문제가 불거진 직후인 1993년 8월 고노
담화를 통해 일본군의 관여와 동원 과정의 강제성을 인정했다. 하지
만 한일 간의 청구권 문제는 "완전히 그리고 최종적으로 해결됐다"
는 65년 체제의 벽은 굳고 높았다. 일본 정부는 1995년 7월 '아시아
여성기금'을 만들어 이 문제에 해결을 꾀하지만, 65년 체제 탓에 정
부 예산은 투입할 수 없다고 버텼다. 일본 정부는 국민 모금을 통한

아시아 여성기금으로 피해자들에게 200만 엔의 위로금(국민모금으로 충당)과 300만 엔의 의료지원금(정부 예산으로 충당)을 건넸다. 한국 사회는 '법적 책임'을 인정하지 않는 아시아 여성기금을 거부하고 기약 없는 대일 투쟁에 나섰다.

이후 오랜 소강기가 이어졌다. 한국 헌법재판소가 2011년 8월, '한국 정부가 위안부 문제 해결을 위해 일본과 교섭하지 않는 것은 위헌'이라는 결정을 내린 뒤엔 기나긴 외교 협상을 거쳐 2015년 말 12·28 합의라는 결과물을 만들어냈다. 아베 총리는 위안부 문제가 일본의 '국가 범죄'임은 인정하지 않았지만, 정부가 관여한 여성에 대한 심각한 인권 침해임을 인정하고 "책임을 통감한다"는 말과 함께 정부 예산으로 10억 엔(약 108억 원)을 내놓았다. 문재인 정부 역시 합의 파기와 재협상 요구라는 마지막 레드라인은 넘지 않는 자제력을 발휘했다.

그러나 강제동원에 대한 배상 문제는 성격이 달랐다. 한일은 1965년 청구권 협정을 통해 "양 체약국 및 그 국민(법인을 포함)의 재산, 권리 및 이익과 양 체약국 및 그 국민 간의 청구권에 관한 문제"가 "완전히 그리고 최종적으로 해결되었음을 확인한다"고 합의했다. 이 합의 이후 일본의 자금과 기술이 본격적으로 한국에 진출해 일본 기업들은 돈을 벌었고 한국 경제는 비약적으로 발전했다. 청구권 협정을 통해 양국이 '윈윈'했다는 것이 전후 한일 관계에 대한 일본의 기본 인식이었다. 일본은 자국 기업들이 한국인 강제동원 피해자들에게 배상하게 되면, 1965년 이후 이어져온 한일 관계의 근간이 무너져 내리고 한국인 피해자들의 천문학적 배상 요청이 줄을 이을 것이라 우려했다.

대법원 판결

마침내 10월 30일 대법원 판결이 나왔다. 대법원 전원합의체는 이날 이춘식 씨 등 네 명이 일본제철(판결 당시 신일철주금)을 상대로 낸 손해배상 청구 소송 재상고심에서 일본 기업이 원고들에게 1억 원씩 각각 배상해야 한다는 원심을 확정했다.

이 결론에 도달하기 위해 한국 법원이 내세운 논리는 이랬다. 1965년 한일이 맺은 청구권 협정은 양국 간 재정적·민사적 채권·채무 관계를 해결하기 위한 것이었을 뿐 위안부 문제 등 일본 국가권력이 관여한 '반인도적 불법행위'까지 포괄한다고 볼 수 없다는 것이었다. 즉, 부부가 이혼해 재산분할(청구권 협정)을 끝냈다 해도 남편이 아내에게 폭력을 휘두른 사실이 있다면 그에 대한 손해배상 책임은 남아 있다는 논리였다.

하지만 이 주장이 성립하기 위해선 또 하나의 커다란 장애물을 넘어야 했다. 위안부 문제를 반인도적 불법행위라 규정하는 것에는 많은 사람들이 동의할 수 있겠지만, 일제강점기 때 이루어진 강제동원 행위 전체를 반인도적 불법행위라고 볼 수 있느냐에 대해선 만만찮은 반론이 나올 수 있기 때문이었다.

돌이켜보면 한국 법원이 이 난관을 돌파하고 최종적으로 '원고 승소'라는 획기적인 결론을 내리는 데 무려 13년이란 시간이 걸렸다. 일본제철 원고들이 처음 서울지방법원에 손해배상 판결을 제출한 것은 2005년 2월이었다. 일본 법원에 낸 소송이 연이어 패소한 뒤 지푸라기라도 잡는 심정으로 한국 법원의 문을 두드린 것이었다. 하지만 1·2심의 판단은 예상대로 원고 패소였다. 법원이 지난 일본 법원의 기판력(이미 내려진 판결의 구속력)을 인정하면서, 결과적으로 1965년 협정이 그어둔 장벽 안에 안주했기 때문이었다. 그러나 2012년 5월 24일 김능환 대법관을 주심으로 하는 대법원 1부가 내린 결론은 달랐다. 쟁점은 두 개였다. 첫 번째, 우호국인 일본 법원의 기판력을 인정할지 여부였다. 대법원은 판결문에서 "외국 법원의 확정판결의 효력을 인정하는 것은 대한민국의 선량한 풍속이나 그 밖의 사회질서에 어긋나지 않는다는 것을 승인요건의 하나로 규정"하고 있는데, 일본 법원의 판결은 "일본의 한반도와 한국인에 대한 식민지배가 합법적이라는 규범적 인식을 전제"로 하고 있다고 지적했다. 즉, "규범적 관점에서 볼 때 불법적 강점"에 지나지 않는 식민지배를 합법으로 파악해 "대한민국 헌법정신과 양립할 수 없는" 일본 법원의 판결은 "그 효력이 배제된다고 봐야 한다"는 결론이었다. 다시 말한다면, 한국에 대한 식민지배가 합법이라는 것을 전제로 내린 일본 법원의 판결은 대한민국 헌법과 어긋나는 것이고 따라서 무시할 수 있다는 논리였다.

두 번째는 원고들에게 피해배상을 주장할 청구권이 남아 있는지 여부였다. 대법원은 이 쟁점에 대해선 "일본의 국가권력이 관여한 반인도적 불법행위나 식민지배와 직결된 불법행위로 인한 손해배상 청구권은 청구권 협정의 적용 대상에 포함되기 어렵다는 점을 비춰볼 때", "개인 청구권이 소멸하지 않았고, 대한민국의 외교적 보호권도 포기되지 않았다"고 밝혔다. 일본의 식민지배는 불법이고 그 불법적 체제를 유지하기 위해 이루어진 강제동원 행위는 "식민지배와 직결된 불법행위"이기 때문에 청구권 협정의 적용대상에 포함되지 않았고, 그에 따라 원고들에게 청구권이 남아 있다는 해석이었다. 이 두 가지 쟁점이 해결된 이상 일본 기업들이 피해자들에게 위로금을 지급해야 한다는 결론은 너무나 당연한 것이었다.

　2018년 10월 30일 대법원 판결은 이 2012년 5월 판결의 주장을 강화한 '업그레이드 버전'이라 평가할 수 있다. 판결문에서 대법원은 "이 사건에서 원고들의 손해배상 청구권은 일본 정부의 한반도에 대한 불법적인 식민지배 및 침략전쟁의 수행과 직결된 일본 기업의 반인도적 불법행위를 전제로 하는 강제동원 피해자의 일본 기업에 대한 위자료 청구권이라는 점을 분명히 해두어야 한다. 원고들은 피고들을 상대로 미지급 임금이나 보상금을 청구하고 있는 것이 아니다"라고 지적했다. 즉, 원고들이 요구하는 것이 65년 협정으로 해결된 미지급 임금이나 보상금이 아닌 일본의 불법적 식민지배로 인한 반인도적 불법행위인 강제노동에 대한 손해배상(위자료)이라는 결론이었다.

　그러나 이 판결은 매우 복잡미묘한 '내부 모순'을 내포하고 있었다. 대법원의 결론이 2005년 이후 정부가 유지해온 입장과 배치됐기 때문이다. 노무현 정부 시절 만들어진 민관 공동위원회는 2005년 8월 26일 한일이 아직 해결하지 않은 '반인도적 불법행위'의 범위를 위안부, 사할린 잔류 한국인, 원폭 피해 등 사실상 세 개 문제로 한정한다는 결론을 내렸다. 이에 따라 노무현 정부는 강제동원 피해자에 대한 배상·보상 문제는 한국 정부가 자체 예산*으로 해결하고 남은 세 가지 문제에 대해서만 일본 정부와 외교 교섭을 벌인다는 방침을 유지해왔다. 그러나 2018년 10월 대법원 판결로 인해 아직 해결되지 않은 반인도적 불법행위의 범위가 강제동원 문

---

* 　총 6,184억 원이 투입됐다.

제 전반으로 확대되면서, 이제 모든 강제동원 문제가 '미해결의 과제'가 되고 말았다. 물론, 2005년 정부도 강제동원 피해자들이 "강제동원은 일제의 불법적 한반도 지배 과정에서 발생한 정신적·물질적 총체적 피해"라는 논리로 일본에 배상을 청구하는 게 가능할 것이라 보고 있었다. 하지만 일본 법원은 이를 인정하지 않을 것이라 예측했을 뿐,[2] 원고들이 한국 법원에까지 이 문제를 들고와 '최종 승소'한다는 것까진 예상하지 못했다.

일본은 이 판결을 결코 받아들일 수 없었다. 아베 총리가 기자들 앞에 나선 것은 판결이 나온 직후인 오후 4시 21분이었다. 아베 총리는 "1965년 일한 청구권 협정에 의해 완전하고 최종적으로 해결됐다. 이번 판결은 국제법에 비춰봐도 있을 수 없는 일"이라고 말했다. 고노 외무상은 이수훈 주일 한국대사를 초치해 "법의 지배가 관철되는 국제사회에서 상식적으로 생각할 수 없는 판결"이라고 목소리를 높였다. 마키노 기획의원은 저서 《르포-단절의 일한》에서 판결 후 고노 외무상이 몇 번이나 강경화 장관과 통화하려 했지만, 한국은 "차관급 전화로는 안 되냐"고 물으며 "어떤 용건이냐"고 "떨떠름한 반응을 보였다"고 적었다.[3] 일본 외무성은 판결 당일인 30일 내놓은 담화에서 다음과 같이 주장했다.

> 일한 양국은 1965년 국교정상화 때 체결한 한일 기본조약과 그 관련 협정에 기초해 긴밀한 우호협력 관계를 이어왔다. 그 중에 핵심인 일한 청구권 협정은 일본이 한국에게 유상 3억 달러, 무상 2억 달러의 자금협력을 약속하는 것(1조)과 함께 양 체약국 및 그 국민(법인을 포함)의 재산, 권리 및 이익과 양 체약국

및 그 국민 간의 청구권에 관한 문제가 완전하고 최종적으로 해결됐고, 어떤 주장을 하는 것도 불가능하다는 것(2조)을 정하고 있다.

그럼에도 이번 30일 대한민국 대법원이 신일철주금주식회사에게 손해배상의 지불 등을 명한 판결을 확정했다. 이 판결은 일한 청구권 협정 제2조에 명확히 반하고, 일본 기업에 대한 부당한 불이익을 지우는 것일 뿐 아니라 1965년 국교정상화 이후 쌓아올린 일한의 우호협력 관계의 법적 기반을 뿌리부터 뒤엎는 것으로 극히 유감이며 결코 받아들일 수 없다.

일본은 대한민국에 대해 일본의 상기 입장을 다시 전달하는 것과 함께 대한민국이 즉시 국제법 위반 상태를 시정하는 것을 포함한 적절한 조치를 강구할 것을 강하게 요구한다.

'난제'인 만큼 정부의 신속하고 효율적인 대응이 필요했다. 이낙연 당시 국무총리는 판결 당일 "판결과 관련된 사항들을 면밀히 검토"할 것이며 "관계부처 및 민간 전문가 등과 함께 제반 요소를 종합적으로 고려해 정부의 대응 방안을 마련해나갈 것"이라고 밝혔다. 그에 따라 11월 13일 주일대사를 지냈던 공로명 전 외교부 장관 등 원로 전문가 10여 명을 총리공관으로 초대해 의견을 청취했다. 이 자리에서 전문가들은 청구권 협정을 유지하면서 새로운 재단을 만들어 피해자를 지원하는 게 바람직하다는 의견을 제시했다. 공 전 장관의 증언이다. "결국 우리가 금전적인 보상을 해줘야 한다는 의견들이었다. 한국에 있는 일본 기업 재산으로 하게 될 경우 양국 간에 큰 문제가 생기니까, 그러지 말고 기금을 만들자. 한국 정부와 국교정상화로 혜택을 본 한국 기업, 내겠다면 일본 기업도 권유해 3자가 만들자는 거였다."[4] 공 전 장관은 이틀 뒤인 15일 자 〈아사히신문〉 인터뷰에선 "말로는 문제가 해결되지 않는다. 해결책을 생각하는 게 정치가의 일"이라고 말하며 "한국 정부가 전 징용공(강제동원 피해자)들의 이해를 구한 뒤, 판결을 통해 일본 기업들이 지불해야 한다고 정해진 배상금을 대신 짊어져야 한다"고 말했다. 그러면서 일본에겐 "36년간의 통치는 복잡한 문제"라고 타이르면서, 일본 쪽에서 한국인과 한국 정부를 비난하며 "국민감정을 자극하는 것은 좋은 방법이 아니다"고 지적했다. 이 총리는 13일 회합에서 "연내에 방향성을 정하겠다"고 말했지만,[5] 기대했던 것처럼 신속하게 후속 조치를 내놓지는 못했다. 청와대가 기금 안을 거부했기 때문이다.

청와대의 관심은 머지않아 성사될 북미 정상회담과 김정은 위원장이 9월 평양공동선언에서 약속한 '연내 답방'에 쏠려 있을 뿐이었다. 문 대통령은 판결 직후인 11월 1일 국회 시정연설에서 "두 번째 북미 정상회담이 눈앞에 와 있다. 김정은 위원장의 서울 답방도 조만간 이루어질 것"이라고 말했다. 일본은 이 연설에 비상한 관심을 기울였지만, 기대했던 대법원 판결에 대한 언급은 전혀 없었다. 화가 난 고노 외무상은 11월 6일 기자회견에서 "이 문제는 양국 간의 문제가 아니라 현재 국제법에 기초한 국제질서에 대한 도전"이라는 극언까지 서슴지 않았다.

사실 이 문제만 정리된다면 일본은 한국과 그다지 싸울 마음이 없었다. 이 무렵 한일 관계의 어긋남을 상징하는 일화가 있다. 2018년 5월 9일 도쿄에서 한중일 3개국 정상회의가 열린 계기를 활용해 한일 정상이 만났다. 당시 아베 총리는 남북 대화를 주도하고 북미 대화의 문을 열어젖힌 문 대통령의 비위를 맞춰야 하는 상황이었다. 아베 총리는 오찬을 겸해 이루어진 정상회담 모두발언에서 문 대통령의 리더십에 의해 실현된 남북 정상회담과 앞으로 진행될 북미 정상회담을 언급하면서 "일한이 힘을 합쳐 북한으로부터 비핵화를 향한 구체적인 행동을 끌어내자"고 말했다. 식사가 끝나갈 무렵 일본이 준비한 작은 서프라이즈가 등장했다. 문재인 대통령의 취임 1주년을 축하하는 딸기 케이크였다. 케이크 위에는 화이트 초콜릿판에 검은 초콜릿으로 "문재인 대통령의 취임 1주년을 축하드립니다"라는 인사말이 적혀 있었다. 문 대통령은 활짝 웃으며 아베 총리에게 악수를 청했지만, 단 것을 좋아하지 않는다며 케이크에 손도 대지 않았다. 〈마이니치신문〉은 당시 사정을 잘 아는 일본 여당 관계자를 인용해 "둘의 대화는 겉돌았다"[6]고 말했다.

일본 정부는 이후에도 한일 관계의 새로운 시대를 열어젖힌 1998년 10월 8일 김대중 대통령과 오부치 총리의 한일 파트너십 선언 20주년을 기념하기 위한 행사를 준비했다. 강경화 외교장관과 고노 외무상은 7월 8일 외교장관 회담을 통해 파트너십 선언 20주년을 맞아 "양국 관계를 강화해가자"고 합의했다. 일본 외무성은 이 합의를 이행하기 위한 후속 조치로 8월 10일 '일한 문화·인적교류추진을 향한 전문가 회의'를 만들었다. 전문가 회의는 네 번에 걸친 회의 끝에 10월 3일 청소년 교류 활성화, 저출산 문제 대응 협력, 한일 국경을 넘는 청년 취업의 제도적 지원 등의 내용이 담긴 제언을 제출했다. 일본 정부는 한일 파트너십 선언 20주년을 맞아 문 대통령의 일본 방문을 추진했지만, 한국의 반응은 뜨뜻미지근할 뿐이었다. 문 대통령의 제1 관심사인 김정은 위원장의 방남 일정 때문이었다.

일본 정부가 문 대통령의 방일이 가능한 일정을 알려달라고 거듭 요청하는데도 "김정은 위원장의 방문 일정이 정해지지 않으면 무엇도 결정할 수 없다"는 입장을 고수했다.[7]

결국 2018년 말에는 개최될 것으로 예상했던 2차 북미 정상회담 일정이 여러 가지 이유로 늘어지며, 김 위원장의 연내 답방도 어려워지게 됐다. 청와대는 김 위원장이 "지금까지 자기 차원에서 말한 것들을 지키지 않는 것이 없었다"는 이유로 쉽게 기대를 접지 않았다. 하지만 12월 11일 무렵엔 "북한에서 연락이 되더라도 우리 준비에 시간이 걸리는 상황에서 아직 북쪽이 결정을 못 한 것으로 보인다"는 청와대 고위 당국자의 말로 김 위원장의 방남이 사실상 물 건너갔음을 시인했다.

김 위원장이 자기 입으로 '답방이 어렵다'는 뜻을 밝혀온 것은 2018년 마지막 날을 하루 앞둔 30일이었다. 청와대는 "평양에서의 우리의 상봉이 어제 일 같은데 벌써 100여 일이나 지나 지금은 잊을 수 없는 2018년도 다 저물어가는 때가 되었다"는 김 위원장의 친서 앞부분을 공개했다. 문 대통령은 그 직후 페이스북을 통해 친서 사진을 공개하며 "연내 답방 연기가 궁금했던 우리 국민들에게도 반가운 소식이 되었을 것"이라 적었다.

시간이 속절없이 흐르는데도 면밀히 검토한다던 한국 정부의 대응 방안이 나오지 않자 주한일본대사관은 불안해지기 시작했다. 이들은 11월 15일 서울 주재 일본 기업들을 대상으로 대법원 판결과 관련한 설명회를 열었다. 앞선 2012년 8월 '국무총리 소속 대일항쟁기 강제동원 피해조사 및 국외 강제동원 희생자 등 지원위원회'는 조선인 강제동원 사실이 있는 일본 기업 1,493개를 조사한 결과 299개가 현존하는 것으로 파악되었다는 자료를 공개했었다. 줄소송을 우려하는 일본 기업들의 질문이 쇄도했다. 설명회에 참석한 기업들은 대사관 쪽에 "우리 회사는 제소되지 않았지만, 299개 기업 명단에 속해 있다. 어찌해야 하냐"고 발을 동동 굴렀다. 호리야마 아키코堀山明子 〈마이니치신문〉 서울지국장은 당시 한국의 풍경에 대해 "문재인 정권은 '면밀히 검토 중이다', '종합적으로 검토 중이다'와 같은 말들을 되풀이하면서 [검토 결과에 대한] 발표가 늦어지고 있는 이유를 밝히지 않았다"고 지적했다.[8] 일본의 불만은 쌓여만 갔고, 끝내 폭발하기 직전에 이르게 됐다.

9장 불신의 늪

뒤치락엎치락
이어지는 진실 공방

세 가지 대안

대법원 판결에 대한 일본의 불만을 잠재우는 난제를 떠안게 된 이는 문재인 정부 내에서 유일하게 일본을 안다는 평가를 받던 이낙연 국무총리였다. 1980년대 후반부터 1990년대 초까지 〈동아일보〉 도쿄 특파원을 지낸 이 총리는 일본어를 유창하게 구사할 수 있었고, 일본 정계에 지인도 많았다. 그래서인지 판결이 나온 뒤 한동안 문제 해결을 요구하는 일본 정치인들의 전화 공세에 시달리게 된다.[1] 여러 의미에서 이 총리는 이 문제를 해결할 경험과 능력을 갖춘 적임자였다.

하지만 '2인자'인 국무총리라는 직함을 달고 국민감정을 자극하는 한일 관계의 핵심 난제에 대해 소신 있는 해결책을 제시하기란, 애초부터 불가능한 일이었다. 당시 사정을 잘 아는 한 인사는 "한국은 대통령제 나라이다. 이 총리에게 소신이 있었다고 해도 총리 입장에서 움직일 수 있는 선에선 한계가 있었을 것"이라고 말했다. 게다가 당시 이낙연 총리는 차기 대권 후보 중 지지율 1위를 달리던 '유력 후보'였다. 문제를 해결하려면 일본과 외교 교섭을 해야 하고, 그러려면 한국의 원칙적 입장만 고수할 수는 없는 노릇이었다. 그렇다고 섣불리 양보안을 내놓았다간 대권의 꿈이 멀어질 수 있었다. 이 총리의 입장은 어정쩡해질 수밖에 없었고, 그래서인지 면밀히 검토한다고 밝혔던 대응책 마련도 늦어지게 된다.

그렇지만 일본의 불만을 언제까지고 모른 체할 수만도 없는 일이었다. 이 총리는 외교부, 법무부 등 관계부처에 문재인 대통령이 2018년 12월 초 아르헨티나 G20 정상회의에서 돌아오는 대로 보고할 수 있도록 대응책을 만들라고 지시했다. 그에 따라 박상기 법무부 장관은 이용구 법무실장에게 이 분야 전문가들을 만나 견해를 듣고 보고서를 작성할 것을 명했다. 이 자문에 응했던 한 전문가는 "이 실장이 대수롭지 않게 생각하고 찾아와 한참 설명을 듣더니 '정말 쉬운 일이 아니네요'라는 반응을 보이며 돌아갔다"고 말했다. 이런 과정을 통해 만들어진 대안은 세 가지였다. 각각의 안에는 장단점이 있었다.

첫 번째는 대법원이 판단한 대로 판결을 집행하는 안이었다. 이 경우 '역사의 정의'는 바로 세울 수 있지만, 한일 관계는 파탄에 이를 수밖에 없었다.

두 번째는 손해배상 판결을 받은 일본 기업과 65년 청구권 자금을 토대로 만들어진 포스코·한국도로공사 등 기업들이 돈을 출연해 기금을 만들고, 이 기금이 대법원이 명한 해당 금액(1억 원)을 피해자들에게 지급하는 안이었다. 국가의 최종적인 판단인 대법 판결을 이행해야 하는 한국 정부와 '65년 체제'를 사수해야 하는 일본 정부가 서로 조금씩 양보하는 절충안이라 할 수 있었다. 이 안은 한국 기업과 일본 기업이 참여한다는 의미에서 1+1안이라 불리게 된다.

　이 안에 일본이 관심을 보인다면, 타협을 촉진하기 위해 양국 기업뿐 아니라 한국 정부도 기금에 참여하는 1+1+α라는 강화된 안을 만들 수도 있었다. 하지만 한국 정부가 2015년 12·28 합의의 결과물인 화해·치유재단을 얼마 전인 11월 21일 해산한 상황에서 '또 다른 재단'을 만들자는 안을 일본 정부가, 그것도 아베 총리가 받아들일지는 극히 불투명했다.

　세 번째는 한일 청구권 협정 3조에 따른 분쟁해결절차를 밟아 중재위원회를 만들거나 국제사법재판소ICJ에 가는 안이었다. 이 안을 따를 경우 대법 판결을 둘러싼 한일 갈등은 당분간 수면 아래로 가라앉을 수 있었다. 그러나 깊은 고민 없이 이 안을 제시할 경우 "한국 최고 법원인 대법원 판결의 집행을 포기하고 일본의 압박에 밀려 국제 법정으로 끌려간다"는 식의 엄청난 반대 목소리가 터져 나올 수 있었다. 또 일본이 한국이 절대 양보할 수 없는 영토 문제인 독도를 결부시키며 "독도도 함께 가자"고 역제안을 해올 우려도 컸다. 만에 하나 ICJ에서 우리가 원하는 결론이 나오지 않을 경우엔 어쩔 것인가. 퇴임 후 문재인 대통령은 '만고의 역적'으로 내몰릴 수 있는 정치적 리스크를 감당해야 했다. 세 가지 안 모두 쉽지 않은 선택이었다.[2]

　한국 정부의 침묵이 이어지는 가운데 때마침 한일의원연맹 일본 쪽 대표단이 합동총회 모임을 열기 위해 12월 13일 한국을 방문했다. 그에 앞서 누카가 후쿠시로額賀福志郎 회장 등은 11일 총리 관저에서 아베 총리를 만났다. 누카가 회장은 이후 기자들과 만나 한국 대법원 판결은 "국가와 국가 사이의 약속에 반하는 것으로, 인정할 수 없다. 한국에 적절한 대책을 마련해달라는 공통 인식을 갖게 됐다"고 말했다. 한국에 가서 전하게 될 메시지를 미리 공개한 것이다.

누카가 회장, 가와무라 다케오河村建夫 간사장 등 일본 대표단이 청와대를 방문한 것은 14일 오전 10시였다. 회담 결과를 전하는 청와대 자료에 따르면, 누카가 회장이 "화해·치유재단 해산, 징용공 판결 등에 대한 한국의 적절한 조치와 대응책을 기대한다"고 말하자, 문 대통령은 "화해·치유재단은 오래전부터 활동과 기능이 정지되었고 이사진들도 거의 퇴임해 의결 기능도 어려운 상태였다. 아무런 활동이 없는 상태에서 운영과 유지비만 지출돼 오던 터라 재단을 해산한 것이다. 그 잔여금과 10억 엔은 원래 취지에 맞게 적합한 용도로 활용될 수 있도록 한일 양국이 협의해나갔으면 한다"는 원칙론을 밝혔다.

문 대통령은 이어 대법원 판결에 대해선 "강제징용 노동자 문제는 사법부의 판결이다. 한국도 3권분립이 확고해 정부는 이를 존중해야 한다. 이번 판결이 한일 기본협정을 부정하는 것은 아니다. 기본협정은 유효하지만 노동자 개인이 일본 기업에 대해 청구한 손해배상 청구권까지 소멸된 건 아니라고 본 것"이라고 답했다. 누카가 회장은 "개인 청구권이 아직 소멸되지 않았다는 것에 대해서는 일본 정부도 인정하고 있다"고 말하면서도 "외교 보호권을 포기했다는 인식도 있기에 이 부분에 대해서는 한일 양국 정부가 서로 확인할 필요가 있다고 본다"고 답했다. 한국 정부의 공식 발표문에는 없지만, 이 발언에 문 대통령은 기뻐하며 "개인 청구권이 소멸하지 않았다는 게 중요하다. 이 입장에 선다면 원만히 문제를 풀 수 있을 거라 본다"고 답했다.[3] 문 대통령은 이후 화제를 한반도 평화 프로세스로 돌려 "일본도 한반도 평화에 대해 적극적인 지지를 부탁한다"고 말을 맺었다.

　　문 대통령의 원칙론을 전해 들은 일본은 크게 낙담했을 것임이 틀림없다. 그래서인지 아베 총리는 이날 열린 한일의원연맹 합동총회에 축사를 보내지 않았다. 〈아사히신문〉은 "일본 총리가 [한일의원연맹 합동총회에] 축사를 보내지 않는 것은 이례적인 일이다. 일한 관계가 악화됐다는 사실이 영향을 끼치고 있는 것"이라고 짚었다. 하지만 스가 요시히데 관방장관은 같은 날 정례 브리핑에서 "현재는 한국 정부가 구체적으로 어떤 대응을 강구하는지 지켜보는 시점이다. 대통령의 발언에 코멘트를 삼가겠다"고 말했다. 불만을 조금 더 눌러 참은 것이다.

위협비행 사태

　　그로부터 일주일 뒤 누구도 예상하지 못했던 대형 악재가 터져 나왔다. 21일 저녁 7시, 이와야 다케시岩屋毅 방위상이 쭈뼛거리는 얼굴로 어둑해진 도쿄 이치가야 방위성 청사 현관 앞으로 모습을 드러냈다. 이 회견은 이날 이와야 방위상이 참석한 '두 번째' 기자회견이었다. 오전 10시 반에 열린 첫 회견에서 2019년도 방위예산과 관련해 15분쯤 기자들의 질문에 답한 뒤, 다시 긴급히 기자회견을 자청한 것이다. 이와야 방위상이 입을 열었다.

　　"20일 오후 3시께 [혼슈 중부] 노토能登반도 해역에서 경계감시 중이던 해상자위대 P-1 초계기에 한국군 구축함이 화기관제 레이더(한국에서는 사격통제 레이더로 부른다)를 쐈다. 한국 쪽의 의도는 확실히 알 수 없지만, 레이더를 쏘는 것은 화기 사용에 앞서 이루어지는 행위다. 이는 예측할 수 없는 사태를 부를 수 있는 매우 위험한 행위이다." 한일 관계가 크게 악화된 상황이었지만 두 나라는 기본적 가치를 공유하는 이웃이고, 세계 최강국인 미국이 동아시아에서 믿고 신뢰하는 두 동맹이었다. 그런 한국의 구축함이 일본에 노골적인 '적대 행위'를 했다는 고발이었다.

이와야 방위상의 갑작스러운 회견에 깜짝 놀란 한국 국방부는 당일 밤 출입기자들에게 문자를 돌려 "군은 정상적 작전활동 중이었으며, 작전활동간 레이더를 운용하였으나 일본 해상초계기를 추적할 목적으로 운용한 사실은 없다"고 밝혔다. 이후 한일 국방 당국 간 신뢰 관계를 파탄으로 몰고 가는 '해상자위대 초계기 위협비행 및 한국 해군 레이더 조준' 사태가 시작된 것이었다.

이 사태에 대한 한일 군 당국의 발표와 언론 보도 등을 모아보면, 일본 가나가와현 아쓰기厚木 기지에 주둔 중인 해상자위대 제4항공군 소속 해상초계기 P-1은 20일 동해에서 정기 초계활동을 벌이고 있었다. 이 과정에서 P-1의 능동위상배열 레이더가 한일의 배타적 경제수역EEZ이 겹치는 독도 북동방 100㎞ 해상에서 복수의 확인되지 않은 물체를 포착한다.

현장에 도착한 일본 초계기는 레이더에 잡힌 물체가 한국 해군의 광개토대왕함(기준 배수량 3200t)과 해양경찰청 소속 순시선 삼봉호(5000t)임을 파악했다. 한국 군함은 보통 동해의 작전구역Korea Theater of Operation에서 활동하지만, 이곳은 작전구역이 아니었다. 한국 구축함은 일본의 EEZ이기도 한 이 지역*에서 아무런 통보도 없이 도대체 뭘 하는 것일까. 뜻하지 않은 위치에서 한국 군함을 발견해낸 일본 초계기는 의아함과 묘한 호기심을 느꼈다.

그 시간 한국 해군은 북한 선박이 표류하고 있다는 정보에 따라 해당 해역에 출동해 수색작업을 벌이고 있었다. 수색은 무려 10시간이나 이어지는 고된 작업이었다. 마침내 찾아낸 1t 미만인 작은 목선엔 북한 주민 4~5명이 탑승하고 있었다. 탈수 증상이 심해 표류 중 숨진 이도 있었다.**

일본은 북한 어선이 국제채널을 통한 조난신호를 쏘지 않았기 때문에 이 어선의 존재를 모르고 있었다.*** 한국 해군이나 해양경찰청이 공동 수색에 나서자며 도움을 구하거나 통보해온 바도 없었다. 뭔가 수상한 일이 벌어지고 있다고 생각한 일본 초계기는 광개토대왕함의 고도 150m, 거리 500m 지점까지 저공비행해 다양한 각도에서 현장 모습을 화면에 담았다. 촬영을 끝내고 멀어지던 무렵 대원들은 기기 경보음을 통해 기체가 광개토대왕함이 쏜 것으로 추정되는 사격통제 레이더의 전파를 맞았음을 직감했다. 사실이라면, 한국이 우방국인 일본에 해선 안 되는 적대 행위를 한 셈이었다.

---

* 한국과 일본은 1999년 1월 발효된 '어업에 관한 협정'을 통해 어업에 대해서는 경계선을 획정했지만, EEZ는 독도 등 영토 문제 탓에 합의에 이르지 못하고 있다. 유엔 해양법 조약에 따르면 각국은 해안선에서 200해리까지는 자국의 EEZ를 설정할 수 있지만, 한국과 일본처럼 영토가 면해 있는 경우에는 협상을 통해 적절한 중간선을 그어야 한다. 그러나 독도 문제로 인해 적절한 중간선을 그을 수 없어 동해와 남해 일부 바다에서 한일의 EEZ가 겹치는 상황이 이어지고 있다.

** 통일부 발표에 따르면 정부는 22일 오전 11시께 판문점을 통해 생존자 3명과 주검 1구와 각종 유류품을 북에 인계했다.

*** 북한 선박이 조난했을 경우 근처를 항해하던 한국 어선 등이 발견해 해양경찰청 등에 통보한다. 한국 내에서만 통용되는 채널을 통해 의사교환이 이루어질 때가 많다.

반박, 재반박

일본의 첫 항의는 사건 다음 날인 21일 오후 주한 일본대사관을 통해 이루어졌다. 한국 외교부는 "국방부와 협의하겠다. 항의 사실을 공표하지 말라"고 답했고, 한국 국방부와 합동참모본부는 처음에는 "어떻게 그런 일이 있을 수 있겠냐"는 대수롭지 않은 반응을 보였다. 하지만 세 시간 뒤 "지적한 것과 같은 사실은 없다. 쌍방의 견해차가 크니 비공식적 실무협의로 사태를 처리하자"는 회신을 전해왔다. 이어, 당시 상황과 관련해 광개토대왕함이 "북한 선박을 수색 중이었다. 수색용으로 쐈지만, 겨냥을 한 것은 아니다"라고 설명했다. 마키노 요시히로 〈아사히신문〉 기획위원은 당시 한국의 대응에 대해 저서 《르포-단절의 일한》에서 세 시간이면, 상부에 항의 접수 사실을 보고하고 광개토대왕함 함장에게 전화를 걸어 내용을 전하는 정도의 확인밖에 이루어지지 못했을 것이라 추측했다.[4] 이는 미흡하지만 당연한 초기 대응이었다. 사격통제 레이더를 쏜다는 것은 무력을 사용할 수도 있다는 경고이기 때문에 어느 나라 해군이든 반드시 함장의 '허가' 아래 시행하도록 정하고 있다.

한일 관계가 예전처럼 우호적이었다면, 일본도 한국이 제안한 대로 비공식적 실무협의를 통해 사태 수습에 나섰을 것이다. 하지만 일본은 자기들 나름대로 10월 제주 관함식에 참석 예정이던 일본 함정의 '욱일기' 게양 문제, 강제동원 피해자 배상 판결, 11월 화해·치유재단 해산, 12월 초 한국 해군의 독도 해상훈련 등으로 감정이 상할 대로 상해 있었다. 결국 이와야 방위상은 오후 7시 기자회견을 통해 사태를 공개한다는 결정을 내리게 된다. 가와노 가쓰토시 자위대 통합막료장은 〈분게이슌주〉 2019년 8월호 인터뷰에서 당시 상황에 대해 "'해상자위대 초계기가 [한국군 사격통제 레이더의] 조준을 받았다'는 보고를 받았을 때 '뭔가 잘못 알았겠지'라고 생각했다. 그러나 그 뒤 레이더 조사照射가 수 분 동안 몇 차례나 이루어졌다는 보고가 올라왔다"고 말했다. 마키노 기획위원은 당시 일본 정부의 대응에 대해 "대화보다는 분명한 증거를 들이대 사과를 하게 만들려는 심리가 작동했을 것"이라 추정했다.

일본의 폭로가 나온 이상 한국도 대응해야 했다. 군이 제일 처음 내놓은 설명은 수색 과정에서 '모든 레이더'를 가동했다는 것이었다. 〈한겨레〉는 21일 밤 속보 기사에서 "당시 파도가 높고 기상조건이 좋지 않아 구축함의 모든 레이더를 총동원했다. 이 과정에서 사격통제 레이더STIR-180에 붙은 탐색 레이더MW-08가 360도 회전하며 쏜 신호가 탐지된 것으로 안다"는 군 관계자의 반응을 전했다. 이튿날인 22일 〈연합뉴스〉도 "조난된 북한 선박을 신속히 찾기 위해 화기관제 레이더(사격통제 레이더)를 포함한 모든 레이더를 가동했다"는 표현을 사용했다. 그러자 일본 방위성은 22일 보도자료를 내어 반박에 나선다.

본 건에 대해 여러 보도가 나오고 있지만, 방위성은 20일 레이더 조사 사안이 발생한 뒤, 해상자위대 초계기의 장치가 수집한 데이터에 대해 신중하고 상세한 분석을 벌여, 당해 조사가 화기관제 레이더에 의한 것으로 판단했다. 그리고 화기관제 레이더는 공격 실시 전에 공격목표의 정밀한 방향과 거리를 측정하기 위해 사용하는 것이어서 광범위한 수색에는 적합한 게 아니다. 조난선박을 수색하기 위해서는 수상수색 레이더를 사용하는 것이 적합하다.

　한국의 1차 해명은 광개토대왕함이 북한 선박을 수색하기 위해 모든 레이더를 연 채 활동했고, 일본 초계기가 이 과정에서 새어 나온 일부 전파를 감지한 듯하다는 것이었다. 이에 대해 일본은 ① 우리가 감지한 것은 사격통제 레이더가 분명하고 ②조난선박 수색을 위해 사격통제 레이더를 사용한다는 것은 이치에 닿지 않는다는 반박을 내놓았다.

　그러자 국방부는 월요일인 24일 기자회견에서 재반박을 시도했다. 먼저, 사건 직후 일부 언론을 통해 밝힌 '모든 레이더를 가동했다'는 취지의 설명을 거둬들이면서 "사격통제 레이더를 켠 적이 없다", "일체의 전파 방사는 없었다", "일본 측이 위협을 느낄 만한 어떤 조치도 없었다"고 주장했다. 이에 그치지 않고 합참 관계자는 이번 사태의 본질은 레이더 조사가 아닌 "일본 초계기의 위협비행"이라는 새로운 논리를 내세우며 역공으로 전환했다. 한일 군 당국 사이에 한 치의 양보도 있을 수 없는 처절한 진실 공방이 시작된 것이다.

　(해상자위대 초계기의) 저공비행과 관련해서는 통상적으로 보면, 한 나라의 군함 상공으로 초계기가 정상공을 통과하는 것은 이례적인 비행이다. 그래서 우리 구축함은 이런 일본 초계기의 특이한 행동에 대해서 조난선박 탐색을 위해 운용하고 있던 추적 레이더에 부착돼 있던 광학 카메라를 돌려서 일본 초계기를 감시하게 되었다. 그 과정 중에 일체의 전파 방사는 없었다.

한국이 국방부 기자회견을 통해 일본의 주장을 정면 부인하면서, 문제의 조기 수습은 사실상 어려워지게 됐다. 일본은 잠시의 틈도 없이 곧바로 추가 대응에 나섰다. 방위성은 이튿날인 25일 재반박 자료를 통해 일본 초계기가 맞은 "전파 주파수 대역과 전파강도 등을 분석해볼 때" 광개토대왕함이 사격통제 레이더를 "일정 시간 동안 계속, 수차례(3차례)에 걸쳐 쏜 사실이 확인된다"고 밝혔다. 한국이 주장하는 저공비행에 대해서는 "해상자위대 P-1은 국제법과 국내 관련 법령을 준수해 당해 구축함에서 일정 고도와 거리를 취했다. 당해 구축함의 상공을 저공으로 비행한 사실은 없다"고 부인했다.

두 나라 군 당국이 정면 대치하고 있는 상황에서 문제를 풀려면 양쪽 모두 감정을 내려놓고, 진상 규명을 위한 공동 조사를 시작해야 했다. 하지만 상호 신뢰는 이미 바닥에 떨어져 있던 데다, 이번 대립은 진실이 가려지는 순간 어느 한쪽이 심각한 내상을 입게 되는 '단두대 매치'적 성격을 띠고 있었다. 일본의 말대로라면, 광개토대왕함에선 우방국의 초계기에 사격통제 레이더를 겨냥했다('록온') 푸는 행위를 무려 세 번이나 되풀이하는 용납할 수 없는 '군기문란' 행위가 벌어진 게 된다. 반대로, 한국의 주장이 맞는다면 일본이 자랑하는 최첨단 P-1 초계기가 심각한 기기 오작동을 일으켰다고 결론 낼 수밖에 없었다.* 양국 사이에 냉정하고 객관적인 조사가 이루어질 수 있는 상황이 아니었다.

---

* 이와 관련해 믿을 만한 소식통으로부터 전해 들은 얘기가 있으나, 자세한 언급은 피하려 한다.

사태 수습을 위한 실무 회의가 열리긴 했다. 김정유 합동참모본부 작전부장과 이케마쓰 히데히로池松英浩 통합막료감부 수석참사관은 27일 화상회의를 열어 의견을 교환했다. 한국 국방부는 이 회의를 끝낸 뒤 보도자료를 내어 "회의는 우호적이고 진지한 분위기에서 진행되었으며, 향후 관련 실무협의를 계속해나가기로 했다"고 밝혔다. 사태를 이쯤에서 끝내고 싶어 하는 국방부의 속내를 읽을 수 있다. 〈아사히신문〉도 27일 사설에서 "먼저 냉정히 사실을 규명해야 한다"고 말하면서도 "당국 간 협의를 통해 재발 방지를 확인하는 한편, 양국 관계 전반에 악영향을 막도록 조기에 사태를 진정시켜야 한다"고 요청했다. 한일 관계 전반을 고려해 이번 일을 더 키우지 말자고 타이른 것이다.

진실 공방

불행히도 아베 총리의 생각은 달랐다. 27일 이와야 방위상을 도쿄 총리관저에 불러들여 일본 초계기가 촬영한 현장 영상을 공개하도록 지시하며 확전의 길을 택한 것이다.[5]

이와야 방위상은 아베 정권 내에서 비교적 온건한 인식을 가진 정치인이었다. 한일이 현재 어려운 상황에 놓여 있지만 협력해야 하고, 일본이 평화헌법의 제약을 뛰어넘어 지나치게 무력을 강화해선 안 된다는 지론을 갖고 있었다. 2020년 7~8월 일본 내에서 자위대가 북한을 직접 타격할 수 있는 이른바 '적기지 공격 능력'을 갖춰야 한다는 논의가 시작되었을 때도 이와야 방위상은 〈마이니치신문〉을 통해 이에 반대한다는 용기 있는 기고를 실었다.* 북을 타격하려면 중거리 미사일, 순항미사일, 폭격기, 미사일을 발사할 수 있는 잠수함 등을 갖춰야 하는데 이는 일본이 지켜온 전수방위 원칙을 크게 벗어난다는 이유에서였다.[6] 이와야 방위상은 이번에도 "한국과의 관계 개선을 중시하는 관점에서 난색"을 표하며 신중한 대응을 요청했다. 하지만 아베 총리는 "자위대원들의 생명에 관한 문제를 애매하게 넘겨버릴 수 없다"고 말하며 공개를 밀어붙였다. 영상은 이튿날 공개됐다.

방위성이 28일 공개한 13분 7초 분량의 영상을 보면, 6분 4초 지점부터 대원들이 쏟아내는 "[광개토대왕함이] FC(사격통제용) 전파를 쏘고 있다", "피하는 게 좋겠다", "엄청나게 대단한 소리(경고음)다[전파강도가 강하다는 뜻]" 등의 음성을 들을 수 있다. 또 자위대 초계기가 총 여섯 번에 걸쳐 영어로 광개토대왕함을 향해 "귀함의 행동 목적은 무엇이냐"고 항의한 내용도 확인할 수 있다. 그와 동시에 광개토대왕함이 초계기에 함포를 겨냥하는 것 같은 '명백한 적의'를 보이진 않았으며, 자위대원들도 한국 구축함이 곧 자신들을 공격할 것이란 급박한 위협을 느낀 것은 아니라는 사실도 쉽게 알 수 있다. 이 영상을 확인한 고다 요지香田洋二 전 자위함대 사령관은 〈아사히신문〉에 "자위대 초계기가 한국 군함과 적절한 거리를 유지한 게 확인된다"는 견해를 밝히면서도 "백번 양보해 한국 입장에서 생각하면, 군함이 임무를 수행하는 중에 일본 자위대기가 접근해 지휘관 이하 승조원들의 감정이 격해져버린 게 아닌가 한다. 최근 반

---

* 이와야 방위상은 2019년 9월 방위상에서 퇴임했다.

일 감정이 높아진 것도 [이번 사건의] 배경이 됐을 수도 있다"는 감상을 남겼다.[7]

영상을 공개하면서도 이와야 방위상은 한일 관계를 우호적으로 유지해야 한다는 소신을 놓지 않았다. 그는 영상을 공개한 28일 기자회견에서 "이런 종류의 일이 일한 간에 두 번 다시 일어나지 않아야 한다는 게 중요하다. 일한 사이에는 여러 어려움도 있지만, 안보상 매우 중요한 관계라고 생각한다. 이런 문제를 극복하고 일한 방위 당국 간 의사소통, 교류 등을 긍정적으로 추진해가고 싶다"고 말했다. 하지만 한국 국방부가 결국 '말 따로, 행동 따로'인 것처럼 된 이와야 방위상의 마음을 받아줄 수는 없는 노릇이었다. 국방부는 즉시 입장 자료를 내 "일본 쪽이 공개한 영상 자료는 단순히 일본 초계기가 해상에서 선회하는 장면과 조종사의 대화가 담긴 것으로, 추적 레이더를 조사했다는 일본 쪽 주장에 대한 객관적 증거로 볼 수 없다"고 반박했다. 이어, "오해를 불식하고 국방 분야의 협력 관계 발전을 모색하자는 취지에서 실무 화상회의를 한 지 하루 만에 일본 쪽이 영상 자료를 공개한 것에 대해 깊은 우려와 유감을 표명한다"고 덧붙였다.

아베 총리가 확전의 길을 택하자 청와대도 강경 대응에 나서기로 마음먹는다. 해를 넘긴 2019년 1월 3일 열린 NSC 상임위원회는 "일본 초계기가 저고도로 근접비행한 사건의 심각성을 논의하고 정확한 사실관계에 기초해 필요한 조치를 해나가기로 결정"했다고 밝혔다. 다음 날 국방부는 4분 26초 분량의 '맞불 동영상'을 공개하며, "일본 초계기는 왜 인도주의적 구조작전 현장에서 저공 위협비행을 했냐"고 따져 물었다. 그러자 자민당 국방부회·안전보장조사회 합동회의에선 "한국이 거짓말을 거듭하고 있다", "방위 당국 간 협의는 그만두고 유엔 안전보장이사회에 문제를 제기하자"는 등의 의견이 나왔다.

이날 자민당 의원들이 쏟아낸 얘기는 그뿐만이 아니었다. NHK의 7일 보도에 따르면, 일부 의원들은 "한국군은 북한 선박을 구조한다고 말하지만, 일본의 EEZ에서 무엇을 했는지 명백하게 밝혀야 한다"고 말했다. 어쩌면, 이 '묘한 질문'이 이번 사태를 관통하는 진정한 핵심이었는지 모른다. 일본 작가 아소 이쿠麻生幾는 2019년 3월 월간 〈분게이슌주〉 기고에서 일본 자위대 당국자들의 입을 빌려 묘한 추론을 쏟아냈다. 이 무렵 해상자위대는 북한이 유엔 안전보장이사회 제재를 벗어나기 위해 벌이는 '세도리瀬取り'* 방식의 밀수 행위 단속에 혈안이 되어 있었다. 남북이 노골적으로 접근하는 상황에서 유엔 안보리 결의의 실효성을 담보하려면 일본이 나서 한반도 주변 해역에 대한 감시를 강화하는 수밖에 없었다. 방위성의 누리집을 보면, 2018년 1월 20일부터 2020년 1월 12일까지 해상자위대의 호위함·초계기가 단속한 16건의 세도리 현장 사진을 확인할 수 있다. 아소는 한국 해군이 정말 인도주의적 구조 활동을 벌이고 있었다면, 일본 해상보안청에 공동수색 요청을 했을 것이라고 말하며 "많은 자위대 관계자는 [한국 정부가] 경제제재를 받은 북한 어선을 한국 해군까지 출동시켜 국가 전체적으로 돕고 있다"고 의심했다고 전했다. 쉽게 말해, 남북이 공해상에서 수상한 짓을 벌이다가 들키자 일본 초계기가 더는 다가오지 못하도록 사격통제

---

* '환적'의 일본식 표현이다.

레이더를 쏴 쫓아낸 게 아니냐고 의심한 것이다.

한국 군함이 사격통제 레이더로 상대를 겨냥한 것일까? 일본 초계기가 무리한 위협비행을 한 것일까? 이 문제를 둘러싼 한일 갈등이 좀처럼 해소될 기미를 보이지 않자 일본 방위성은 2019년 1월 21일 이번 사건에 대한 최종 견해를 내놓으며 사태에 대해 더는 왈가왈부하지 않겠다는 입장을 밝힌다. 더 얘기해봐야 한국과 의견을 좁히는 게 불가능하다며 문제 해결을 포기한 것이다. "한국이 사실 인정에 응하려는 자세를 보이지 않기 때문에 더 이상 실무협의를 계속해도 진실 규명에는 이르지 못할 것이므로 이번 사안에 관한 협의를 계속하는 것은 곤란하다고 판단한다."

이 사건에 대한 한일 군 당국의 앙금이 여전하던 2019년 1월 23일 정경두 국방장관은 국방부 기자단 신년 간담회에 임했다. 정 장관은 이 자리에서 지난 초계기 사태에 대해 "아베 총리가 우익의 결집 지지도를 올리기 위해" 벌인 것이란 견해를 밝혔다. 하지만 이 날 2시 3분 시작된 간담회는 40분 만에 중단될 수밖에 없었다. 이어도 인근 해상에서 자위대기가 한국 해군 군함에 또다시 저공 위협비행을 시도했다는 소식이 전해졌기 때문이다.

한국 국방부는 솟구치는 분노를 참을 수 없었다. 국방부는 오후 3시 35분께 기자단에 전한 '일 초계기 근접비행 관련 국방부 입장' 문서에 "또다시 이런 행위가 반복될 경우 우리는 자위권적 조치를 포함하여 강력하게 대응해나갈 것"이라는 표현을 담았다. 이어, 4시에 국방장관이 직접 입장을 밝힐 것이란 공지가 이루어졌다. '자위권적 조치'란 필요할 경우 무력을 사용해 일본의 도발을 제압할 수 있다는 의미다.

하지만 3시 53분 '자위권적 조치를 포함하여'라는 표현을 삭제한다는 공지가 이루어졌고, 4시 14분에는 장관이 아닌 합참 작전본부장이 입장을 밝힌다는 추가 안내가 나왔다. 4시 31분 기자단에 전해진 최종 문안에는 '자위권적 조치' 대신 "군의 대응행동수칙에 따라"라는 톤 다운된 표현이 들어갔다. 최종 자료를 내는 과정에서 일본을 너무 자극해선 안 된다는 청와대 등의 개입이 이루어졌을 것으로 추정된다. 국방부는 이 정도 경고로는 분이 풀리지 않았는지 오후 5시 12분 일본 국방무관을 불러들여 "협의 중단을 선언해놓고 왜 다시 저공 위협비행을 했냐"고 따져 물었다.[8]

국방부는 이날 기자들에게 최근 확인된 일본 해상자위대에 의한 세 건의 추가적인 저공 근접비행 사례를 공개했다. 일본은 한국 정부가 싫다는데 왜 이런 행동을 되풀이한 것일까. 깊은 불신 때문이었다. 일본은 2018년 초 한반도 평화 프로세스가 시작된 뒤, 북한에 우호적인 자세를 보이며 '제재 완화'를 주장하는 한국을 더는 믿을 수 없었다. 미일의 반대로 공식적인 제재 완화의 길이 막힌 상황에서, 한국이 북한의 요구에 따라 주변국의 감시가 느슨한 먼 공해상에서 몰래 그들을 돕고 있진 않을까 의심하며 저공비행을 통해 감시의 눈을 번뜩인 것이다.

한국도 머리끝까지 화가 났지만, 일본 역시 한국에 대한 분노와 혐오의 감정을 여과 없이 쏟아내는 지경에 이르게 된다. 오노데라 이쓰노리 전 방위상은 2019년 10월 나온 한일 관계에 대한 〈분게이슌주〉 특별판 인터뷰에서 지난 초계기 사건을 언급하며 "일본이 감정적이 되면 한국의 반일 감정이 더 강해져 결과적으로 문 정권의 지지 기반이 더 강해진다. 그런 의미에서 나는 최근 한국을 '정중히 무시하자'고 제창하고 있다"고 말했다. 한 방위성 간부는 26일 자 〈아사히신문〉에 "한국에 지쳤다. 일본 열도를 캘리포니아 부근까지 옮기고 싶다. 그렇게 하면 북한과도 '사요나라'가 가능하다[결별할 수 있다]"는 거친 혐오의 감정을 토로했다. 이런 여론 때문이었을까. 아베 총리는 28일 새해를 맞아 정기국회를 시작하면서 내놓은 시정 방침연설에서 "새 시대의 협력 관계를 심화해가겠다"는 뜻을 밝힌 지난해와 달리, 한국에 대한 언급을 아예 생략하며 불편한 감정을 노골적으로 드러냈다. 이 광경을 지켜본 와다 명예교수는 이는 한국을 더는 "상대하지 않겠다"는 태도를 보인 것이라며, "[장제스蔣介石의] 국민정부를 상대하지 않겠다"는 연설로 중일전쟁을 본격적인 수렁으로 몰고 간 고노에 후미마로近衛文麿 전 총리의 1938년 1월 18일 연설을 연상시킨다고 우려했다.[9]

10장 재충돌

하노이 골목에서
다시 충돌한 한국과 일본

다시 의지를 보인 북한

2018년 연말에서 2019년으로 넘어가며 한일 관계는 회복이 불가능할 정도로 무너져 내리고 있었지만, 정부 내에서 이를 우려하는 목소리는 거의 들려오지 않았다. 정경두 국방장관이 새해 기자간담회에서 말한 것처럼 이 모든 소동은 '아베 총리가 지지 기반인 우익을 결집하기 위해 벌인 일'일 뿐이었고, 한동안 멈춰 있던 2차 북미 정상회담으로 향하는 거대한 역사의 수레바퀴가 다시 움직이기 시작했기 때문이다.

결단을 내린 것은 이번에도 김정은 국무위원장이었다. 김 위원장은 1월 1일 새해를 즈음해 자신의 조부와 부친이 잠들어 있는 금수산 태양궁전 영생홀에 헌화하고 참배했다. 그의 양옆을 지킨 이는 1년 전 평창겨울올림픽 개막식장에서 감격의 눈물을 떨궜던 구순의 김영남 최고인민회의 상임위원회 위원장과 당시 이인자였던 최룡해 국무위원회 부위원장이었다. 이 광경을 전하는 〈노동신문〉 1일 자 3면 기사는 다사다난했던 2018년을 "사회주의 조국의 영광스런 70년 력사에 특기할 민족사적 사변들로 자랑스럽게 빛난" 시간이라 평가하면서 이 기세를 몰아 2019년 새해를 "희망차게" 시작하자는 포부를 전하고 있다.

김정은 위원장은 이날 함께 발표한 신년사에서 한동안 망설여왔던 2차 북미 정상회담에 응하겠다는 결심을 밝혔다. 이 신년사에는 2018년 이후 지금까지 전개된 한반도 정세 변화에 대한 북한 나름의 평가와 앞으로 전개될 희망찬 미래에 대한 기대감이 잘 드러나 있다. 김 위원장은 먼저 남에 대한 메시지를 전했다.

> 우리는 항시적인 전쟁 위기에 놓여 있는 조선반도의 비정상적인 상태를 끝장내고 민족적 화해와 평화 번영의 시대를 열어놓을 결심 밑에 지난해 정초부터 북남 관계의 대전환을 위한 주동적이며 과감한 조치를 취했다. 내외의 커다란 기대와 관심 속에 한 해 동안 세 차례의 북남 수뇌상봉과 회담이 진행된 것은 전례 없는 일이며 이것은 북남 관계가 완전히 새로운 단계에 들어섰다는 것을 뚜렷이 보여준다. (중략) 북과 남이 평화 번영의 길로 나아가기로 확약한 이상 조선반도 정세 긴장의 근원으로 되고 있는 외세와의 합동군사연습을 더 이상 허용하지 말아야 하며, 외부로부터의 전략자산을 비롯한 전쟁장비 반입도 완전히 중지되어야 한다는 것이 우리의 주장이다. (중략) 당면하여 우리는 개성공업지구에 진출하였던 남측 기업인들의 어려운 사정과 민족의 명산을 찾아보고 싶어 하는 남녁 동포들의 소망을 헤아려 아무런 전제조건이나 대가 없이 개성공업지구와 금강산 관광을 재개할 용의가 있다.

즉, 지난해 싱가포르에서 열린 1차 북미 정상회담의 핵심 성과였던 한미 연합군사훈련 중지라는 상황을 계속 유지하면서 올해부터 본격 추진할 경제개발을 위한 첫 사업으로 그동안 중단됐던 개성공단과 금강산 관광을 재개하고 싶다는 의사를 밝힌 것이다. 이를 위해선 한국의 동의뿐 아니라 미국의 양해가 필요했다. 또 본격적인 경제개발을 위해선 북한 경제를 강하게 옥죄는 유엔 안보리 제재를 풀어야 했다. 이는 2차 북미 정상회담에서 북한이 얻어내려는 가장 큰 목표가 될 터였다. 그런 맥락에서 김 위원장은 "또다시 미국 대통령과 마주 앉을 준비가 되어 있다"는 말로 2차 북미 정상회담에 나서겠다는 결심을 밝히면서 미국에 다음과 같은 것들을 요구했다.

6.12 조미 공동성명에서 천명한 대로 새 세기의 요구에 맞는 두 나라 사이의 새로운 관계를 수립하고 조선반도에 항구적이며 공고한 평화체제를 구축하고, 완전한 비핵화로 나가려는 것은 우리 당과 공화국 정부의 불변한 입장이며 나의 확고한 의지다. (중략) 우리의 주동적이고 선제적인 노력에 미국이 신뢰성 있는 조치를 취하여 상응한 실천적 행동으로 화답해 나선다면 두 나라 관계는 보다 더 확실하고 획기적인 조치들을 취해나가는 과정을 통해 훌륭하고도 빠른 속도로 전진하게 될 것이다. 우리는 조미 두 나라 사이의 불미스러운 과거사를 계속 고집하고 떠안고 갈 의사가 없으며 하루빨리 과거를 매듭짓고 두 나라 인민들의 지향과 시대발전의 요구에 맞게 새로운 관계수립을 향해 나아갈 용의가 있다. (중략) 나는 앞으로도 언제든 또다시 미국 대

통령과 마주 앉을 준비가 되어 있으며 반드시 국제사회가 환영하는 결과를 만들기 위해 노력할 것이다.

여기서 다시 주목해야 할 것은 김 위원장이 언급한 '미국의 상응하는 실천적 행동'과 '획기적인 조치들을 취해나가는 과정' 등의 용어들이다. 즉, 김 위원장은 북한이 이미 취한 '주동적이고 선제적 노력'(핵실험·미사일 발사 중단, 풍계리 핵실험장 폐기)에 대해 '미국이 신뢰성 있는 조치'(종전선언)를 취하고, 나아가 '여러 실천적 행동'(제재 해제)에 나선다면 북한도 '보다 확실하고 획기적인 조치'(영변 핵시설 폐기 등 본격적 비핵화 조치)를 통해 "하루빨리 과거를 매듭짓고 두 나라 인민들의 지향과 시대발전의 요구에 맞게 새로운 관계수립을 향해 나아가겠다"는 자신의 강력한 의지를 재차 강조했다. 바꿔 말해 북한이 지난 한 해 동안 줄곧 주장해온 행동 대 행동 원칙에 따른 단계적 해법을 수용해달라는 뜻을 미국에 다시 한 번 정중히 요청한 것이다.

그와 동시에 김 위원장은 미국이 이에 따르지 않을 경우 북이 어떻게 할 것인지에 대한 경고도 잊지 않았다. "미국이 자기가 한 약속을 지키지 않고 일방적으로 그 무엇을 강요하려 들고 공화국에 대한 제재와 압박에로 나간다"면, "우리로서도 어쩔 수 없이 부득불 나라의 자주권과 국가의 최고 이익을 수호하고 조선반도의 평화와 안정을 이룩하기 위한 새로운 길을 모색하지 않을 수 없게 될 수도 있다"고 엄포를 놓은 것이다.

마지막 줄다리기

행동 대 행동의 원칙에 따라 서로 신뢰를 쌓아가는 단계적 해법! 북한이 보기에 이것은 70여 년 동안 대립해온 북미가 "불미스러운 과거사"를 청산하고 새 관계를 만들어갈 수 있는 유일한 해법이었다. 밥 우드워드가 2020년 9월에 펴낸 저서 《분노》에 따르면, 김 위원장은 신년사를 공개하기 넉 달 전인 2018년 9월 6일 이런 구상을 트럼프 대통령에게 직접 전하는 친서를 보냈다. 우드워드가 김 위원장이 트럼프 대통령에게 보낸 "가장 길고 자세한 편지"라고 묘사한 이 친서에서 북한은 "우리는 단계적 방법에 의해, 예를 들어 '핵무기 기관Nuclear Weapon Institute'(풍계리 핵실험장)이나 '위성 발사 지구Satellite Launch District'(동창리 발사장)의 완전한 폐쇄 그리고 핵 물질 생산시설Nuclear Material Production Facility(영변 핵시설로 추정)의 불가역적인 공개 등 한 번에 한 번씩 추가적으로 의미 있는 조치를 기꺼이 취할 용의가 있다"고 적었다. 김 위원장이 서한을 보낸 6일은 남북의 평양공동선언이 공개된 19일보다 2주 정도 빠른 시점이다. 이는 북한이 한국과 협의 전에 이미 영변 핵시설 폐기라는 카드를 던질 것을 각오하고 있었음을 보여준다.*

하지만 북한의 구상에 미국은 쉽게 동의하지 않았다. 김 위원장의 친서가 전해진 지 한 달 만인 10월 7일 마이크 폼페이오 미 국무장관은 지난 8월 말 한 차례 취소됐던 4차 방북에 나섰다. 김 위원

---

* 6일은 애매한 시점이다. 하루 전날인 5일 정의용 청와대 국가안보실장 등 한국 특사단이 문재인 대통령의 방북을 준비하기 위해 평양을 방문했기 때문이다. 김 위원장이 한국 특사단에게 영변 핵시설 폐기에 대한 결심을 전한 뒤, 이튿날 트럼프 대통령에게 친서를 보냈을 수도 있다.

장과 폼페이오 장관은 이날 두 시간 회담을 나눈 뒤 한 시간 반 정도 오찬을 함께했다.

이 무렵 북미는 종전선언을 놓고 '또 한 번의 줄다리기'를 벌였던 것으로 추정된다. 하지만 북한은 미국이 공짜로 내주는 것이 아닌 이상 종전선언에 대해 상당 부분 흥미를 잃은 상태였다. 〈조선중앙통신〉은 폼페이오 장관 방북에 앞선 2일 내놓은 성명에서 "조선 문제 전문가들 속에서 미국이 종전선언에 응해주는 대가로 북조선으로부터 핵계획 신고와 검증은 물론 영변 핵시설 폐기나 미사일 시설 폐기 등을 받아내야 한다는 황당무계하기 짝이 없는 궤변들이 나오고 있다. 종전은 정전협정에 따라 이미 반세기 전에 해결되었어야 할 문제로서 미국도 [싱가포르 공동선언에서] 공약한 새로운 조미 관계수립과 조선반도의 평화체제수립을 위한 가장 기초적이고 선차적인 공정"이라고 주장했다. 북한은 그동안 자신들이 선제적으로 시행했던 여러 조치에 대한 '당연한 보상'으로 종전선언을 얻어내려 했지만, 미국은 북한이 핵시설의 신고나 사찰은 물론 여러 핵시설을 폐기하는 '구체적 행동'에 나서야만 이를 허용하겠다고 버텼음을 알 수 있다.

7일 회담 때도 폼페이오 장관은 "미국이 요구하는 것은 핵무기, 핵물질, 대륙간탄도미사일, 이동발사대, 관련 시설의 신고와 검증을 거친 폐기다. 풍계리나 영변과 종전선언을 교환하지 않는다"고 잘라 말했다. 그러자 김정은 위원장은 "종전선언을 발표해도 유엔군 사령부 해체나 주한미군의 철수를 요구하지 않는다. 그래도 안 되는가"라고 물었다. 종전선언은 그야말로 주한미군의 지위 등 실질적 현상변경을 동반하지 않는 '정치적 선언'일 뿐이니 미국이 양보해 공짜로 줄 수 없는가 요구한 것이다. 폼페이오 장관이 응하지 않자, 김 위원장은 "종전선언과 핵 리스트를 교환하는 일은 절대 없을 것"이란 강경한 입장을 고수했다. 폼페이오 장관도 굴하지 않고 "비핵화 의지가 있다면 먼저 강선 우라늄 농축시설, 평양 근교 산음동의 대륙간탄도미사일의 생산 활동을 멈춰야 한다"고 압박을 강화했다.[1] 미국이 이렇게 나오는 이상 북한이 종전선언에 목맬 필요는 더더욱 없어졌다. 북한의 요구는 경제발전을 위한 제재 해제 쪽으로 굳어져 간다.

회담을 마친 폼페이오 장관은 오후 5시 20분 오산공군기지에 도착했다. 도착 직후 트위터에 김정은 위원장과 함께 찍은 사진을 올리며 7월 초 3차 방북 때와 달리 면담에 성공했음을 알렸다. 미 국무부는 방북 결과를 소개하는 자료에서 폼페이오 국무장관, 스티븐 비건 국무부 대북정책 특별대표가 김정은 위원장과 김영철 통일전선부장을 만나 "미북 싱가포르 공동선언에 포함된 네 가지 요소에 대해 논의했다. 그들은 또 곧 다가올 트럼프 대통령과 김 위원장 사이의 정상회담과 관련해 장소와 일시에 대한 선택지를 다듬었다 refine"고 밝혔다. 폼페이오 장관은 저녁 7시 청와대에서 문재인 대통령과 만나 "2차 정상회담을 가급적 빠른 시일 내에 개최하기로 의견을 모았다"고 말했다. 안타깝게도 폼페이오 장관의 4차 방북의 성과는 그것뿐이었다. 〈노동신문〉 8일 자 1면 기사를 봐도, 북미가 합의한 것은 "2차 조미 수뇌회담 준비를 위한 실무협상을 빠른 시일 안에 개최"한다는 것뿐, 비핵화를 둘러싼 다른 핵심 쟁점에서 의미 있는 진전을 이루어내지는 못했음을 알 수 있다.

폼페이오 장관은 그래도 이튿날인 8일 서울 그랜드 하얏트 호텔에서 열린 기자회견에서 북한이 2018년 5월 말 폭파한 풍계리 핵실험장에 "국제 핵 사찰단을 받아들일 준비가 돼 있다"고 말했다는 사실을 공개하며 회담의 성과를 강조하려 애썼다. 하지만 볼턴 보좌관은 회고록에서 이번 회담에 대해 "김은 우리의 경제제재에 대해 오랫동안 불평을 늘어놓았지만, 자기 측에서 새로운 아이디어는 거의 내놓지 않았다"는 냉담한 평가를 내렸다. 이 무렵 한미일 3개국에서 쏟아진 언론 보도를 모아보면, 미국은 여전히 핵시설의 '신고'*를 요구했고, 북한은 제재 해제를 내세우며 팽팽하게 맞섰음을 알 수 있다.

　　미국은 "비핵화 없이 제재 해제는 없다"는 원칙을 고수하며 바위처럼 꿈쩍하지 않았다. 그러자 이를 흔들려는 북한의 처절한 인정투쟁이 시작된다. 북한은 폼페이오 장관이 제안한 비건 대표와 최선희 외무성 부상 간의 오스트리아 빈 실무회담을 무산시켰고, 11월 8일로 예정됐던 김영철 노동당 부위원장의 방미 일정을 일방적으로 취소했다. 그럴수록 북미 2차 정상회담의 일정은 점점 더 미뤄질 수밖에 없었다. 〈아사히신문〉은 12월 12일 복수의 미국 정부 당국자를 인용해 미국이 "두 번째 정상회담을 새해 초에 열자고 타진하고 있지만, 북한의 회신이 없다"는 사실을 공개했다. 북한은 나흘 뒤인 16일 외무성 미국연구소 정책연구실장의 담화를 통해 미국이 "제재 압박과 인권 소동의 도수를 전례 없이 높이는 것으로 우리가 핵을 포기할 수 있다고 타산했다면 그보다 더 큰 오산은 없다"고 공개 불만을 쏟아냈다.

---

* 북이 핵시설을 일제 신고하면 그들이 고집하는 '행동 대 행동'의 여지가 사라지게 된다.

    2차 북미 정상회담을 앞둔 북미 교착이 장기화되는 조짐을 보이자 한국 정부가 다시 나설 수밖에 없었다. 2010년 3월 천안함 사건 이후 한국이 내놓은 독자 제재인 5·24 조치를 풀고, 본격적인 남북 경제협력에 대비해 남북 철도·도로 연결 착공식을 열겠다고 한 것이다. 강경화 외교장관은 10월 10일 국회 외교통일위원회 국정 감사에서 5·24 조치 해제와 관련된 질문을 받고 "관계부처와 해제 여부를 검토 중"이라고 묘한 답변을 남겼다. 트럼프 대통령은 "그들이 우리 승인 없이 그렇게 하지 않을 것"이란 말로 곧바로 견제했다.

    그러자 문재인 대통령이 직접 나섰다. 문 대통령은 12일 BBC의 서울 특파원 로라 비커Laura Bicker와 가진 인터뷰에서 "북한이 완전한 비핵화를 하도록 하기 위해서 국제적인 제재 공조는 유지될 필요가 있다"고 인정하면서도 "남북 관계 개선을 위한 노력을 국제적인 제재의 틀 속에서, 그 제재에 저촉되지 않는 범위부터 시작하려 한다"고 말했다. 또 "북한의 비핵화가 어느 정도 단계에 도달하면 그때부터 북한에 대한 제재를 서서히 완화해나가는 것도 진지하게 검토되어야 한다"는 견해도 분명히 밝혔다.

    미국은 한국의 독자 움직임을 허용할 생각이 없었다. 나아가 남북 경협을 통해 현재의 교착 국면을 돌파하려는 시도를 '차단'하기 위한 장치를 만들려 했다. 한미 외교 당국은 31일(미국시간으로는 30일) "외교와 비핵화 노력, 제재 이행 그리고 유엔 제재를 준수하는 남북 협력에 대한 긴밀한 조율을 강화하기 위한 새로운 워킹그룹을 만들기로 합의했다"고 발표했다. 이후 한국 정부의 독자적 대북 접근을 가로막는 족쇄라 불리게 되는 '한미 워킹그룹'이 탄생한 순간이었다.

이 모임의 첫 회의는 11월 20일 워싱턴에서 이도훈 한반도평화교섭본부장과 비건 특별대표의 공동 주재로 열렸다. 외교부는 이 사실을 전하는 보도자료에서 "한미 양국은 이번 워킹그룹 회의 개최를 계기로 그간 긴밀히 이루어져 온 한미 공조와 협력을 더욱 체계화·정례화해나가기로 합의"했다고 밝혔다. 하지만 한국 정부의 애초 의도와 달리 이후 정부의 독자적 대북 접근은 크게 제약된다. 폼페이오 장관은 워킹그룹의 성격을 묻는 이날 기자들의 질문에 미국의 의도를 고스란히 드러냈다. "우리도 그렇고 한국도 그렇고 상대가 모르는 사이에, 혹은 각자의 의견과 생각을 말할 기회 없이 행동을 취하지 않을 것이다. 이것이 워킹그룹의 목적이다." '북한이 비핵화를 위한 실질적인 행동을 취하지 않는 상황에서 남북이 앞서 나가는 것을 막겠다. 그 구체적 수단이 워킹그룹이다'라는 의미였다.

이런 부정적 기류 속에서도 북미 간 대화의 끈을 놓지 않으려는 비건 특별대표 등 국무부 비둘기파들의 내부 투쟁이 이어졌던 것으로 보인다. 12월 19일 오후 비건 특별대표가 인천공항을 통해 입국했다. 그는 대기하고 있던 기자들을 향해 멋쩍게 웃으며 가벼운 목례를 건넨 뒤 양복 속주머니에서 종이를 꺼내 들었다. "다음 주 워싱턴에 돌아가면 폼페이오 국무장관의 지시에 따라 민간·종교단체의 대북 인도지원에 대한 정책을 재검토할 것이다." 대북 인도지원에 대한 예외 허용이라는 작은 숨통이 열린 것이다.

비건은 이어 21일엔 이도훈 본부장과 만나 남북 철도·도로 연결과 현대화 사업을 위한 착공식*을 예정대로 여는 데 동의한다는 뜻을 전했다. 다음 날인 22일에는 트럼프 행정부 내 대표적인 매파인 마이크 펜스 부통령이 북한의 인권 탄압을 비판하는 연설을 준비했다가 취소했다는 미 ABC의 보도가 나왔다. 한국 정부가 오매불망 희망했던 '경의선·동해선 철도·도로 연결 착공식'은 26일 판문역에서 열렸다. 오전 9시 57분 김현미 국토부 장관과 리선권 조국평화통일위원회 위원장 등 내빈이 입장하자 북한 취주악단이 연주하는 '민족대단결가'가 싸늘한 겨울 공기가 감도는 행사장에 울려 퍼졌다. 김윤혁 북 철도성 부상은 "통일의 기적 소리가 힘차게 울려 퍼질 그날을 위해 각오를 돋고 위풍과 역풍에 흔들림 없이 똑바로 나아가야 할 때"라고 말했다. 이튿날인 27일 〈한겨레〉는 1면에 아직은 막혀 있는 경의선 철도 통문의 사진을 게재하며 "70년 단절 끝내고, 평화의 기적 울리자"고 호소했다.

정세 변화

　　미국 내부에서 벌어진 미세한 변화를 날카롭게 포착한 김 위원장은 서둘러 행동에 나섰다. 2019년 신년사에서 2차 북미 정상회담에 임하겠다는 결심을 밝힌 뒤 곧바로 베이징으로 향했다. 북한 관영 〈조선중앙통신〉과 중국 관영 〈신화통신〉은 8일 나란히 김 위원장이 7일부터 10일까지 중국 베이징을 방문한다고 발표했다. 김

---

*　　착공식을 열면 실제 공사를 시작해야 하지만, 대북제재가 남아 있는 탓에 그럴 수 없었다. 남북 철도 연결과 현대화 사업을 반드시 추진한다는 결의를 보여주기 위해 착공식을 앞당겨 개최한 것이었다.

정은 위원장은 지난 2018년에도 남북, 북미 대화의 중요한 고비길마다 세 번이나 중국을 방문해 시진핑 중국 국가주석과 정상회담에 나섰다.*

　　김 위원장을 태운 열차는 그의 생일인 8일 오전 11시 베이징에 도착했다. 북중 정상회담은 오후 5시 인민대회당에서 이루어졌다. 김 위원장이 "조미 관계 개선과 비핵화 협상 과정에서 조성된 난관과 우려, 해결전망에 대해" 의견을 전하자, 시 주석은 "조선 측이 주장하는 원칙적인 문제들은 응당한 요구이며, 조선 측의 합리적 관심사항이 마땅히 해결되어야 한다는 데 대해서 전적으로 동감"했다. 북한이 주장하는 단계적 해법에 중국이 다시 한번 지지 입장을 밝힌 것이다. 이 무렵 중국은 2018년 7월 본격적으로 시작된 미국과의 무역전쟁으로 인해 매우 어려운 처지에 놓여 있었다. 그런 와중에 이루어진 김 위원장의 4차 방중은 미중 대결이란 관점에서

---

*　김 위원장의 1차 방중은 남북 정상회담과 북미 정상회담을 앞둔 3월 25~28일에 이루어졌다. 김 위원장은 시 주석과 베이징에서, 이후 정상회담에서 북한이 내세우게 될 "단계적·동보적(행동 대 행동) 조치"를 언급하며, 미국이 "평화와 안정의 분위기를 조성한다면 한반도 비핵화 문제는 해결될 수 있다"고 말했다. 북핵 문제에 대한 중국의 전통적 입장은 "북핵 문제는 북미 모순이 실질적 원인으로 미국이 마땅한 책임을 져야 한다"는 것이었다. 하지만 김 위원장의 1차 방중 직후인 4월 19일 "중국은 한반도 문제의 당사자로서 적극적 역할을 발휘할 용의가 있다"는 쪽으로 태도를 바꿨다. 2차 회담은 4·27 남북 정상회담 직후인 5월 7~8일 다롄에서, 3차 회담은 6·12 북미 정상회담 직후인 6월 19~20일 베이징에서 이루어졌다. 2차 방중에선 판문점 회담, 3차 방중에선 싱가포르 회담 결과에 대해 김 위원장이 시 주석에게 직접 설명했을 것이다.
　중국은 북미 협상이 실질적 성과를 내는 것 자체는 긍정적으로 평가했다. 중국이 그동안 한반도 문제의 해법으로 주장해왔던 '쌍중단雙中斷'(북한의 핵·미사일 개발, 한미의 대규모 군사훈련 동시 중단)이 실현됐기 때문이었다. 한미 연합군사훈련이 중단되는 것은 중국에게도 상당한 안보 이익이 된다. 하지만 2019년 2월 28일 2차 북미 정상회담이 실패하며 '쌍궤병행雙軌竝行'(한반도 비핵화 프로세스와 북미 평화협상 병행 추진)은 본격 가동되지 못했다.

지난 세 번의 방문보다 더 큰 의미를 지닐 수밖에 없었다. 〈아사히신문〉은 "미중 대립이 무역뿐 아니라 안전보장 분야에까지 확대된 상황"에서 김 위원장의 방중으로 인해 중국이 "북한에 대한 영향력을 미국에 과시"할 수 있었다고 지적했다.

2019년 초 다시 시작된 급격한 정세 변화를 일본은 불안과 기대가 섞인 눈으로 바라볼 수밖에 없었다. 싱가포르에서 열린 1차 북미 정상회담이 알맹이 없는 '선언'에 그친 상황이니, 북미 정상이 두 번째로 만나는 2차 정상회담에선 무언가 구체적인 성과가 나올 것이 분명했기 때문이었다. 아베 총리는 1월 4일 연두 기자회견에서 "동북아시아를 둘러싼 정세는 지난해 6월 미조 정상회담 때보다 더 역사적인 전환점에 접어들고 있다. 북한의 핵·미사일 그리고 가장 중요한 납치 문제 해결을 위해 기회를 놓치지 않고 과단하게 행동하겠다"고 말했다.

하지만 그 전에 해결해야 할 문제가 있었다. 일본 정부는 9일 대법원 판결에 대한 일본의 시정 요구를 무시하는 한국 정부를 압박하기 위해, 1965년 체결한 한일 청구권 협정 3조 1항에 근거한 분쟁해결절차인 '외교 협의'를 요청했다. 그런 의미에서 다음 날인 10일 이루어진 문재인 대통령의 신년 기자회견은 한일 관계의 앞날을 점칠 수 있는 분수령이었다. 이 회견에서 문 대통령은 "머잖아 개최될 2차 북미 정상회담과 김정은 위원장의 서울 답방은 한반도 평화를 확고히 다질 수 있는 또 하나의 전환점이 될 것"이라는 전망을 밝히면서도, 한일 현안에 대해선 일절 언급하지 않았다. 참다못한 다카노 히로시高野洋 NHK 기자가 이날 질문에 나선 21명의 기자 가운데 18번째로 마이크를 쥘 수 있었다. 사실 문 대통령이 지목한 이는 두 달 전 단독 인터뷰를 진행했던 로라 비커 BBC 기자였다.

"어제 일본이 한국 쪽에 협의를 요청했다. 한국 정부는 구체적인 대응책을 고려하고 있나?"

답변이 나올 때까지 6초 정도 되는 긴 침묵이 영원처럼 느껴졌다. 옅은 한숨을 내쉰 문 대통령은 노골적인 불쾌감을 드러내며 3분 45초에 걸친 긴 답변을 이어갔다. 다소 길지만 전문을 그대로 인용한다.

우선은 약간 기본적인 이야기부터 하면, 과거 한국과 일본 간에 어떤 불행했던 그 역사가 있었습니다. 35년가량 지속된 그런 역사입니다. 그 역사 때문에 한국과 일본이 새로운 외교 관계를 수립하면서 한일 기본협정을 체결했지만 그것으로 다 해결되지 않았다고 여기는 그런 문제들이 아직도 조금씩 이어지고 있습니다. 이것은 한국 정부가 만들어낸 문제들이 아닙니다. 과거의 불행했던 오랜 역사 때문에 만들어지고 있는 문제입니다. 저는 일본 정부가 그에 대해서 조금 더 겸허한 입장을 가져야 한다고 봅니다. 한국 정부는 그럼에도 불구하고 그 문제는 그 문제대로 별개로 양국이 지혜를 모아서 해결하고, 그것으로 인해서 미래지향적인 관계가 훼손되지 않도록 하자고 누누이 이야기를 하고 있습니다. 그러나 그런 문제에 대해서 일본의 정치인들, 또 지도자들이 자꾸 그것을 이렇게 정치 쟁점화해서 문제를 더 이렇게 논란거리로 만들고 확산시켜 나가는 것은 저는 현명한 태도가 아니라고 생각합니다.

한국 대법원의 판결에 대해서 일본도 마찬가지이고 한국도 마찬가지이고 세계 모든 문명선진국들이 다 마찬가지입니다. 삼권분립에 의해서 사법부의 판결에 정부가 관여할 수가 없습니다. 정부는 사법부의 판결에 대해서 존중해야 합니다. 일본도 마찬가지입니다. 일본이 한국 법원의 판결에 대해서 불만을 표시하실 수는 있습니다. 그러나 한국 정부로서는 한국 사법부의 판결에 대해서 존중의 입장을 가져야 되고, 일본도 불만이 있더라도 기본적으로 그 부분은 어쩔 수 없다는 인식을 가져주어야 합니다. 그렇다면 그런 상황 속에서 한일 간에 어떻게 지혜를 모아서 그 문제를 해결할 것인가, 지금 한국 사법부가 한일 기본협정 가지고 아직 해결되지 않았다고 판단하는 문제들에 대해서 그리고 그 피해자들의 실질적인 고통들을 치유해주는 문제에 대해서 한일 양국이 어떻게 해결해나갈 것인가라고 정말 그 부분에 대해서는 진지하게 지혜를 모아 나가야 한다고 생각합니다. 그런 문제를 정치적 공방의 소재로 삼아서 미래지향적인 관계까지 훼손하려고 하는 것은 대단히 바람직하지 못하다고 봅니다.

새로운 재단이나 기금의 가능성 이런 부분들은 조금 더, 그 사건에 대해서 지금 심지어 수사까지 되고 있는 그런 상황이기 때문에 그런 상황들이 정리되는 것을 지켜보고 판단해야 하지 않을까 그렇게 생각합니다.

문 대통령은 "사법부의 판결에 정부가 관여할 수 없다"며 일본 정부가 요구해온 대응 요청을 단칼에 거부했다. 일본이 그동안 이 사태에 대해 지속적으로 밝혀온 우려의 목소리가 문 대통령에게 거의 전해지지 않은 것이었다. 일본은 말 그대로 경악했다.

11장 비극의 전조

비핵화 정의 없는 비핵화 회담

90분간의 만남

　김영철 조선노동당 부위원장 겸 통일전선부장을 태운 베이징발 유나이티드항공 808편이 눈 내리는 워싱턴 인근 덜레스 공항에 도착한 것은 2019년 1월 17일(현지시각) 저녁 6시 32분이었다. 베트남 하노이에서 열릴 2차 북미 정상회담에서 스티븐 비건 대북정책 특별대표의 협상 파트너가 될 김혁철 북한 국무위원회 대미 특별대표, 김성혜 통일전선부 통일전선책략실장, 최강일 외무성 북미국장 대행 등 10여 명이 그를 수행했다. 김영철 부장 등은 착륙 1시간 만인 저녁 7시 32분 입국심사장 옆 귀빈주차장으로 비건 특별대표 등의 안내를 받으며 빠져나와 미국 정부가 미리 준비해둔 세 대의 검은색 스포츠 실용차에 나눠 탑승했다. 이들은 미국 경찰의 호위를 받으며 숙소인 워싱턴 시내 듀폰서클 호텔로 직행했다. 호텔에서 백악관까지는 남쪽으로 엎어지면 코 닿을 거리인 1.6km였다. 김영철 부장은 미국에 머무는 2박 3일 일정 가운데 백악관을 방문한 3시간을 빼고 남은 42시간 동안 호텔 안에서 두문불출했다.[1]

　이튿날인 18일 낮 12시 15분, 트럼프 대통령은 2018년 6월 싱가포르 회담 이후 7개월 만에 김영철 부장과 다시 얼굴을 마주했다. 김영철 부장은 90분간 이어진 이날 만남에서 트럼프 대통령에게 김정은 위원장의 친서를 전달했다. 김 위원장은 친서에 "올해는 우리의 양자 관계가 한 단계 더 높은 단계로 발전하는, [지난해보다] 더 중요한 한 해가 될 것"이라고 적었다. 트럼프 대통령은 검은색 매직으로 "우리는 다시 만날 것이다. 당신의 친구 도널드 J. 트럼프"라고 쓴 손편지를 답장으로 건넸다.[2] 이 회담이 끝난 직후 세라 샌더스 백악관 대변인은 성명을 내어 "트럼프 대통령이 비핵화에 대해 논의하기 위해 1시간 반 동안 김영철과 만났다. 두 번째 (북미) 정상회담이 2월 말께 열릴 것"이라고 발표했다. CNN의 월 리플리will Ripley 기자는 회담 장소가 하노이일 가능성이 높다고 자신의 트위터에 적었다.[3]

다음 날인 19일 오전 9시 42분 트럼프 대통령은 전용헬기 마린원 탑승에 앞서 "우리는 언론에 보도되지 않은 많은 진전을 이뤘다"고 말했다. 트럼프 대통령이 어떤 의미에서 '진전'이라는 단어를 사용했는지 알 수 없지만, 정상회담을 성사시키기 위해 미국이 여러 쟁점에서 많은 것을 양보하는 듯한 언질을 준 것은 사실이었다. 후술하겠지만, 볼턴 보좌관은 회고록에서 비건 특별대표가 한 달 뒤 하노이 회담 직전인 2월 24일 북한에 제시한 북미 성명서 초안을 비판하며 "북한이 작성한 것이 아닌지 의심될 정도의 내용이었다. 일전에 트럼프가 백악관 집무실에서 김영철에게 '양보'했던 내용이 쭉 열거되어 있었다"[4]고 지적했다.

트럼프-김영철 회담을 통해 2차 북미 정상회담의 일정과 대략의 의제가 정해졌으니, 이제 실무협의를 통해 구체적인 내용을 채워가야 했다. 1차 실무회담 장소로 정해진 곳은 '중립국' 스웨덴이었다. 현장에서 비건 특별대표를 기다리고 있는 이는 강경파인 최선희 북한 외무성 부상이었다. 19일 스웨덴 스톡홀름 시내에서 북서쪽으로 50㎞ 떨어진 멜라렌 호숫가의 학홀름순드 콘퍼런스 Hackholmssund Konferens에서 2박 3일간의 합숙 회담이 시작됐다. 일반인과 취재진 접근이 철통같이 통제된 이번 협상은 말 그대로 '두문불출 합숙협상'이었다. 이 자리엔 협상을 중재하기 위해 이도훈 본부장 등 한국 대표단도 참여했다. 가파른 상황 전개에 당황한 일본도 가나스기 겐지 외무성 아시아대양주국장을 급파해 재팬 패싱을 피하고자 안간힘을 썼다.

하지만 일본은 남북미가 함께한 회담 현장엔 접근하지 못했다. 이런 상황에 갑갑함을 느꼈는지 가나스기 국장은 비건 대표에게 전화를 걸어 북미 간에 어떤 얘기가 오가고 있는지 물었다. 이를 보여주는 기록이 있다. 외무성은 19일 보도자료를 내어 가나스기 국장이 비건 대표와 가진 전화 통화에서 "직전에 열린 트럼프 대통령과 김영철 부위원장의 회담을 포함한 미조 교섭 상황에 대한 상세한 설명을 들었다. (중략) 북한 정세에 대해 이후 방침을 면밀히 조율하는 것과 일미, 일미한 3개국이 긴밀히 연대해나가는 것의 중요성을 확인했다"고 밝혔다.

폼페이오 장관은 같은 날 보도된 싱클레어방송그룹의 인터뷰에서 "북한의 비핵화가 긴 과정이 될 것이라고 알고 있었다"고 말하며 "핵·미사일 실험이 이루어지지 않고 있다. 우리는 그 위험을 줄이고 북한의 [핵·미사일] 프로그램 확장 능력을 줄이기를 원한다"

고 말했다.* 북한의 비핵화에 상당한 시간이 걸릴 것임을 인정하고, 북핵의 즉각 폐기가 아닌 핵과 미사일의 "위험을 줄인다"는 표현을 쓰는 등 북한이 주장해온 단계적 접근을 수용하려는 듯한 발언이었다. 이 무렵 비건 특별대표를 중심으로 한 국무부 비둘기파들이 트럼프 대통령과 폼페이오 장관 등을 설득해 북한에 대한 현실적 접근법을 취하도록 애썼음을 알 수 있다. 이런 정황을 상징적으로 보여주는 기사와 사진이 있다. 북한 관영 〈조선중앙통신〉은 김정은 위원장이 미국을 방문했던 "김영철 부위원장을 대표로 하는 조미 고위급 회담 대표단 성원들을 만나 미국 워싱턴 방문 결과를 청취했다"고 24일 전했다. 김 위원장은 "두 나라 사이에 해결하여야 할 일련의 문제들에 대하여 협상한 정형을 구체적으로 보고"받고, "트럼프 대통령이 보내온 훌륭한 친서도 전달"받은 뒤, "커다란 만족"을 표시했다고 밝혔다. 통신은 그와 함께 조부인 김일성 주석의 사진이 걸려 있는 집무실에서 트럼프 대통령의 친서로 보이는 문서를 손에 들고 매우 만족스러운 미소를 짓고 있는 김 위원장의 사진도 공개했다. 김 위원장이 "커다란 만족"을 표시할 만한 미국의 중대한 양보가 이루어진 것이었다.

수출규제 카드의 첫 등장

2018년 초 북미 대화가 시작된 뒤 일본이 늘 경계한 것은 트럼프 대통령이 북한의 미소 외교에 넘어가 안이한 양보를 할 수

---

* 〈한겨레〉 1월 22일 자 3면. 이 인터뷰 자체는 김영철 부장의 미국 방문 전에 이루어진 것이다.

있다는 점이었다. 2차 북미 정상회담으로 가는 심상찮은 분위기가 전해지면서 다시 한번 이에 대한 우려의 목소리가 쏟아지기 시작한다. 〈아사히신문〉은 20일 복수의 미국 정부 관계자를 인용해 "미국이 비핵화의 첫걸음으로 북한이 가진 모든 핵 관련 시설 리스트를 제출(신고)할 것을 요구했지만, 북한은 이를 계속 거부하고 있다. 그로 인해 미국이 [북한에 대한] 요구[수준]를 계속 누그러뜨리는 중이다. 성과를 연출하려는 트럼프가 '안이한 타협'을 할 수 있다는 위험성을 지적하는 목소리가 뿌리 깊다"고 지적했다. 스톡홀름에서 열린 남북미 실무협상 현장에 급파된 가나스기 국장은 21일 주스웨덴 미국대사관에서 회담을 끝낸 비건 대표를 붙들고 이 같은 우려를 전했다. 이후 일본 기자들과 만나 "제재를 실시하거나 해제할 땐 타이밍이 중요하다"고 말하며 '제재 완화'에는 신중해야 한다는 일본의 입장을 다시 강조했다.

일본 언론의 반대 공세는 집요하게 이어졌다. 한 예로 〈아사히신문〉은 22일 한국 전직 청와대 당국자의 입을 빌려 "북한이 핵무기 원료를 생산하는 우라늄 농축시설을 여러 곳에 분산해두고 있을 가능성이 있다"고 지적했다. 미국 언론들은 2018년 6월 12일 싱가포르에서 북미 정상회담이 끝난 직후인 6~7월 비슷한 의혹을 쏟아낸 바 있다. 하지만 이 보도가 갖는 무게감은 그때와는 사뭇 달랐다. 북한이 2018년 9·19 평양공동선언 등을 통해 영변 핵시설을 내놓는 대가로 미국에 '상응조치'를 요구하고 나섰기 때문이었다. 이 보도는 북한이 영변을 폐기하더라도 다른 핵물질 생산시설이 있으니 '미국이 절대 속아선 안 된다'고 강력히 훈수를 두기 위해 쓰인 것이었다. 그러자 〈조선중앙통신〉은 29일 논평을 내어 "일본이 미친 듯 대조선 압박을 고취하며 정세 격화를 몰아오기 위해 발악하는 것이야말로 인류의 평화 염원에 대한 정면 도전"이라고 맞받아쳤다.

이 무렵인 23일 스위스 다보스에서 열리는 세계경제포럼 연차총회 참석을 계기로 한일 외교장관이 만났다. 회담은 23일 오전 10시(현지시각)에 시작돼 한 시간 만에 끝났다. 만남 결과를 전하는 일본 외무성의 자료를 보면, 고노 외무상은 "옛 조선반도 출신 노동자 문제*에 대해 우리나라의 기본적 입장에 기초해 다시 한번 문제를 제기하며 한국의 적절한 대응을 요구한다. 특히 한국 정부에게 지난번 요청한 일한 청구권 협정에 기초한 [외교]협의를 통해 [이 문제를] 조기에 해결하고 싶다"고 말했다. 일본이 한일 청구권 협정 3조 1항에 따라 9일 제시한 협의 요청을 받아들이라고 채근한 것이다. 또 지난 초계기 사건과 관련해선 "[일본의] 초계기가 한국이 주장하는 것처럼 근거리에서 비행하지 않았다는 취지의 지적"을 한 뒤, 한국 정부의 "냉정하고 적절한 대응을 강하게 요구"했다. 이

---

* 일본 정부가 강제동원 피해자 문제를 부르는 호칭은 조금씩 변해왔다. 일본은 1938년 전쟁 수행을 위해 국가 총동원 체제를 만든 뒤 처음엔 '모집'(1939년부터), 다음엔 '관알선'(1942년부터), 마지막엔 '징용'(1944년부터) 등의 방식을 통해 인력을 동원했다. 한국에선 이를 모두 총칭해 강제동원 피해자 문제('강제징용'이라는 표현은 그런 의미에서 정확하지 않은 표현이다)라 부르지만, 일본에선 국가가 직접 개입해 인력을 동원한 징용만으로 문제를 한정하기 위해 한동안 '징용공'이란 용어를 사용했다. 하지만 아베 총리는 2018년 11월 1일 중의원 예산위원회에서 한국 대법원 판결의 원고들은 징용이 아닌 모집에 응한 이들이라는 의미에서 '옛 조선반도 출신 노동자'라는 표현을 사용하기 시작했다. 즉, 일본 정부가 징용한 이들이 아니니 정부가 강제한 것이 아니고, 자신들에게 책임이 없다는 의미였다. 하지만 1938년 일본이 국가총동원법을 제정한 뒤 시행한 모든 인력 동원은 전쟁 수행을 위한 '강제동원'으로 봐야 한다는 것이 학계의 일치된 견해다. 일본의 역사 연구자 다케우치 야스토竹内康人는 2018년 11월 23일 〈아사히신문〉 인터뷰에서 아베 총리의 이런 견해에 대해 "사실을 무시하고 역사를 뒤틀려는 것"이라 비판했다.

에 대한 한국 외교부의 자료를 보면, 강경화 외교장관은 "최근 북미 고위급 회담 개최를 평가하고 2차 북미 정상회담 개최에 대한 기대감을 표명하는 한편, 완전한 비핵화 및 한반도 항구적 평화 정착의 실질적 진전을 위해 양국 간 협조를 계속해나가자"고 제안할 뿐이었다. 일본이 관심을 갖는 대법원 판결에 대해선 "우리 정부의 입장 등을 설명하고, 동 사안이 한일 관계의 미래지향적 발전 노력을 저해하지 않도록 양 외교 당국이 지혜를 모아나아가"는 기존 입장을 확인하는 데 그쳤다.

거듭된 요구에도 한국의 대응이 미적지근한 수준에 머물자 일본에선 한국에 대한 '대항조치'(보복조치)를 요구하는 목소리가 쏟아지기 시작한다. 문 대통령의 충격적 기자회견이 열린 다음 날인 11일 오전 10시 반부터 자민당 외교부회와 외교조사회 합동회의가 열렸다. 이 회의에서 아카이케 마사아키赤池誠章 참의원은 지난번 회의 때 외무성에 요청한 한국에 대한 보복조치를 검토하라는 건이 진행되고 있는지 확인한 뒤, 반도체 생산에 꼭 필요한 물질인 불화수소 등의 수출금지를 주장했다.

> 사람, 물건, 돈의 경제제재를 구체적으로, 바로 가능한 것부터 해야 한다. 예컨대 반도체 제조에 사용되는 세정제인 불화수소 등 전략물자의 수출을 정지시키거나 한국인의 일본 체류기간 단축, 한국 방문 시 이른바 위안부상이 있는 지역에 대해 주의를 환기시켜야 한다.[5]

30일 자민당 외교부회에서는 나가미네 야스마사長嶺安政 주한 일본대사가 출석해 대법원 판결과 초계기 사태에 대해 보고했다. 이 자리에서 자민당 의원들은 다시 한번 "방위에 관한 물품의 수출 규제 등 한국에 대한 대항조치"와 "화이트 리스트에서 한국을 제외하는 방안도 검토"하라고 요구했다.[6] 일부 의원들은 일시 귀국 중인 나가미네 대사를 돌려보내지 말라고 말했지만, 외무성은 "기업 지원의 관점에서 한국에 머무는 게 좋다"고 답했다. 7월 1일 구체화되는 한국에 대한 보복조치가 서서히 모습을 드러내기 시작한 것이다.

합의 없는 합의

볼턴 보좌관 역시 2차 북미 정상회담을 향해 한 발 한 발 나아가는 움직임을 우려스러운 눈으로 바라보고 있었다. 가장 걱정스러운 점은 북한과 실무교섭을 진행하던 국무부 협상팀이 "회담을 성사시키려는 열의에 압도당해 통제를 잃어가고 있다"는 점이었다. 특히 실무협상을 담당한 비건 특별대표가 문제였다. 볼턴 보좌관이 "트럼프 행정부가 북한이 요구하는 행동 대 행동의 공식을 고스란히 따르려 한다는 인상을 줬다"고 표현한 1월 31일 스탠퍼드대 연설에서 비건 특별대표는 매우 인상 깊은 말들을 쏟아냈다. 트럼프 대통령에게는 "한반도에서 70여 년간 이어진 전쟁과 적대를 종식시키려는 의지를 가진 지도자"라고 평했고, 김정은 위원장에 대해선 "비핵화를 하고 자신의 열정을 온전히 북한 주민들의 필요와 경제개발에 쏟겠다는 의지를 표명"한 리더라는 표현을 사용했다. 그리고 마침내 북한이 오매불망 원했던 발언을 쏟아냈다.

북한이 '최종적이고 완전히 검증된 비핵화'를 뜻하는 FFVD Final, Fully Verified Denuclearization라는 약속을 지킨다면 두 정상이 지난여름 싱가포르 공동성명에서 했던 모든 약속을 '동시에 그리고 병행적으로simultaneously and in parallel' 추진할 준비가 되어 있다. [미국은 이와] 더불어 제재가 해제되고 한반도에 평화가 이룩되고 나면 다가올 새로운 기회와 주민들을 위한 밝은 미래를 향한 계획을 북한에 밝혀왔다.

미국이 줄곧 강조해왔던 CVID는 그보다 한층 완화된 FFVD라는 말로 대체돼 있었고, 북한이 오랫동안 원했던 단계적 접근을 수용하는 듯한 '동시에 그리고 병행적으로'라는 용어가 사용됐다. 비핵화의 방법론을 둘러싼 길고 처절한 싸움에서 북한의 황소고집이 통한 것이다. 하지만 한반도의 냉전 해체를 예언하는 '역사적 연설'이 될 뻔한 이날 연설은 역설적이게도 지금까지 진행된 북미 협상이 얼마나 취약한 것인지 드러내는 것이기도 했다. 비건 특별대표의 다음과 같은 발언 때문이었다.

김 위원장은 북한의 플루토늄과 우라늄 농축시설[즉, 영변 핵시설의 폐기]에 관해서는 미국의 상응조치가 있을 때라고 한정했다. 그 상응조치가 정확히 무엇인지는 제가 다음 협의에서 저의 북한 카운터파트와 만나 논의할 문제이다. 미국은 북미 간 신뢰를 구축하고, 싱가포르 정상회담의 목적인 북미 관계 개선, 한반도의 영구적 평화체제 구축, 완전한 비핵화 달성을 위해 추가적 진전을 이루어낼 여러 행동에 관해 논의할 준비가 되어

있다. (중략)

비핵화 과정이 최종적으로 이루어지기 전에 우리는 북한의 대량살상 미사일 프로그램 전체를 완전히 파악해야 한다. 우리는 어느 시점에서 포괄적인 신고를 통해 이를 달성할 것이다. 국제기준에 맞게 핵심적 시설과 장소에 대한 전문가들의 방문과 모니터링 체제에 대해서도 합의를 이루어야 한다. 그리고 궁극적으로 우리는 북한이 보유한 핵분열 물질, 무기, 미사일, 발사대 그리고 기타 대량살상무기의 제거와 파괴를 확실히 해야 한다. (중략)

이 모든 것은 우리가 북미 관계를 근본적으로 변화시키고, 한반도의 영구적인 평화 구축을 위해 필요한 여건을 마련하기 위해 핵심적인 실무협상의 로드맵을 통해 이루어져야 한다. 그리고 트럼프 대통령은 완전한 비핵화라는 김 위원장의 약속을 북한이 지킨다면 그에 대해 미국은 과거에 가능했던 것들을 뛰어넘는 조치를 취할 것이라는 점을 분명히 했다.

이 발언을 통해 그동안 진행된 북미 실무협상의 속사정을 어느 정도 엿볼 수 있다. 먼저 북은 2018년 9월 19일 평양공동성명을 통해 영변 폐기 의사를 밝힌 뒤 3개월이 지났는데도 자신들이 원하는 '상응조치'가 정확히 무엇인지 여전히 밝히지 않고 있었다. 비건 대표는 이에 대해 "다음 협의에서 논의할 문제"라고 말했지만, 북한이 나라의 운명이 걸린 이 중차대한 문제를 실무협상 단계에서 공개할 리 만무했다. 또 비핵화를 위해 반드시 거쳐야 하는 관문인 핵시설의 신고·사찰 등에도 의미 있는 진전이 여전히 이루어지지 않았다는 것과 이 작업을 진행하기 위한 실무협상의 로드맵(일정표)도 만들어지지 않았다는 사실을 확인할 수 있다. 그에 따른 당연한 결과였지만, 북미 사이에서는 비핵화가 무엇인지에 대한 공통된 인식이 여전히 정립돼 있지 않았다. '비핵화라는 용어가 어떤 뜻인지 북미가 공유하고 있느냐'는 신기욱 스탠퍼드대 아시아태평양연구소장의 질문에 비건 대표는 "비핵화가 수반하는 것에 대해 자세한 정의나 공통된 합의가 없었다"고 답했다. 정상회담을 코앞에 둔 상황에서 '비핵화가 무엇인지'에 대한 합의가 이루어지지 않고 있다면, 어떻게 비핵화에 대한 의미 있는 합의를 이루어낼 수 있단 말인가!

극도의 혼란과 그에 못지않은 엄청난 기대 속에서 2월 6~8일 평양에서 2차 실무회담이 열렸다. 비건 특별대표는 6일 오전 10시께 평양에 도착해 8일 오후 5시 30분까지 55시간 동안 김혁철 특별대표와 협상을 진행했다.* 서울로 돌아온 비건 특별대표는 본국에 협상 결과를 보고한 뒤 앨리슨 후커Allison Hooker 백악관 NSC 아시아 담당 선임보좌관과 함께 밤 11시께 숙소인 광화문 포시즌스 호텔 앞의 닭한마리집에서 칭따오 맥주를 곁들여 늦은 저녁을 먹었다. 비건 대표는 현장에 따라붙어 "이번 실무협상에서 원하는 결과를 얻었냐"고 묻는 노석조 〈조선일보〉 기자의 질문에 "지금 나는 배가 고프다"고 답했다.[7]

이 만남을 통해 2차 북미 회담의 정확한 날짜와 장소가 정해진 것으로 보인다. 트럼프 대통령은 8일(한국시각으로는 9일) 트위터

---

* 볼턴 보좌관은 김혁철 특별대표에 대해 "6자 회담 실무자로 오랜 경력을 쌓아온 베테랑"이라는 평을 내렸다. 일본 〈교도통신〉은 29일 그가 김정은 위원장이 직접 이끄는 국무위원회 소속이라고 밝혔다(볼턴, 위의 책, 463쪽).

를 통해 2차 회담이 2월 27~28일 하노이에서 열릴 것이라고 밝혔다.

복수의 한국 정부 고위 관계자는 〈한겨레〉에 비건 대표의 "평양 실무협상이 잘된 것으로 안다"고 밝혔다. 분위기는 좋았을지 모르지만, 핵심 쟁점을 둘러싼 이견이 어떻게 처리됐는지는 여전히 오리무중이었다. 비건 특별대표는 11일 워싱턴을 찾은 문희상 국회의장 등에게 지난 2차 실무협상에 대해 "양쪽이 무엇을 원하는지 정확하게 설명하는 시간이었다. 다음 회의부터 이견을 좁힐 것"이라고 말했다. 〈한겨레〉는 14일 자 5면에서 북한은 영변 핵시설 '사찰'을 대가로 대북제재의 부분 해제를 요구했지만, 미국은 종전선언을 상응조치로 제시했다고 전했다. 이 보도 내용이 정확한지는 알 수 없지만, 비건 특별대표가 문 의장에게 고백한 대로 서로가 상대에게 원하는 것을 전달했을 뿐, 아직 쟁점에 대한 이견은 좁혀지지 않고 있는 것만은 분명했다. 훗날 이 모든 일이 '안타까운 옛일'로 변한 뒤, 퇴임을 한 달여 앞둔 비건은 2020년 12월 8일 한국을 찾았다. 그는 10일 아산정책연구원 특별강연에서 "우리는 행동의 로드맵을 짜는 데 합의했어야 했다. (그러나) 북한의 카운터파트가 비핵화에 대한 권한을 위임받지 못했다"고 안타까워했다.

비건 특별대표가 평양에서 돌아온 다음 날인 9일 한미일 북핵 수석대표 협의가 이루어졌다. 이 사실을 전하는 외교부 자료를 보면, 이도훈 본부장은 비건 특별대표와 가나스기 국장과 오찬을 함께하며 "금번 평양 북미 실무협상의 결과를 공유"하고 "제2차 북미 정상회담의 성공적 개최를 위해 적극적인 노력"을 약속했다.

비건과 볼턴의 뒤집기

비건 특별대표가 '권한 없는 상대'와 실무협상에 분주한 사이 볼턴 보좌관의 뒤집기가 시작되고 있었다. 그의 회고록에 따르면 백악관에서 하노이 회담 준비를 위한 1차 회의가 열린 것은 2월 12일 오후 4시 45분이었다. 이 자리에서 볼턴 보좌관은 트럼프 대통령에게 로널드 레이건Ronald Reagan 대통령이 미하일 고르바초프 Mikhail Gorbachev 소련 공산당 서기장을 상대로 1986년 10월 아이슬란드 레이캬비크에서 벌였던 핵무기 군축협상과 관련된 동영상을 보여주었다. 레이건 대통령이 강력한 결단력을 발휘해 협상을 결렬시킨 뒤 과감히 회담장을 떠나는 모습이었다. 이 영상이 효과를 발휘했는지 트럼프 대통령은 "나는 서두를 것 없다"는 말을 되풀이하기 시작했다.

2차 회의는 15일 오후 2시를 약간 지난 시간에 시작되었고, 약 45분 동안 진행됐다. 볼턴 보좌관은 국무부가 북한이 제시하는 단계적 접근방식을 받아들일까 봐 전전긍긍했다. 이를 대비해 미국이 추구하는 최종 목표를 다시 확인해야 했다. 이 회의에서 트럼프 대통령은 볼턴 보좌관에게 '완전한 비핵화'가 무엇인지 결론을 한 페이지에 정리해줄 것을 요구했다. 북미 실무회담에서 합의되지 못한 '비핵화의 정의'를 초강경 매파인 볼턴 보좌관이 만들어 트럼프 대통령에게 전달한 것이다. 트럼프 대통령은 이후 하노이 정상회담에서 이 문서를 김 위원장에게 건네게 된다.

같은 날 한일 외교장관은 뮌헨 안보회의 참석을 계기로 다시 만났다. 오전 10시 반부터 약 50분 동안 이어진 이 만남에서도 양쪽 입장은 크게 달라지지 않았다. 고노 외상은 "원고 일부에 의한 일본 기업 자산압류를 향한 움직임에 대해 우려를 전하"면서 "한국의 적절한 대응을 요구했다. 이 무렵 원고 대리인들은 일본제철 등 피고 기업들이 '원고들에게 위자료를 지급해야 한다'는 대법 판결을 이행하지 않으려 하자, 강제집행을 위한 절차에 돌입한 상태였다. 강제집행 절차는 크게 두 단계로 구성된다. 첫 번째는 피고 기업들의 국내 자산을 압류하는 것이고, 두 번째는 이를 강제 매각해 자산을 '현금화'하는 것이었다. 원고 변호인단은 1월 2일 강제집행을 위한 첫 걸음으로 피고 기업인 일본제철이 보유하고 있는 한국 내 자산의 압류를 신청했다.* 이 회담 결과를 전하는 〈니혼게이자이신문〉의 15일 보도를 보면, 고노 외상은 "절차가 진행되면, 일본도 대응하지 않을 수 없다. (한국에서) 빨리 결론을 내줬으면 한다"고 말했다. 강경화 장관은 "(한국의) 여론도 관계돼 있다"고 말하며 명확한 답변을 피했다. 이쯤 되자 한국 내 일본 전문가들 사이에서 한국 정부의 무대응에 대한 쓴소리가 쏟아지기 시작했다. 진창수 세종연구소 일본연구센터장은 15일 자 〈아사히신문〉 '논좌' 란에서 "한국의 전략적 입장에서 본다면 대일정책은 북한의 비핵화 문제, 나아가 동북아시아 문제와 깊은 관련성이 있다. 그 방향을 어떻게 설정하는가는 매우 중요하다. 어쨌든 한국이 북한의 비핵화를 촉진하는 역할을 하고 동북아시아에서 새로운 질서를 만들기 위해선 대일정책의 비전을 명확히 확립할 필요가 있다"고 지적했다.

볼턴 보좌관은 회고록에서 2차 정상회담 직전에 북미 실무

---

* 대구지방법원 포항지원은 1월과 3월 일본제철이 소유하고 있는 주식회사 PNR 주식 19만 4,794주(9억 7,000만 원 상당)를 압류했다. 원고 측은 5월 1일 이 자산을 현금화해 달라고 매각명령을 신청했다.

협상팀이 어느 정도까지 의견을 모았는지 자세히 언급하진 않았지만, 대략의 내용을 유추해볼 수 있는 여러 힌트를 남겼다. 볼턴 보좌관은 20일 추가 회의 뒤 폼페이오 국무장관을 자기 사무실로 끌고가 "결코 경제제재를 거둘 수 없을 뿐 아니라 오히려 더 강하게 압박"해야 한다고 주장했다. 그날 밤 열린 장관급 회의에서 비건 특별대표는 패트릭 섀너핸Patrick Shanahan 국방장관 대행, 조지프 던포드 합참의장은 물론 폼페이오 장관이 보기에도 북한의 요구를 대폭 수용하려는 듯한 "유약한 태도를 역력히" 드러냈다. 그러자 던포드 합참의장은 종전선언이 법적 구속력이 없다는 점을 분명히 하려 노력했다. 미국이 이 시점에서 제재 해제와 종전선언을 수용하는 쪽으로 의견을 모아가고 있었다고 추정해볼 수 있다. 이런 내용이 합의안의 주요 내용으로 다루어지지 않았다면, 볼턴 보좌관이 폼페이오 장관을 상대로 "제재 해제는 안 된다"고 언성을 높이거나 던포드 합참의장이 종전선언에 대해 말을 보탤 필요가 없었을 것이다.[8]

　　3차 회의는 21일에 열렸다. 이 회의 역시 45분 동안 이루어졌다. 볼턴 보좌관은 이날 회의에 대해 "마침 그 전날 트럼프가 아베와 통화한 터라 회의에 필요한 조건이 딱 맞아떨어졌다"고 말하며 "노력한 보람이 있을 정도로 성공적 결론이 도출됐다"고 썼다. 볼턴 보좌관이 언급한 트럼프-아베의 통화는 20일 밤 10시부터 약 30분 동안 이루어졌다. 회담 결과를 전하는 일본 외무성 보도자료엔 눈을 확 잡아끄는 내용이 나오지 않지만, 여느 때처럼 안이한 타협은 절대 금물이라는 집요한 설득이 이어졌을 것이다. 그리고 볼턴 보좌관이 "성공적 결론"이 도출됐다 했으니 이 회의를 통해 제재 해제나 종전선언에 대한 미국의 입장이 뒤엎어졌을 것이라 추정해볼 수 있다. 이를 강하게 암시하는 발언이 남아 있다. 3차 회의가 열린 당일 두 명의 미 고위 당국자는 백그라운드 브리핑을 통해 "우리가 실제 이 과정을 매우 빠르게 진행해야 한다고 생각한다. 크게 한 방big bites으로 나아가야 한다. 그래서 우리는 이 과정을 추진하는 방식으로 점진적 단계incremental steps를 밟는 일을 추구하지 않을 것"이라고 말했다. 브리핑에 나선 이는 포틴저 선임보좌관과 불과 20일 전 스탠퍼드대학 연설에서 북이 주장하는 단계적 접근을 받아들일 것 같은 발언을 쏟아냈던 비건 특별대표였다.[9]

회담 성공이라는 '장밋빛 전망'에 취한 한국 정부는 점점 악화되어가는 백악관 내의 미묘한 분위기를 감지하지 못했다. 문재인 대통령은 19일 밤 10시 트럼프 대통령과 전화 통화에서 "북한의 비핵화 조치를 견인하기 위한 상응조치로서 한국의 역할을 활용해달라. 남북 사이의 철도·도로 연결부터 남북 경제협력 사업까지 트럼프 대통령이 요구한다면 그 역할을 떠맡을 각오가 돼 있다"고 말했고, 25일 수석·보좌관회의 모두발언에선 "역사의 변방이 아닌 중심에 서서, 전쟁과 대립에서 평화와 공존으로, 진영과 이념에서 경제와 번영으로 나아가는 신한반도 체제를 주도적으로 준비하겠다"고 선언했다. 그와 함께 2차 북미 정상회담이 큰 성공을 거둘 것으로 보고 3~4월께 남북 정상회담을 여는 쪽으로 준비를 시작했다.[10]

볼턴 보좌관의 집요한 반대에도 비건 특별대표는 마지막 반전을 시도했다. 하노이 현지에 도착한 비건 특별대표는 김혁철 특별대표와 21일부터 3차이자 마지막 실무협상을 진행했다. 그 와중이던 24일 상부의 사전 승인 없이 북미 성명서 초안을 북에 전달했다. 이를 보고받은 볼턴 보좌관은 크게 분노했다.

혹시 북한이 작성한 것이 아닌지 의심될 정도의 내용이었다. 일전에 트럼프가 백악관 집무실에서 김영철에게 '양보'했던 내용이 쭉 열거되어 있었다. 북한이 기꺼이 동의할 만한 비핵화에 대한 모호한 정의 말고는 아무것도 얻어낼 것이 없었다. 나로서는 폼페이오가 어째서 그런 문서를 승인했는지 전혀 이해할 수 없었다. 북한이 그 내용을 문자 그대로 받아들이면 어쩔 셈인가. 이것은 또 하나의 엄청난 프로세스 오류이자 정치적 시한폭탄이었다.[11]

이 초안에는 대체 어떤 내용이 담겨 있었을까. 100퍼센트 단언할 수는 없지만, 초안을 토대로 작성된 것으로 보이는 기사가 있다. 미국 인터넷 매체인 〈복스〉의 알렉스 워드alex ward가 26일 내놓은 특종 보도였다. 〈복스〉는 북미 협상에 밝은 익명의 소식통 세 명을 인용해 "미국은 김 위원장이 핵심 핵시설을 폐쇄하겠다는close down 약속을 대가로 일부 대북제재를 완화하고 양국 관계를 개선할 것"이라고 전했다. 이 매체가 잠정적인 북미 간 합의사항이라고 보도한 기사를 보면 양국은 ①한국전쟁을 종식하는 상징적인 평화선언*에 서명하고 ②북한은 한국전쟁 때 숨진 미군 유해의 추가 송환에 동의하며 ③북미가 상대국에 연락사무소를 설치하고 ④영변에서의 핵물질 생산 중단의 상응조치로 미국은 남북이 경협을 추진할 수 있도록 일부 유엔 안전보장이사회 대북제재 완화를 추진하기로 했다는 내용이 담겨 있다. 그러면서 이 합의가 "김정은 위원장에게

---

* 워드 기자가 종전선언과 평화선언의 개념을 오해한 듯 보인다. 기사에는 평화선언이라 써 있지만, 이 자리에는 종전선언이 들어가야 한다.

거대한 승리로 보인다"고 평했다.[12]

　　트럼프 대통령은 초안이 마음에 들지 않았다. 27일 오후 하노이에 도착해 연 회의 도중에 그는 "비건의 성명서가 마음에 들지 않는다"고 말했다. 다음 날 아침 트럼프 대통령은 비건 특별대표를 만난 뒤에도 본체만체했다. 이 회의에서 트럼프 대통령은 자신의 앞에 놓여 있는 선택지를 '빅딜', '스몰딜' 그리고 '결렬I walk'(걸어 나가기) 등 세 가지로 요약했다. 스몰딜은 제재를 완화시킨다는 의미였기 때문에 바로 폐기됐고, 빅딜은 김정은 위원장이 핵을 포기한다는 전략적 결정을 내릴 가능성이 없으니 현실성이 없었다. 트럼프 대통령은 "걸어 나간다"는 말을 반복했다.[13]

불길한 문장

　　마지막 변수는 북한이 영변을 던진 대가로 요구할 상응조치였다. 북한이 마침내 자신의 카드를 공개한 것은 하노이 회담 첫날인 27일 밤 하노이 메트로폴 호텔에서 열린 트럼프 대통령과의 일대일 회담과 그 후 이어진 저녁 만찬에서였다. 김정은 위원장은 영변 핵시설을 폐기하는 대가로 2016년 이후 유엔 안전보장이사회가 취한 5개 결의에 따른 제재 가운데 민수경제와 관련된 내용을 해제해달라고 요구했다. 실무회담 기간 내내 미국의 애를 태운 상응조치의 정체를 정상회담에서 직접 공개하는 단판 승부에 나선 것이다. 이를 두고 자신과 '특별한 우정'을 쌓아온 트럼프 대통령을 타깃으로 세기의 도박에 나선 것이라 평가할 수도 있다. 볼턴 보좌관은 이 사실을 전하는 폼페이오 국무장관에게 "혹시 김정은이 다른 카드를 가지고 있는 것 같냐"고 물었다. 폼페이오 장관은 "그런 것 같지는 않다"고 답했다.

2월 26일* 아침이 밝았다. 전날 밤늦게까지 코언**의 증언 장면을 지켜본 트럼프는 준비 회의를 취소했다.

한반도와 동아시아의 운명을 바꿀 수도 있었던 2019년 2월 28일을 회상하는 볼턴 보좌관의 회고록은 이와 같은 불길한 문장으로 시작된다. 회담 전날인 27일은 코언 변호사의 미 하원 공청회 폭로가 있는 날이었다. 볼턴 보좌관은 트럼프 대통령의 기질상 "코언 청문회 건을 증발시킬 수 있는 일이라면 무엇이든 할 수 있다는 생각"에 형용하기 힘든 불안감을 느꼈다.

짜증이 머리끝까지 치솟은 트럼프 대통령은 볼턴 보좌관, 폼페이오 장관, 믹 멀베이니Mick Mulvaney 백악관 비서실장을 태우고 2차 북미 정상회담이 열리는 메트로폴 호텔로 향했다. 차 안에서 트럼프 대통령은 불만과 짜증을 내비치며 스몰딜과 결렬 중 어느 쪽이 더 큰 파급 효과를 낼 수 있냐고 물었다. 볼턴 보좌관이 보기에 트럼프 대통령은 협상을 결렬시킬 경우 이를 대중에게 어떻게 설명해야 할지 고민하는 것처럼 보였다. 폼페이오 장관은 "어느 정도 진전이 있었다. 여전히 핵실험은 없으며 이 회담이 무산된 것과 관계없이 또 만나면 된다"고 설명하면 된다고 답했다.

회담은 오전 9시에 시작됐다. 김정은 위원장은 회담 모두발

---

*   심지어 날짜를 26일로 오기하고 있다.

**   트럼프 대통령의 담당 변호사였던 마이클 코언Michael Cohen을 가리킨다.

언에서 "우리가 훌륭한 시간을 보내고 있는 것에 대해 마치 환상영화의 한 장면처럼 보는 사람들이 있을 것이라 생각한다. 오늘도 좋은 결과가 나올 수 있도록 모든 노력을 다하겠다"고 말했다. 하지만 트럼프 대통령의 표정은 굳어진 채였다. 그의 신경을 지배하고 있는 것은 코언 변호사의 하원 공청회 폭로였다. 이날 폭로 중 압권이었던 것은 트럼프 대통령이 불륜 상대였던 포르노 배우 스테파니 클리포드Stephanie Clifford의 입을 막기 위해 코언 변호사를 통해 13만 달러를 지급했다는 사실이었다. 동아시아의 냉전 체제를 단숨에 허물 수도 있었던 회담의 전망을 묻는 기자들의 질문에 트럼프는 성가신 듯 "노 러시No rush"(서두르지 않는다)라고 세 번 외친 뒤, "중요한 것은 옳은 합의를 이루는 것"이라고 말했다. 이 시점에서 회담 결렬은 이미 결정된 것인지도 몰랐다.

12장 하노이의 실패

한국, 사면초가의 위기에 빠지다

회담 결렬

오전 9시에 시작된 일대일 회담을 마치고 김정은 위원장과 트럼프 대통령이 메트로폴 호텔 안뜰로 모습을 드러낸 것은 오전 9시 35분 무렵이었다. 나란히 걸으며 담소를 나누는 두 정상을 북한의 통역사 신혜영과 미국의 통역사 이연향이 따라붙었다. 김 위원장이 이따금 크게 손짓을 섞어가며 무언가 말하자 트럼프 대통령이 수긍하는 듯 미소를 지었다.

지난 1년 동안 북미 고위급 회담을 이끌어온 김영철 부장과 폼페이오 장관이 수영장이 딸린 안뜰에서 두 정상이 다가오길 기다렸다. 저만치 떨어진 구석에서 미소를 짓고 있는 김여정 제1부부장의 모습도 카메라에 잡혔다. 북미 대표들은 잠시 더 환담을 나눈 뒤 실내로 들어갔다. 모두가 미소를 머금고 있었다. JTBC에서 이 광경을 중계하던 취재진들이 "김정은 위원장의 표정이 밝은 것 같죠?" 라고 말했다. 회담은 성공적으로 진행되는 듯 보였고, 아무런 이상 기류도 느낄 수 없었다.

일대일 회담에서 김정은 위원장이 요구한 것은 전날과 같았다. 영변 핵시설을 폐쇄하는 대신 2016년부터 유엔이 가한 5개 제재 가운데 민수경제와 관련된 내용을 풀어달라는 것이었다. 볼턴 보좌관은 회고록에서 트럼프 대통령이 자신의 요청을 들어주지 않자, 김 위원장이 "대단히 좌절"했고, "점점 화를 냈다"고 적었다.

오전 11시 3분 확대 회담이 열렸다. 대화 내용을 정리한 백악관 기록을 보면, 모두발언 취재를 위해 몰려든 기자들은 김정은 위원장에게 "비핵화의 준비가 되었나", "핵무기를 포기할 준비가 되었나"라는 질문을 던졌다. 김 위원장은 "내가 그럴 용의가 없었다면, 지금 여기 있지 않을 것"이라고 답했다. 이어서 북한 인권, 종전선언, 연락사무소 등 구체 현안에 대한 질문이 쏟아졌다. 김 위원장은 한편으론 귀찮은 듯 다른 한편으로는 불안한 듯 기자들을 둘러보며, "우리가 충분한 이야기를 조금 더 할 시간을 주셨으면 좋겠습니다. 우리는 1분이라도 귀중하니까"라고 말했다. 트럼프 대통령을 설득할 시간을 조금이라도 더 확보하기 위해 기자들을 내몬 것이다.

이후 시작된 확대 회담에서 트럼프 대통령은 볼턴 보좌관이 작성한 비핵화의 정의에 대한 문서를 전달했다. 그리고 "북한이 영변 외에 추가로 제안할 내용이 없냐"고 물었다. 김 위원장은 "영변을 양보하는 게 얼마나 중요한 일"인지 강조할 뿐이었다. 트럼프 대통령은 "제안에 더 추가할 내용이 없냐"고 재차 물었다. 영변 외에 플러스알파+α를 내놓으라는 요구였다. 볼턴 보좌관은 "만약 그 자리에서 김정은이 예스라고 했다면 곧바로 거래가 성립되는 것"이라고 적었다. 김정은 위원장은 끝내 답하지 않았다.

확대 회담에서 발언 기회를 얻은 볼턴 보좌관은 김 위원장에게 핵·화학·생물학적 무기와 탄도미사일 프로그램에 대한 신고가 필요하다고 말했다. 하지만 김 위원장은 "단계적 조치step by step를 밟아가다 보면, 결국에는 전체적 그림이 드러날 것"이라는 종래의 태도를 고수했다. 이어 북한은 현재 미국으로부터 안전을 보장받기 위한 어떤 법적 보장도 없다고 지적하며 미국 전함이 북한 영해에 들어오면 어떻게 하느냐고 물었다. 트럼프 대통령은 어이없게도 "자신에게 전화하라"고 답했다.[1] 김 위원장은 "자신이 할 수 있는 것은 이미 제안한 내용뿐"이라는 태도를 바꾸지 않았다. 이후 양쪽의 대화는 겉돌 뿐이었다. 전날 폼페이오 장관이 짐작했듯 김 위원장은 영변과 2016년 이후 안보리 제재를 교환하는 A안 외에 따로 B안을 준비하지 않은 것이었다.

그럼에도 북미는 최악의 파국을 피하기 위해 애썼다. 트럼프 대통령은 "김영철과 폼페이오에게 (하노이 회담의) 공동성명 초안을 만들도록 지시"했다. 하지만 제재 해제와 영변 이외의 플러스알파를 둘러싼 이견이 쉽게 좁혀질 리 없었다. 결국 북미는 2차 북미 정상회담의 공동문서를 도출해내는 데 실패하고 만다. 그에 따라 오전 11시 55분에 예정됐던 오찬과 오후 2시 5분에 예정됐던 공동 합의문 서명식이 줄줄이 취소됐다. 이 무렵 북미 사이에 어떤 공방이 있었는지 보여주는 흥미로운 증언이 있다. CNN은 하노이 회담이 결렬된 지 일주일이 지난 3월 7일 두 명의 미국 고위 당국자를 인용해, 트럼프 대통령이 업무 오찬을 취소하고 오후 2시 기자회견에 나설 때까지 진행된 북미 간 막판 줄다리기를 소개했다. 트럼프 대통령이 회담장인 메트로폴 호텔을 떠나기 직전 김 위원장이 최선희 부상을 미국 당국자들에게 보내 영변 해체에 대한 추가 메시지를 전했다는 것이다. 미국이 영변의 정의를 명확히 해달라고 하자, 최 부상은 자리를 떴다가 다시 찾아와 "이 시설에 포함된 모든 것"이라고 말했다. 그러나 미국은 끝내 이 카드를 받지 않았고, "회담은 재개되지 않았"다.[2] 백악관은 오후 1시 30분께 "어떤 합의도 이루어지지 않았다"는 사실을 공개할 수밖에 없었다. 하노이 회담이 파탄에 이른 것이다.

그날의 자세한 풍경

우드워드는 저서 《분노》에서 이 회담이 파국으로 치닫는 장면을 좀 더 극적인 필치로 그려내고 있다. 영변을 포기하겠다는 김정은 위원장에게 트럼프 대통령이 "들으세요, 하나로는 안 됩니다. 둘로도 안 됩니다, 셋도 안 됩니다, 넷도 안 됩니다. 다섯 개는 되어야 합니다"고 응답했다는 것이다. "나는 당신이 가지고 있는 모든 시설을 압니다. 모든 것을 알아요. 내가 누구보다 그걸 잘 알아요. 당신은 그것을 알아야 합니다."[3] "당신이 가지고 있는 모든 시설을 안다"는 트럼프 대통령의 호언장담에 김정은 위원장이 어떤 반응을 보였는지 상상하긴 어렵지 않다.

결국 트럼프 대통령은 오후 2시 15분 자신의 숙소였던 JW메리어트 호텔 기자회견장에 모습을 드러냈다. 그는 이 자리에서 "우리는 방금 김 위원장과 헤어졌다. 우리는 정말, 내 생각에는 매우 생산적인 시간을 가졌다. 그러나 나와 폼페이오 장관은 문서에 서명하는 게 좋은 일이 아니라고 느꼈다"고 말하며 회담이 결렬됐음을 알렸다. 마이크를 넘겨받은 폼페이오 장관도 "김 위원장은 그러길 희망했겠지만, 불행하게도 우린 미국 사람들이 납득할 만한 무엇인가를 얻지 못했다. 우리는 그에게 무엇인가를 더 할 것을 요구했지만, 그는 그럴 준비가 되어 있지 않았다"고 말했다. 트럼프 대통령은 "그들이 제재의 전면적인 해제를 원했지만 우리는 그럴 수 없었다. 그들은 우리가 원한 지역의 큰 부분에서 비핵화를 할 준비가 되어 있었지만, 우리는 그것과 모든 제재를 바꿀 수 없었다"고 덧붙였다. 그리고 말했다.

오늘 서명을 할 수도 있었다. 그러면 사람들이 "아니, 이런 끔찍한 합의를"이라고 말했을 것이다. 오늘 무엇인가에 사인을 할 가능성이 있었다. 오늘 100퍼센트 사인할 수 있었다. 우리는 오늘 사인을 할 문서를 가지고 있었다. 그러나 이는 적절하지 않았다. 나는 제대로 하고 싶다. 나는 빨리 하기보다는 적절하게 하고 싶다.

회담이 결렬되고 트럼프 대통령이 문재인 대통령에게 전화를 걸어온 것은 베트남 현지시각으로 오후 4시 50분(한국시각으로는 오후 6시 50분)이었다. 오후 2시 53분에 회견을 마쳤으니 공항 이동 시간 등을 계산하면 아마도 '에어포스 원'에 탑승한 직후였을 것이다. 통화 내용을 전하는 김의겸 청와대 대변인의 서면 브리핑에서 회담 결렬에 대한 짙은 아쉬움이 절절이 전해져 온다. 문 대통령은 25분 동안 이어진 통화에서 "한반도의 냉전적 갈등과 대립의 시대를 종식하고 평화의 새 시대를 열어가는 역사적 과업의 달성을 위한 대통령의 지속적인 의지와 결단을 기대한다. 우리도 한미 간 긴밀한 공조하에 필요한 역할과 지원을 다해갈 것"이라고 말했다. 트럼프 대통령은 이번 정상회담에서 합의를 이루지 못한 데 대해 아쉬움을 표하는 한편, "향후 북한과 대화를 통해 타결해나가고자 하는 의지를 분명히" 밝혔다. 그와 함께 문 대통령에게 "김정은 위원장과 대화해서 그 결과를 자신에게 알려주는 등 적극적인 중재 역할을 해줄 것"을 당부했다.

아베 총리와 통화는 그 뒤인 오후 7시 30분부터 10분 동안 이루어졌다. 통화를 끝낸 아베 총리가 총리 공저 앞에 대기하고 있던 기자들 앞에 나선 시각은 오후 7시 47분이었다. 그는 "방금 트럼프 대통령과 전화 회담을 통해 두 번째 미북 정상회담의 결과에 대한 보고를 받았다"고 운을 뗀 뒤 다음과 같이 말했다.

조선반도의 비핵화를 실현한다는 강한 결의 아래 안이한 양보를 하지 않고 동시에 건설적인 논의를 지속해 북한의 구체적인 행동을 촉구해간다는 트럼프 대통령의 결단을 전면 지지한다. [트럼프 대통령이] 일본에게 중요한 납치 문제와 관련해 지난밤 통역을 포함한 일대일 회담에서 납치 문제에 대한 나의 생각을 김정은 위원장에게 전했다고 한다. 상세한 내용을 소개하는 것을 삼가겠지만, 그 뒤 저녁 식사에서도 다시 트럼프 대통령이 납치 문제를 제기했고, 정상 간에 진지한 논의가 이루어졌다고 들었다. 다음은 나 자신이 김정은 위원장과 [직접] 마주해야 한다고 결의하고 있다. 이후로도 납치 문제 그리고 핵 문제, 미사일 문제 등의 해결을 위해 일미가 확실하고 긴밀히 연대해가기로 하겠다.

문 대통령이 회담 결렬을 두고 짙은 아쉬움을 애써 감추며 차기 회담에 대한 기대를 드러낸 데 견줘, 아베 총리는 트럼프 대통령이 안이한 양보를 하지 않은 데 가슴을 쓸어내리며 기뻐한 것이다. 그리고 이 짧은 언급 속에서 한국과 관련한 얼핏 보면 사소하지만, 실제로는 중요한 변화가 이루어졌음을 확인할 수 있다. 그동안 아베 총리는 일본이 말하는 핵·미사일·납치 3종 세트의 해결을 이야기하며 "일미, 일미한이 연대해야 한다"는 표현을 써왔다. 하지만 이제 연대의 대상에서 한국이 제외된 채 "일미"로 한정되고 말았다. "한국을 더 이상 상대하지 않겠다"는 뜻을 재차 우회적으로 드러낸 것이다.

하노이 결렬에 가슴을 쓸어내린 것은 아베 총리만이 아니었다. 아베 총리의 측근 중 하나인 하기우다 고이치萩生田光一 자민당 간사장 대행은 그날 밤 도쿄에서 열린 한 모임에서 "트럼프 대통령이 안이한 타협을 안 해 다행이라는 게 솔직한 감상이다. [한반도에서] 핵을 없애는 노력은 필요하지만, 단거리 미사일은 남겨둬도 좋다고 [트럼프 대통령과 북한이] 손을 잡아버리면, 일본에 대한 위협은 사라지지 않는다. 결과를 냉정히 받아들이고 확실히 추이를 지켜보려 한다"고 말했다. 이것이 하노이 결렬을 바라보는 아베 정권과 일본 우익의 솔직한 마음이었다.

현상변경 대 현상유지

한일 정상의 대조적인 반응을 통해 확인할 수 있듯 2·28 하노이 회담은 한반도 비핵화의 구체적 실현 방안을 논의하기 위해 북미 간에 벌인 '세기의 담판'이었지만, 다른 한편으로는 성장한 한국이 동아시아의 바람직한 미래상을 놓고 일본을 상대로 벌인 치열한 '간접 외교전'이기도 했다.

　　2017년 북미의 격렬한 대립에 이어 2018년 1월 극적으로 대화가 시작된 이후, 한국은 남북 관계를 개선하고 북미 대화를 촉진해 70년 넘게 한반도를 억눌러온 냉전 질서를 해체하는 현상변경을 시도했다. 문재인 정부는 스스로의 힘으로 "지난 대립과 갈등을 끝낸 새 평화협력공동체"인 '신한반도체제'를 구축하길 원했다. 문 대통령은 하노이 회담을 이틀 앞둔 26일 서울 효창공원에 자리한 백범기념관에서 국무회의를 여는 파격을 선보이며 "한반도를 둘러싼 국제질서도 달라지고 있다. 무엇보다 중요한 것은 우리가 스스로 그 변화를 주도할 수 있게 되었다는 사실"이라고 말했다. 그리고 이어진 3·1절 100주년 기념사에선 북미 정상이 "장시간 대화를 나누고 상호 이해와 신뢰를 높인 것만으로도 의미 있는 진전"이었다고 평가하며 앞으로 한국이 주도해 이끌어 나갈 새로운 비전을 제시했다. 읽으면 울컥 감정이 북받칠 정도로 감동적이고 절실하지만, 결국 너무 앞서나간 연설이었다.

　　이제 우리의 역할이 더욱 중요해졌습니다. 우리 정부는 미국, 북한과 긴밀히 소통하고 협력하여 양국 간 대화의 완전한 타결을 반드시 성사시켜낼 것입니다. 우리가 갖게 된 한반도 평화의 봄은 남이 만들어준 것이 아닙니다. 우리 스스로, 국민의 힘으로 만들어낸 결과입니다. 통일도 먼 곳에 있지 않습니다. 차이를 인정하며 마음을 통합하고, 호혜적 관계를 만들면 그것이

바로 통일입니다. 이제 새로운 100년은 과거와 질적으로 다른 100년이 될 것입니다.

'신한반도체제'로 담대하게 전환해 통일을 준비해나가겠습니다. 신한반도체제는 우리가 주도하는 100년의 질서입니다. 국민과 함께, 남북이 함께, 새로운 평화협력의 질서를 만들어낼 것입니다. 신한반도체제는 대립과 갈등을 끝낸, 새로운 평화협력공동체입니다. 우리의 한결같은 의지와 긴밀한 한미 공조, 북미 대화의 타결과 국제사회의 지지를 바탕으로 항구적인 평화체제 구축을 반드시 이루겠습니다.

신한반도체제는 이념과 진영의 시대를 끝낸, 새로운 경제협력공동체입니다. 반도에서 '평화경제'의 시대를 열어나가겠습니다. 금강산 관광과 개성공단의 재개 방안도 미국과 협의하겠습니다. 남북은 지난해 군사적 적대 행위의 종식을 선언하고 '군사공동위원회' 운영에 합의했습니다. 비핵화가 진전되면 남북 간에 '경제공동위원회'를 구성해 남북 모두가 혜택을 누리는 경제적 성과를 만들어낼 수 있을 것입니다. 남북 관계 발전이 북미 관계의 정상화와 북일 관계 정상화로 연결되고, 동북아 지역의 새로운 평화안보 질서로 확장될 것입니다. 3·1독립운동의 정신과 국민통합을 바탕으로 신한반도체제를 일궈 나가겠습니다.

앞서 나간 것은 연설만이 아니었다. 인사 또한 그랬다. 청와대는 북미가 하노이에서 충돌하고 있던 28일 외교안보정책을 총괄하는 국가안보실 1·2차장을 동시 교체했다. 특히, 노무현 정부 시절

한미 자유무역협정 FTA 체결에 산파 역할을 했던 통상전문가인 김현종 산업통상자원부 통상교섭본부장을 남관표 2차장의 후임으로 임명한 인사가 눈길을 끌었다. 〈조선일보〉는 이튿날인 3월 1일 자 6면에서 "대북제재 완화 이후 본격적인 남북 경협을 추진하기 위한 목적이 아니었냐는 관측이 나온다"고 전했다. 하노이 회담에서 북미 간에 의미 있는 합의가 이루어질 것으로 확신하고, 김 제2차장에게 남북 및 동북아 경제협력 구상의 총지휘를 맡겼다는 것이다.

당시 한국 정부 내부 분위기에 대해 볼턴 보좌관은 재미있는 증언을 남기고 있다. 한국 정부 역시 북한이 무모한 '단일 전략'으로 미국을 상대할 줄은 꿈에도 예상치 못했던 것이다. 하노이 결렬 이후 정의용 실장은 볼턴 보좌관에게 전화를 걸어 "한국에서 김정은이 플랜B도 없이 한 가지 전략만 들고 하노이까지 갔다는 사실에 모두들 놀랐다"고 말했다.* 이 성급한 인사로 등장한 김 차장은 7월 이후 엉뚱하게도 한일 갈등을 증폭시키는 역할을 하게 된다.

일본은 '스스로의 힘으로 새로운 동아시아 질서를 만들어가

---

* 하노이 회담을 앞두고 남북 간에 얼마나 밀도 높은 논의가 이루어졌는지에 대해선 아직도 명확한 전모가 드러나 있지 않다. 이영종 〈중앙일보〉 통일북한전문기자는 〈중앙일보〉 2020년 6월 25일 자 25면에 남북 간 막후 접촉 사정에 밝은 한 대북 전문가를 인용해 "하노이로 가는 전용 열차 안에서 김정은 위원장은 서울로 3차례 전화를 걸었다. '영변만 내놓으면 틀림없는 거냐'며 북미 정상회담에 임하는 워싱턴의 전력과 분위기를 문재인 대통령과 청와대에 캐물었다"고 전했다. 이 증언이 사실이라면, 하노이 회담이 실패하는 과정에서 북에게 잘못된 시그널을 주는 등 남쪽도 상당한 잘못을 저지른 게 된다. 하지만 볼턴 보좌관의 증언에 따르면 정의용 실장도 북한이 플랜A만 갖고 무모하게 정상회담에 나설 줄은 모르고 있었다. 한국이 2차 북미 정상회담에 임하는 북한에게 여러 전략적 조언을 해줬을 수는 있지만, 한 장만 준비해온 카드를 꽁꽁 숨긴 채 회담 전날인 27일 밤 갑작스레 공개할 줄은 청와대도 예측하지 못했던 게 아닌가 한다.

겠다'는 한국의 열망을 우려스러운 눈으로 지켜보고 있었다. 한국의 현상변경 전략에 맞서, 일본은 북한의 핵 개발과 중국의 부상이 몰고 온 동아시아의 '신냉전'에 대비해 미일 동맹을 강화하고 한국을 그 틀 아래 3각 협력 틀에 묶어두는 현상유지 전략을 추진했다. 기타오카 신이치北岡伸一 도쿄대 명예교수 등 아베 정권의 외교안보 브레인들이 모여 만든 '후지산 회합富士山会合'이 2017년 4월 펴낸 정책 제언집《더 강력한 동맹을 지향하며より強固な同盟を目指して》를 보면 "일미는 한국이 앞으로도 일미한 협력의 틀에 머물도록 협력해가야 한다. 앞으로는 [중국과 북한의 위협에 대응해] '일미한 방위협력 가이드라인'(3개국 공동작전계획)을 책정해야 한다"고 밝히고 있다. 냉전 해체와 통일을 목표로 독자 외교를 추진하는 한국의 움직임을 봉쇄해 지금처럼 미일 동맹의 하위 파트너로 잡아두어야 한다는 주장이었다. 이후 한일 사이에서 전개되는 격렬한 공방은 동아시아의 미래상에 대해 두 나라가 품고 있던 화해할 수 없는 전략관의 대립이 '하노이 노 딜'을 통해 폭발한 결과라고 설명할 수 있다.

이 무렵 한일 관계가 사실상 '막장'에 이르렀음을 보여주는 일화가 있다. 하노이 회담 직전인〈조선일보〉와〈동아일보〉의 2월 11일 자 보도를 보면, 9일 도쿄 게이오대 현대한국연구센터에서 '동북아시아의 새로운 질서 구상'이라는 제목의 한일 공동 심포지엄이 열렸다. 문정인 대통령 통일외교안보특보의 기조연설이 끝나자 일본 내 대표적 한국 전문가인 기미야 다다시木宮正史 도쿄대 교수가 "일본에 대해 아무 언급이 없는 것에 충격받았다. 이것이 현재 한국의 입장을 반영하는 것이 아니냐"고 불쾌감을 드러냈다. 이에 대해

문 특보는 "일본은 부정적인 외교만 적극적으로 할 게 아니라, [지금 진행되는 '한반도 화해'라는] 판이 되는 쪽으로 적극성을 가져야 한다"고 말하며 그동안 쌓아둔 불만을 드러냈다. 일본이 한국이 주도하는 한반도 평화 프로세스의 진전을 사실상 방해하고 있는 게 아니냐는 지적이었다. 일본이 보여온 훼방꾼 같은 모습에 대해 한국인이 느낀 불쾌감과 의구심은 2·28 하노이 파국을 계기로 거대한 분노와 적대감으로 변하기 시작한다. 이런 심리를 가장 잘 응축해 보여준 이는 정동영 전 통일부 장관이었다. 그는 3월 2일 일본에 대한 노골적인 적의로 가득 찬 짧지만 강렬한 글을 페이스북에 남겼다.

> 하노이 담판 결렬 뒷전에 일본의 그림자가 어른거린다. 세계의 지도자 중에 하노이 담판 실패에 환호한 사람은 아베 총리 한 사람이다. 그는 지난해 싱가포르 북미 정상회담 이후 일관되게 "3No"를 외쳐왔다. 종전선언 No, 제재 완화 No, 경제 지원 No. 이 세 가지는 국내 보수세력의 주장인 동시에 하노이 회담 격침을 노려왔던 워싱턴 강경세력의 생각과 궤를 같이한다. (중략) 하노이 외교 참사가 아베 정부의 쾌재로 이어지는 동북아 현실이야말로 냉엄한 국제정치의 속살이다.

지금껏 이어진 한일 대립을 통해 양국 국민 사이엔 이미 우려할 만한 수준의 적대감이 형성돼 있었다. 하노이 결렬 이후 이런 감정은 더 증폭되기 시작했다. 한반도 평화 프로세스를 훼방 놓은 일본은 용서할 수 없는 한국의 '적'이라는 인식이 생겨나기 시작한 것이다.

하노이 파국의 여파

하지만 안타깝게도 사면초가의 위기에 놓이게 된 것은 일본이 아닌 한국이었다. 하노이의 대실패로 문재인 정부는 남한 중재자론에 근본적 회의를 갖게 된 '북한의 반발', 강제동원 피해자 배상 판결과 관련해 대응을 요구하는 '일본의 압박', 한국의 대북 영향력을 회의하게 된 '미국의 불신'이라는 세 갈래 외교적 난제에 대처해야 했기 때문이다.

가장 먼저 시작된 것은 예상대로 일본의 압박이었다. 하노이 파국으로부터 열흘 남짓 지난 3월 12일 오후 4시 14분, 마루야마 호다카丸山穂高 의원이 중의원 재무위원회 발언대에 올랐다. 그는 "정부가 [한국에 대한 보복조치로] 관세 인상을 검토한다는 기사가 나왔다"고 말하며 한국에 '보복조치'를 검토하고 있는지 거듭 물었다. 그의 질문은 강제동원 피해자에 대한 배상 판결 문제로 악화될 대로 악화된 한일 관계의 맥락을 떠올릴 때 매우 민감한 내용이었다. 결국 아소 다로麻生太郎 부총리 겸 재무상이 답변대에 올라 "여러 대항조치가 있다. 관세뿐 아니라 송금 정지, 비자 발급 정지 등 여러 보복조치가 있으리라 생각한다"고 말했다. 이즈음부터 한국 언론에도 일본 정부가 아소가 언급한 여러 조치 외에도 7월에 실제 가동되는 불화수소 수출 중단 등의 카드를 매만지고 있다는 보도가 나오기 시작한다.

충격적 문답에 놀란 외교부는 이튿날인 13일 헐레벌떡 보도자료를 내어 "김용길 동북아국장이 14일 오후 외교부에서 가나스기 겐지 일본 외무성 아시아대양주국장과 한일 국장급 협의를 개최할 예정"이라고 전했다. 돌이켜 생각해보면, 이 시점이 한국과 일본이 극한의 충돌을 피할 수 있는 마지막 기회였다. 하노이 파국으로 발생한 위기를 넘기려면 일본을 자극하지 않는 '섬세한 외교'를 펼쳐야 했다. 당장 일본 정부가 지난 1월 9일 한일 청구권 협정 3조 1항에 근거해 요청한 외교 협의를 받아들일지 여부를 결정해야 했다. 이 요청을 수용해야만 폭발 직전까지 차오른 일본의 불만을 달래면서(즉, 시간을 벌면서), 한일 외교 당국이 문제 해결을 위한 진지한 협상을 시작할 수 있었다. 하지만 이 상황에서도 "사법부의 판결에 정부가 관여할 수 없다"고 말한 문 대통령의 1월 10일 새해 기자회견 답변 때문인지, 정부의 결정은 내려지지 않고 있었다. 청와대 방침이 없는 상황에서 국장급 당국자끼리 만나봐야 뾰족한 해법이 나올리 만무했다. 회담이 끝난 뒤 가나스기 국장은 일본 언론에 "'대항조치를 포함해 여러 선택지를 검토하고 있다'는 뜻을 한국에 전했다"고 하면서도 "대응조치를 취하지 않는 편이 [일본 입장에서도] 훨씬 낫다. 먼저 [한국의] 대응을 지켜보겠다"고 여지를 주었다.

하지만 가나스기가 "지켜보겠다"고 말한 한국 정부의 대응은 이후에도 좀처럼 나오지 않았다. 이수훈 대사가 4월 8일 이임 인사를 건네기 위해 아베 총리를 방문했을 때도 고노 외상이 12일 이 대사를 재차 초치했을 때도 23일 양국 국장이 서울에서 다시 만났을 때도 한국 정부는 묵묵부답이었다. 이유는 간단했다. 한일이 거대한 충돌을 향해 달려가던 4월 중순에도 문 대통령의 시선은 하노이의 실패를 만회할 수 있는 3차 북미 정상회담에 쏠려 있었기 때문이다.

문 대통령은 11일 "북미 간 대화의 동력을 빠른 시일 내에 되살리기"[4] 위해 백악관에서 트럼프 대통령과 정상회담에 임했다. 문 대통령은 모두발언에서 "중요한 것은 대화의 모멘텀을 계속 유지시켜 나가고 또 가까운 시일 내에 3차 북미 회담이 열릴 수 있으리라는 전망을 세계에 심어주는 것"이라고 말했다. 그러나 북미 대화에 대한 트럼프 대통령의 열정은 전보다 식어 있었다. 볼턴 보좌관은 회고록에서 3차 정상회담을 "판문점이나 미 해군 함정에서 열자"는 문 대통령의 제안에 트럼프 대통령이 "제안에 감사하지만, 내가 바라는 것은 다음번 회담에서 실질적인 협정을 맺는 것"이라고 답했음을 전하고 있다. 흥미로운 것은 이 무렵 동맹 갈등에 무관심한 트럼프 대통령마저 '한일 관계는 어떠냐'고 우려의 뜻을 전해왔다는 점이었다. 문 대통령은 "과거 역사가 미래 양국 관계에 장애가 되어선 안 되지만 때로 일본이 이슈를 만드는 게 문제"라는 기존 입장을 되풀이했다.

그러는 사이 또 다른 복잡한 소식들이 전해져왔다. 첫 번째, 한국 원고인단이 일본 연호가 '레이와'로 바뀐 첫날인 5월 1일 압류 상태에 있는 일본 기업 자산을 현금화하는 절차에 돌입했다. 두 번째 소식은 그보다 더 충격적이었다. 침묵하던 북이 5월 4일 오전 원산 호도반도에서 화력타격훈련을 실시한 것이다. 비록 단거리이긴 했지만 북한이 탄도미사일을 쏜 것은 2017년 11월 29일 대륙간탄도미사일인 화성-15형 발사 이후 1년 6개월 만이었다. 여러 의미로 심상치 않은, 심각한 정세의 변화였다.

13장 전략 수정

북한, 한국의 약점을 드러내며 방향을 틀다

심야 기자회견

안타깝게도 북의 미사일 발사는 일회성으로 그치지 않았다. 5월 4일 '신형 전술유도병기'라 지칭한 단거리 미사일을 쏘아 올린 지 닷새 만인 9일 평안북도 구성에서 다시 두 발의 미사일을 쏘아 올렸다. 첫 번째 발은 오후 4시 29분 발사돼 약 420㎞, 두 번째 발은 4시 49분쯤 발사돼 약 270㎞를 날았다.[1] 이후 '북한판 이스칸데르 KN-23'라 불리게 되는, 지금껏 공개한 적이 없는 새로운 무기였다. 북은 2019년 한 해에만 12번이나 '신형 전술유도병기', '신병기', '전술유도병기', '초대형 방사포' 등 다양한 이름을 사용해가며 남한을 표적으로 한 단거리탄도미사일 혹은 단거리탄도미사일로 보이는 비상체를 쏘아 올렸다. 대륙간탄도미사일을 쏘아 올려 미국을 자극하는 결정적인 선은 넘지 않으면서 '하노이 결렬'에 대한 불만을 드러내는 계획된 도발이었다.

"하노이까지 먼 길을 오면서 전임자들이 지금껏 내놓은 것과 비교할 수도 없는" 영변 카드를 내밀고도 원하는 제재 해제를 얻어내지 못한 북한은 크게 당황했다. 2차 북미 정상회담 결렬을 '다음 대화를 위한 일시적 어려움'으로 받아들인 한국이나 미국과 달리, 이 처참한 실패에 대한 북한의 전략적 평가는 심각할 수밖에 없었다.

하노이 회담이 수포로 돌아간 뒤 북이 자신들의 실망감을 공개한 것은 바로 그날 밤이었다. 리용호 외무상과 최선희 부상은 3월 1일(현지시각) 0시 15분께 숙소인 멜리아 호텔로 기자들을 불러 모았다. 북은 자신들이 느낀 좌절감을 조금이라도 빨리 전하려 했지만, 익숙지 않은 하노이에서 기자들을 모으기란 쉽지 않은 일이었다. 당시 취재 현장에 있던 김지은 〈한겨레〉 기자는 "하노이 외교부 등을 통해 북이 기자회견을 준비 중이라는 소식이 전해지기 시작했다. 워낙 급박한 상황이었기 때문에 시간에 맞춰 현장에 도착한 언론은 그리 많지 않았다"고 말했다.

〈한겨레〉는 이날 기자회견에 가까스로 도착한 언론사 가운데 하나였다. 하노이 시내 한복판에서 이루어진 한밤중의 마라톤에 성공한 노지원 통일외교팀 기자 덕에 〈한겨레〉는 '북한 외무상, 끝내 그 질문엔 답하지 않았다'라는 제목이 달린 11분 19초 길이의 기자회견 전체 영상을 공개할 수 있었다. 노 기자가 찍은 별도 영상을 보면, 호텔 정문을 지나 미친 듯이 회견장으로 뛰어가는 그를 향해 한 북한 관계자가 "뛰지 말아요, 선생님"이라고 달래는 장면도 확인할 수 있다.

0시 15분, 리용호 외무상과 최선희 부상이 아직 채 숨을 고르지 못한 기자들 앞에 모습을 드러냈다. 최 부상은 "나는 어제 [북미 2차 정상회담이 실패로] 끝나자마자 우리 입장을 발표해야겠다는 생각은 가지고 있었다. 하지만 기자들[명단]을 우리가 장악하고 있는 것도 없고 호텔에 들어올 경우 걸쳐야 하는 보안 절차가 있어 준비가 두어 시간가량 걸렸다"고 말했다.

이어 리용호 외무상의 차분한 목소리가 기자회견장에 울려 퍼지기 시작했다.

제2차 조미 수뇌상봉 회담 결과에 대한 우리의 입장을 밝히겠습니다. 질문은 받지 않겠습니다. 조미 양국 수뇌분들은 이번에 훌륭한 인내력과 자제력을 가지고 이틀간에 걸쳐서 진지한 회담을 진행했습니다. 우리는 지난해 6월 싱가포르에서 했던 제1차 조미 수뇌상봉과 회담에서 공동인식으로 이룩된 신뢰 조성과 단계적 해결 원칙에 따라서 이번 회담에서 현실적인 제안을 제기했습니다. 미국이 유엔 제재 일부, 즉 민수경제와 특히 인민생활에 지장을 주는 항목의 제재를 해제하면 우리는 영변지구의 플루토늄과 우라늄을 포함한 모든 핵물질 생산시설들을 미국 전문가들의 입회하에 두 나라 기술자들이 공동의 작업으로 영구적으로 완전히 폐기한다는 것입니다. 우리가 요구하는 것은 전면적인 제재 해제가 아니라 일부 해제, 구체적으로는 유엔 제재 결의 총 11건 가운데서 2016년부터 2019년까지 채택된 5건, 그중에서 민수경제와 인민생활에 지장을 주는 항목들만 먼저 해제하라는 것입니다. 이것은 조미 양국 사이 현 신뢰 수준 놓고 볼 때 현 단계에서 우리가 내짚을 수 있는 가장 큰 보폭의 비핵화 조치입니다.

리 외무상이 밝힌 대로 북의 요구는 2016년 이후 부과된 안보리 제재 5건 가운데 민수경제와 인민생활에 지장을 끼치는 것들을 해제해달라는 것이었다. 유엔 안보리는 북핵 위협이 결정적인 선을 넘게 되는 2016년 이후 총 5개의 제재를 쏟아냈다. 북한이 4차 핵실험을 감행한 뒤인 2016년 3월 안보리 결의 2270호를 통해 북한의 금·티타늄·희토류 수출을 전면 금지했고, 5차 핵실험 뒤인 2016년 11월에는 안보리 결의 2321호를 통해 석탄 수출의 상한을 설정했다. 이어 대륙간탄도미사일인 화성-14형을 쏘아 올린 뒤인 2017년 8월에는 안보리 결의 2371호를 통해 북한의 주요 수출품인 석탄·철·철광석의 수출을 전면 금지했다. 또 6차 핵실험을 벌인 뒤인 2017년 9월에는 안보리 결의 2375호를 통해 "대북 원유 공급을 연간 400만 배럴, 정유제품 공급을 200만 배럴로 제한하고 해외 북한 근로자의 신규 고용을 금지"했다. 한발 더 나아가 북한 선박과 공해상에서 '물품 이전'(환적)을 하는 행위를 금지했다. 이를 감시하기 위해 일본 해상자위대가 한반도 주변에 대한 초계활동을 강화하는 과정에서 2018년 12월 말 '초계기 갈등'이 발생했음을 9장에서 자세히 설명했다. 그리고 국가 핵무력이 완성됐음을 입증한 화성-15형 시험발사 뒤에는 안보리 결의 2397호를 통해 대북 정유공급 제한을 애초 200만 배럴에서 50만 배럴로 낮추고, 해외 파견 북한 근로자가 24개월 내에 북으로 귀환해야 한다고 결의했다. 북한 입장에서는 영변을 내던졌으니 이 정도 요구는 당연하다고 생각했을지 모르지만, 위에 언급한 제재는 현재 북한 경제의 숨통을 옥죄는 핵심 중의 핵심이었다. 미국이 이를 두고 북한이 '사실상' 모든 제재를 풀어줄 것을 요구했다고 해석해도 어쩔 수 없는 노릇이었다.

　　리용호 외무상의 발언은 이어졌다.

이번 회담에서 우리는 미국의 우려를 들어주기 위해서 핵시험과 장거리로케트 시험발사를 영구적으로 중지한다는 확약도 문서형태로 줄 용의를 표명했습니다. 이 정도의 신뢰 조성 단계를 거치면 앞으로 비핵화 과정은 더 빨리 전진할 수 있을 것입니다. 그러나 회담 과정에 미국 측은 영변지구 핵시설 폐기 조치 외에 한 가지를 더 해야 한다고 끝까지 주장했으며 따라서 미국이 우리의 제안을 수용할 준비가 돼 있지 않다는 것이 명백해졌습니다. 현 단계에서 우리가 제안한 것보다 더 좋은 합의가 이루어질 수 있겠는지 이 자리에서 말하기 힘듭니다. 이런 기회마저 다시 보기 힘들 수도 있습니다. 완전한 비핵화로의 려정에는 반드시 이러한 첫 단계 공정이 불가피하며 우리가 내놓은 최량의 방안이 실현되는 과정을 반드시 거쳐야 할 것입니다. 우리의 이러한 원칙적 입장에는 추호도 변함이 없을 것이고 앞으로 미국 측이 협상을 다시 제기하는 경우에도 우리의 방안에는 변함이 없을 것입니다. 이상입니다.

리용호 외무상은 "질문은 받지 않겠다"고 했지만, 현장에 모인 기자들이 아우성치자 최선희 부상이 질문을 받기 위해 앞으로 다가왔다. 이날 회견은 기자 입장에선 하노이 결렬에 대한 북의 입장과 향후 방침을 리용호, 최선희의 입을 통해 직접 확인할 수 있는 '평생 한 번 있을까 말까' 한 매우 소중한 취재 기회였다. 하지만 첫 질문은 뜬금없기 이를 데 없었다. 한 기자가 우렁찬 한국어로 최 부상에게 물었다.

"김정은 위원장은 서울에 언제 답방하시나요?"

최 부상은 이 질문을 무시하고 "우리 외무상 동지가 한 기자회견에서 의문시되거나 물어볼 것이 있으면 몇 가지 질문만 받겠다"고 말했다. 우렁찬 목소리는 다시 물었다.

"김정은 위원장 서울 답방하시나요?"

최 부상은 "회담과 관련된 질문에 국한시켜 달라"고 말하며 답하지 않았다. 이번엔 한 외국 기자가 오토 웜비어 사망에 대한 견해를 묻자, "회담과 관련된 질문이 아니면 답하지 않겠다"고 영어로 응수했다. 그제야 비로소, 북미 회담이 결렬된 원인과 관련한 예리한 질문 공세가 시작됐다.

"미국이 영변지구 외에 또 하나 조치해야 한다고 했는데 어떤 조치인가요?"

최선희 부상은 질문의 핵심에서 비껴선 채 북의 기본 입장을 다시 한번 길게 설명했다. "영변 핵 단지 전체, 그 안에 들어 있는 모든 플루토늄 시설, 모든 우라늄 시설 포함한 모든 핵시설을 통째로 미국 전문가의 입회하에 영구적으로 폐기할 데 대한 역사적으로 제안하지 않았던 제안을 이번에 했다. 이런 제안에 대해서 미국 측이 이번에 받아들이지 않은 것은 천재일우의 기회를 놓친 것이나 같다고 생각한다."

"또 하나의 핵시설이 강선인가요?"

난감한 질문이었는지 최 부상은 답하지 않았다.

"전문가 입회는 사찰과 검증을 포함하나요?"

최 부상은 이 질문에도 답하지 않은 채 자신들의 주장을 다시 길게 설명했다. 기자가 재차 물었다.

"전문가 입회는 사찰과 검증을 포함하는 것인가요?"

그제야 최 부상이 입을 열었다. 하지만 질문에 대한 답은 아니었다. "우리 국무위원장 동지께서 미국에서 하는 미국식 계산법에 대해서 리해하기 힘들어하지 않는가, 리해가 잘 가지 않아 하시는 듯한 느낌을 받았다. 앞으로 이렇게 지난 식에 있어보지 못한 영변 핵 단지를 통째로 폐기할 데 대한 그런 제안을 내놨음에도 불구하고 민수용 제재 결의 부분적인 결의까지 해제하기 어렵다는 미국측의 반응을 보면서 우리 국무위원장 동지께서 앞으로의 조미 거래에 대해서 의욕을 잃지 않으시지 않았는가 하는 느낌을 받았다."

답변을 마친 최 부상은 경호원들에 둘러싸여 회견장을 빠져나갔다. 노지원 기자가 따라붙으며 "미국이 추가적으로 요구한 게 뭔가요?"라고 거듭 물었지만, 최 부상은 답하지 않았다. 회견은 그것으로 끝났다.

북한의 전략 수정

그로부터 보름 뒤인 15일 최 부상은 평양에서 취재진 앞에 다시 모습을 드러냈다. AP통신, 타스통신 등 해외 통신사들을 불러모아 "미국의 강도 같은 입장이 결국 상황을 위험에 빠뜨렸다. 우리는 어떤 형태로든 미국과 타협할 생각이 없다"는 입장을 재차 밝혔다.

그뿐이 아니었다. 그동안 우호적으로 언급해온 한국 정부의 역할에 대한 평가도 냉소적으로 바뀌었다. 리용호 외무상은 불과 6개월 전인 2018년 9월 29일 유엔 총회 연설에서 "최근 북남 관계에서 나타난 급속한 개선과 협력 분위기는 신뢰 조성이 어떤 결정적 역할을 발휘할 수 있는지 잘 보여준다. 만일 비핵화 문제의 당사자가 미국이 아니라 남조선이었다면 조선반도 비핵화 문제도 지금 같은 교착 상태에 빠지는 일이 없었을 것"이라고 말했었다. 하지만 최 부상은 이날 "미국의 동맹인 남한은 중재자가 아닌 플레이어"라는 평가를 남겼다. 문재인 정부의 중재자 역할을 더는 인정하지 않겠다는 선언이었다.

석양이 진 뒤에야 날아오르는 미네르바의 부엉이처럼 부질없는 사후 객담이지만, 2019년 2월 말 '하노이 결렬' 이후 한반도 주변 정세는 전방위적으로 꼬여가고 있었다. 리 외무상과 최 부상이 거듭 밝힌 대로 북한은 자신들이 생각한 최고의 카드인 영변을 내던졌지만, 미국은 제재 해제 요구를 받아들이지 않았다. 이를 통해 북은 두 가지를 깨닫게 된다.

첫 번째는 제재 해제가 사실상 불가능에 가깝다는 것, 두 번째는 한국의 대미 설득 능력이 변변치 않았다는 것이었다. 남북은

2018년 9월 19일 평양공동선언에서 영변 카드를 통해 교착된 북미 핵협상을 돌파하자고 합의했다. 북은 남을 철석같이 믿고 2019년을 '경제개발의 원년'으로 삼기 위해 제재 해제를 위한 용기 있는 한 걸음을 내디뎠다. 하지만 돌아온 것은 세계적인 망신이었다. 북은 이런 전략적 깨달음을 바탕으로 2018년 1월 신년사 이후 추진해온 대외 전략에 대대적 수정을 가한다.

북한이 수정된 대외 전략을 공개한 것은 하노이 실패 이후 40여 일이 지난 최고인민회의 제14기 제1차 회의를 통해서였다. 김정은 위원장은 회의 이틀째인 4월 12일 시정연설에서 하노이에서 미국이 보인 태도를 "선先무장해제, 후後제도전복 야망을 실현할 조건을 만들어보려고 무진 애를 쓴" 것이라 평가하며, "미국이 우리 국가의 근본 이익에 배치되는 요구를 그 무슨 제재 해제의 조건으로 내들고 있는 상황에서 우리와 미국의 대치는 어차피 장기성을 띠게 되어 있으며 적대세력의 제재 또한 계속되게 될 것"이라고 전망했다. 미국의 제재가 이렇듯 당분간 해제될 수 없는 '상수'라면, 북이 택할 수 있는 유일한 경제발전의 길은 '자력갱생'이고 새로운 대미 요구는 '적대시 정책의 철회'가 될 수밖에 없었다. 다음 구절을 보면, 이에 대한 김 위원장의 속내를 분명히 알 수 있다.

힘으로는 우리를 어쩔 수 없는 세력들에게 있어서 제재는 마지막 궁여지책이라 할지라도 그 자체가 우리에 대한 참을 수 없는 도전인 것만큼 결코 그것을 용납할 수도 방관할 수도 없으며 반드시 맞받아나가 짓뭉개 버려야 합니다. 장기간의 핵위협을 핵으로 종식시킨 것처럼 적대세력들의 제재 돌풍은 자립, 자력의 열풍으로 쓸어버려야 합니다. (중략) 최근 미국이 제3차 조미 수뇌회담을 또다시 생각하고 있으며 대화를 통한 문제 해결을 강력히 시사하고 있지만, 새로운 조미 관계수립의 근본 방도인 적대시 정책의 철회를 여전히 외면하고 있으며 오히려 우리를 최대로 압박하면 굴복시킬 수 있다고 오판하고 있습니다

하지만 어렵게 쌓은 정상 간의 끈끈한 관계 때문이었는지 미국과 대화의 끈을 완전히 놓지는 않았다. "미국이 지금의 계산법을 접고 새로운 계산법을 갖고 우리에게 다가오는 것이 필요"하다고 말하며 "올해 말까지는 인내심을 갖고 제3차 조미 수뇌회담을 해볼 용의가 있다"는 여지를 두었기 때문이다. 그러나 하노이 이전에 견주어 북미 대화의 전망은 크게 어두워질 수밖에 없었다.

북한의 새 노선은 남북 관계에 두 가지 충격을 예고하고 있었다. 첫째, 북이 미국의 제재를 상수로 생각하겠다고 밝혔으니 영변 핵시설과 유엔 안전보장이사회의 핵심 제재를 맞바꾼다는 하노이 회담의 '교환 공식'은 폐기된 것이나 마찬가지였다. 김 위원장은 석 달 전인 1월 신년사에서 "온 겨레가 북남 관계 개선의 덕을 볼 수 있게 하자"고 말하며 "아무 전제조건이나 대가 없이 개성공업지구와 금강산 관광을 재개할 용의가 있다"는 뜻을 밝혔었다. 하지만 이제 자력갱생을 새 노선으로 들고나온 이상 남북 경제협력의 필요성은 크게 줄어들 수밖에 없었다. 게다가 남의 대미 중재 능력은 하노이에서 사실상 밑천을 드러낸 상황이었다. 북이 생각하는 남의 효용성이 크게 줄어들 수밖에 없었다.

둘째, 북이 '제재 해제' 대신 '적대시 정책 철회'를 새롭게 요

구하고 나섰으니 한국의 신형 무기 도입과 한미 연합군사훈련 등의 움직임에 극도로 예민해질 수밖에 없었다. 이를 증명하듯 북은 4월 중순부터 F-35 도입(4월 13일), 한미 연합공중훈련(4월 25일), 한미 연합군사훈련(4월 27일) 등에 대한 비난 수위를 높여갔다. 그래도 남의 태도가 변하지 않자 8월에 이르면, "정경두[국방장관] 같은 웃기는 것"이라는 막말을 내뱉기에 이른다. 남에 대한 실망감이 정욱식 평화네트워크 대표가 저서 《한반도의 길, 왜 비핵지대인가?》에서 이름 붙인 '근친증오' 같은 감정으로까지 악화되고 만 것이다. 그와 함께 시작된 것은 핵실험이나 대륙간탄도미사일 발사라는 북미 간 레드라인을 넘지 않는 북의 저강도 도발이었다. 그때마다 한미일 정상과 북핵 담당자들은 전화 통화와 대면 회담을 거듭해가며 서로가 가진 정보를 확인하고 향후 대응책을 논의할 수밖에 없었다.

이는 결국 한국 외교력의 '급격한 위축'이라는 연쇄 효과를 불러왔다. 미국과 일본은 이 변화를 날카롭게 포착했다. 볼턴 보좌관은 회고록에서 미국이 4월 11일 가진 한미 정상회담과 5월 7일 가진 전화 회담 등을 통해 "하노이 이후 남북 간에 어떤 실질적인 만남"도 없었고, "문재인 대통령과 김정은 위원장의 연락이 끊겼다"는 사실을 눈치챘다고 밝혔다.

일본의 입장 선회

일본의 반응은 좀 더 극적이었다. 일본은 그동안 북일 대화의 접점을 찾기 위해 '좋든 싫든' 한국에 도움을 청해왔다. 아베 총리는 북이 5월 4일 탄도미사일을 발사한 뒤 이에 대한 대응책을 논의하기 위해, 6일 트럼프 대통령과 전화 회담을 진행했다. 아베 총리는 이 자리에서 "대북제재가 제대로 효과를 내고 있기 때문에 김정은 위원장이 어느 때보다 짜증을 내는 상황이다. [북한의 의도는] 국제 사회의 대북제재 공조를 와해시켜 자신에게 유리한 상황을 조성하려는 것"이라고 말했다.[2] 아직 북한과의 대화에 미련을 버리지 못한 트럼프 대통령은 "단거리 미사일을 쏜 것뿐"이라고 뜨뜻미지근하게 반응했다. 아베 총리는 이후 기자들과 만나 다음과 같은 묘한 말을 내뱉기에 이른다.

> 오늘 트럼프 대통령과 전화 회담을 통해 이번 사안을 포함한 최신 한반도 정세에 대해 의견을 나누고 정세를 분석했다. 또 이후 대응에 대해 면밀히 의견을 조정했다. (중략) 북한에 대한 향후 대응과 관련해 모든 면에서 트럼프 대통령과 [의견이] 완전히 일치하고 있다. 이후에도 미국과 일본은 함께 행동하고 완전히 일치된 대응을 한다는 것에 대해 인식을 함께했다. 그리고 또 한반도 비핵화와 관련해선 러시아 푸틴 대통령, 중국의 시진핑 주석과 정상회담을 통해 인식을 공유하고 있다. 이후 일본은 국제사회와 연계하며 한반도의 비핵화 그리고 북한 정세를 포함한 이 지역의 평화와 안정을 위해 적극적인 역할을 해갈 것이다.
>
> 비상체飛翔體에 대해선 이후 일미 전문가들이 협력해 분석해갈 것이다. 그리고 북한과 [관계에선] 일본에게 중요한 문제인 납치 문제가 있다. 납치 문제를 해결하기 위한 기회를 놓치지 않겠다. 나 자신이 김정은 위원장과 만나야 한다. 조건을 붙이지

않고 만나야 한다고 생각하고 있다. 여러 기회를 놓치지 않고 이 문제를 해결해갈 것이다.

아베 총리는 북한의 단거리 미사일 발사에 대한 회견을 진행하면서 트럼프 대통령, 블라디미르 푸틴Vladimir Putin 러시아 대통령, 시진핑 주석과 "인식을 공유했다"고 말하면서도 가장 중요한 핵심 당사국인 한국의 문재인 대통령은 거론하지 않았다.

홍미로운 변화는 또 있었다. 그동안 북일 정상회담을 언급할 때는 "납치 문제 해결에 기여하는 만남이 되어야 한다"는 전제를 달았지만, 이제 "조건을 붙이지 않겠다"고 입장을 바꾼 것이다. 그러면서 "북한에 대한 대응에 대해서는 모든 면에서 트럼프 대통령과 완전히 일치"하고 있음을 강조했다. 북한과 관계 구축을 위해 한국 대신 김정은 위원장과 '기묘한 브로맨스'를 과시하는 트럼프 대통령의 도움을 받는 한편, 이전보다 더 적극적으로 대화를 시도하겠다는 쪽으로 정책을 바꾼 것이다. 그에 따라 아베 총리는 27일 도쿄를 국빈 방문한 트럼프 대통령과 납치 피해자 요코타 메구미의 어머니인 사키에 등 가족회 관계자들의 만남을 주선했다. 이 자리에서 아베 총리는 "트럼프 대통령이 귀중한 시간을 내어 납치 피해자 가족 여러분들과 만나, 여러분의 얘기에 귀를 기울였다. [트럼프 대통령은] 하노이 미조 정상회담에서도 납치 문제를 제기해 내 생각을 김정은 위원장에게 전했다. 트럼프 대통령은 진정 여러분의 기대에 부응하기 위해 외교 노력을 거듭하고 있고, 해결을 위해 전력을 다해 줄 것이라 생각한다"고 말했다. 진창수 세종연구소 일본연구센터장은 2019년 12월 보고서 〈2019년 한일 관계 평가와 2020년 전망〉

에서 아베 총리의 '조건 없는 대화' 언급에 대해 "전통적인 '투 코리아'* 정책으로의 전환을 암시"하는 것이라 평했는데, 이는 탁견이라 하지 않을 수 없다.

그와 함께 한일 갈등의 핵심 현안인 강제동원 피해자 배상 문제에서 초강경 입장으로 선회했다. 일본 정부는 5월 20일 남관표 주일 한국대사를 초치해 이 문제를 외교 협의로 풀겠다는 기존 방침을 포기하고 한일 청구권 협정 3조 2항에 규정된 '중재'** 절차를 따를 것을 요구했다. 외교 협의가 말로 원만히 문제를 풀자는 것이라면, 중재는 '법대로 하자'는 경고라 할 수 있다.

그래서인지 이튿날 오전 10시 30분에 시작된 고노 외무상의 기자회견은 문 대통령의 이름까지 들먹이는 호전적 내용이 될 수밖에 없었다. "1월 9일 한국에 대해 청구권 협정에 기초한 협의를 요청했다. (중략) 이후 4개월 이상 기다려왔다. 우리 쪽에서도 이 이상 기다릴 순 없기에 중재 요청 통고를 하기에 이르렀다. (중략) 한국에서도 일한 관계를 이 이상 악화시키는 것은 바람직하지 않으리라 생각하고 있을 것이기 때문에 문재인 대통령이 한국 정부의 대표로서 분명한 책임을 갖고 대응해줬으면 한다."

일본이 문 대통령의 이름까지 들먹이며 험한 말을 내뱉었으니 한국 역시 좋은 말로 대꾸할 수 없었다. 두 나라 간 말의 응수는 이틀 뒤인 23일 프랑스 파리에서 열린 한일 외교장관 회담으로 이어졌다. 80분 동안 이어진 이날 회담에서 강경화 외교부 장관은 일본을 향해 "신중한 언행의 중요성을 강조"하며 강하게 맞섰다.

---

* 남북을 이간질하며 이익을 취하는 것을 말한다.
** 3인으로 구성된 중재위원회에 판단을 맡기는 것이다.

한일 관계가 속절없이 무너지고 있는데도 문 대통령의 관심은 6월 28~29일 오사카에서 열리는 G20 정상회의를 마치고 방한하는 트럼프 대통령의 일정에 맞춰 장기화되고 있는 북미 교착을 돌파하는 '외교 이벤트'를 만드는 데 쏠려 있었다. 문 대통령은 가능한 모든 발언 기회를 활용해 4차 남북 정상회담과 3차 북미 정상회담의 군불을 때기 위해 노력했다.

이 무렵 볼턴 보좌관의 언급대로 남북 사이에는 의미 있는 소통이 이루어지지 않고 있었지만, '독특한 브로맨스'를 자랑하는 북미 정상은 친서 외교를 이어가고 있었다. 우드워드는 《분노》에서 "하노이 정상회담 이후 트럼프와 김의 친서는 다정했지만, 전보다 줄어들었다infrequent"고 평했다. 하노이에서 안 좋게 헤어진 뒤 먼저 편지를 보내온 것은 트럼프 대통령이었다. 그는 3월 22일 편지에서 "하노이까지 먼 여행을 해줘서 고맙다. 우리가 헤어질 때 당신은 내 친구였으며, 언제나 그럴 것"이라고 적었다.

그에 대한 김 위원장의 답장은 석 달 뒤인 6월 10일에 왔다. 다시 한번 트럼프 대통령을 설득하는 내용이었다. "나는 여전히 당신이 우리의 첫 만남에서 보여준, 이 문제를 이전에 누구도 시도하지 않은 우리의 독특한 스타일로 해결해 새 역사를 쓰겠다는 의지와 결의에 희망을 걸고 있다. 새로운 접근과 이를 위해 필요한 용기가 없으면 이 문제의 해결 전망은 매우 어둡다는 것이 오늘의 현실이다. 나는 우리가 우리의 상호 신뢰에 새로운 기회를 부여하려는 의지와 함께 위대한 일이 벌어지도록 마주 앉을 날이 곧 올 것이라고 믿는다."

이 친서에서 김 위원장은 다시 한번 "이전에 누구도 시도하지 않은 우리의 독특한 스타일"을 언급하면서 "마주 앉을 날" 즉, 3차 북미 정상회담을 요구했다. 이에 대해 트럼프 대통령은 6월 12일 "나는 완전히 당신에게 동의한다I completely agree with you. 당신과 나는 독특한 스타일과 특별한 우정을 갖고 있다. 오직 당신과 내가 함께 일해야 우리 두 나라 사이의 이슈를 해결할 수 있고 70년에 걸친 적대를 끝내며 우리 모두의 엄청난 예상을 뛰어넘는 새 번영의 시기를 한반도에 가져올 수 있다"고 답했다.[3]

"나는 완전히 당신에게 동의한다"는 내용이 담긴 미국 대통령의 친서를 받아든 김 위원장은 어떤 상념에 잠기게 됐을까. 트럼프 대통령을 다시 한번 만날 기회가 온다면, 이번에야말로 설득할 수 있을 거라고 생각하지는 않았을까. 〈조선중앙통신〉은 23일 트럼프 대통령이 친서를 보내왔다는 사실을 전하며, 김 위원장이 "훌륭한 내용이 담겨 있다고 만족을 표시"했다고 전했다.

판문점 깜짝 회동

북미 간의 이 같은 물밑 움직임에 한국 정부는 큰 기대를 걸었다. 트럼프 대통령의 방한을 앞둔 6월 26일 문 대통령은 세계 6대 뉴스통신사와 서면 인터뷰에서 "북미 간에 3차 정상회담에 대한 대화가 이루어지고 있다"는 사실을 공개했다. 하지만 둘 사이 대화에 더 이상 한국이 낄 자리는 없었다. 권정근 북 외무성 미국담당 국장은 27일 담화에서 "남조선 당국자들이 지금 북남 사이에도 다양한 교류와 물밑 대화가 진행되고 있는 것처럼 광고하고 있는데 그런 것은 하나도 없다. 남조선 당국은 제집의 일이나 똑바로 챙기는 것이 좋을 것이다"라고 쏘아붙였다.

이 무렵 한국 정부 앞에 놓여 있던 두 개의 외교적 과제는 급격히 악화된 '남북 관계 회복'과 일본의 불만이 임계치에 달해 있는 '한일 현안 해결'이었다. 정부가 한일 관계 회복을 위한 중요한 기회로 생각했던 것은 6월 말 오사카에서 열리는 G20 정상회의였다. 이에 앞서 한국 정부가 일본에게 타협안을 제시하고 이를 기초로 의미 있는 실무교섭을 진행한다면, 오사카 G20에서 정상회담을 열어 문제 해결의 돌파구를 뚫어낼 수 있었다. 한국 정부가 '강제징용 판결 문제 우리 정부 입장'이라는 한 장짜리 보도자료를 내놓은 것은 일본이 요구한 중재위 설치 기한을 하루 넘긴 6월 19일이었다. 외교부는 이 자료에서 "소송 당사자인 일본 기업을 포함한 한일 양국 기업이 자발적 출연금으로 재원을 조성하여 확정판결 피해자들에게 위자료 해당액을 지급"하자는 타협안을 제시했다.

이 발표를 전해들은 일본은 황당함을 감출 수 없었다. 앞서 이루어진 물밑 교섭에서 일본 정부가 받아들일 수 없다고 딱 잘라 선을 그은 안을 한국이 일방적으로 발표했기 때문이다. 불과 이틀 전인 17일 아키바 다케오 일본 외무성 사무차관은 극비리에 도쿄를 방문한 조세영 외교부 제1차관이 제시한 이 안을 그 자리에서 거부했었다. 일본은 자신들이 거부한 안을 한국이 공개한 데엔 그럴 만한 저의가 있다고 판단했다. 한일 관계가 좀처럼 풀리지 않는 책임을 일본의 탓으로 전가하려는 꼼수라고 생각한 것이다.

하지만 이 안은 2018년 10월 30일 대법원 판결이 나온 뒤 한국 정부가 7개월이나 시간을 끈 뒤 내놓은 나름 '전향적'인 안이었다. 한국 정부는 한일 청구권 문제는 1965년 협정으로 "완전히, 최종적으로 해결됐다"는 일본 정부의 입장을 배려해 양국 기업이 '자발적 출연금'으로 재원을 조성해야 한다고 적시했다. 출연금을 내는 것은 일본 기업의 '자발적' 판단임을 인정해, 법원 판결의 핵심인 '강제성'을 일정 정도 완화한 것이다. 대법 판결의 이행 기준을 "일본 피고 기업들이 지급한 돈이 어떻게든 원고들에게 지급되면 된다"는 식으로 유연하게 해석했음을 알 수 있다.

그러나 "자발적 출연금으로 재원을 조성"한다는 말은 그 자체로 형용모순이었다. 말로는 '자발성'을 내세우면서 사실상 일본 기업의 참여를 '강제'하고 있기 때문이다. 일본은 이 타협안을 거부했다. 일본 기업의 돈이 '직접'이든 '재단을 거쳐서든' 원고들에게 전해지면, 65년 체제가 무너진다고 판단한 것이다. 〈마이니치신문〉은 20일 "기업에게 돈을 내라고 하지만, 국제법을 위반한 [대법원] 판결이 어떻게 되는지에 대해선 나와 있지 않다", "한국 국내용 안일 것이지만, 일본이 안 된다는 안을 가지고 어쩔 것인가", "일본이 뭘 문제시하는지 [아직까지] 이해하지 못하는 게 아닌가"라는 일본 외무성 당국자의 격앙된 반응을 소개했다.

아베 총리 역시 한국 정부의 처사에 크게 분노했다. G20 정상회의 때 한일 정상회담이 성사되지 못한 책임을 자신에게 뒤집어씌우려는 시도라고 받아들인 것이다. 이를 아베 총리의 억측이라 비난할 수만도 없었다. 문 대통령이 26일 언론 인터뷰에서 "최근 우리 정부는 강제징용 문제에 대한 현실적인 해결 방안을 일본에 전달했다. G20의 기회를 활용할 수 있을지는 일본에 달려 있다"고 말했기 때문이다. 한국의 안을 받아들여 정상회담을 하려면 하고, 말려면 말라는 태도였다. 결국 아베 총리는 28일 G20 정상회의에 참석한 각국 정상을 영접하는 과정에서 문 대통령과 8초 정도 어색한 악수를 나눈 뒤 헤어졌다.

그로부터 이틀 뒤인 30일 판문점에서 사상 첫 남북미 정상의 깜짝 회담이 성사됐다. 일본에서 G20 행사를 마무리한 트럼프 대통령은 29일 트위터를 통해 김 위원장에게 "만약 이것을 본다면, 비무장지대에서 만나서 악수하고 인사하고 싶다"는 메시지를 남겼다. 김 위원장은 뜻밖에도 이 엉뚱한 제안을 받아들였다. 하지만 북의 '최고 존엄'이 미국 대통령의 즉흥적인 트위터 글 하나에 이끌려 판문점까지 나아갔다고는 도무지 생각할 수 없다. 트럼프 대통령이 지난 12일 자 친서를 통해 보내온 "나는 완전히 당신에게 동의한다"는 말에 일말의 기대를 걸었던 것은 아닐까.

갑작스레 성사된 3차 북미 정상회담은 판문점 남쪽 지역 자유의 집에서 53분 동안 이어졌다. 이날 남북미 정상은 분단의 상징인 판문점에서 어깨를 나란히 하며 담소를 나누는 등 감동적 장면을 연출했다. 하지만 문 대통령의 역할은 '들러리'에 머물렀고, 북미 간 대화 진전을 위해 어떤 구체적 성과가 있었는지도 극히 불투명했다. 트럼프 대통령은 전 세계 언론 앞에서 멋진 사진을 원 없이 찍는 기회를 만끽했지만, 김 위원장이 손에 쥔 것은 사실상 하나도 없었다.*

---

* 북 외무성 대변인은 2019년 7월 16일 발표한 담화에서 "합동군사연습 중지는 미국의 군 통수권자인 트럼프 대통령이 싱가포르 조미 수뇌회담에서 온 세계가 지켜보는 가운데 직접 공약하고, 판문점 조미 수뇌상봉 때도 우리 외무상과 미 국무장관이 함께 있는 자리에서 거듭 확약한 문제"라고 지적했다. 즉, 판문점 깜짝 접촉을 통해 김 위원장이 얻어낸 것은 한미 연합군사훈련을 진행하지 않는다는 트럼프 대통령의 확인이었다. 하지만 이후 14장에서 확인할 수 있듯 한미 양국은 이 약속을 헌신짝처럼 내다 버렸다.

회담이 끝난 뒤 고노 다로 외무상은 밤 8시 27분 일본 기자들을 상대로 기자회견에 나섰다. 고노 외무상은 "폼페이오 국무장관이 급히 전화 통화를 요청해왔다. 오늘 트럼프 대통령과 김정은 위원장의 회담에 대해 상세한 설명을 들었다. 2~3주 내에 북한의 새로운 팀과 미국이 북미 프로세스를 재개할 것이라 생각한다"고 말했다. 일본 기자가 이날 회담에서 제재 해제에 대한 미국의 입장이 달라졌냐는 취지의 질문을 하자 고노 외무상은 "미국의 방침에는 어떤 변화도 없다"고 자신 있게 답했다.

판문점의 깜짝 회담에 대한 일본 언론들의 평가도 차갑기 그지없었다. 7월 1일 〈아사히신문〉은 "판문점 회담의 성과는 북한이 꺼려왔던 실무협의의 재개"라고 꼬집었고, 〈니혼게이자이신문〉은 "양 정상이 무릎을 맞대고 얘기를 해도 실무자 협의 재개밖에 결정되지 않았다. 구체적인 진전은 아무것도 없었다"고 평했다.

이 감동적이고 혼란스러운 외교 이벤트가 끝난 뒤 한국에서는 북미 대화가 다시 활기를 띠게 될 것이란 낙관적 기대가 넘쳐났다. 하지만 아베 총리가 응시하고 있던 것은 그와는 전혀 다른 현실이었다. 남북미의 판문점 깜짝 회동이 끝난 다음 날, 일본은 마침내 한국의 옆구리에 예리한 칼날을 쑤셔 넣기로 결심한다.

14장 보복

아베,
한국의 심장에 비수를 들이대다

보복 강행

일본이 강제동원 피해자 배상 판결에 적극 대응하지 않는 한국에 '보복'을 결심했다는 사실을 한국 정부가 인지한 것은 남북미의 판문점 깜짝 만남이 이루어진 2019년 6월 30일 당일이었다.

아베 총리와 사상적으로 가까운 〈산케이신문〉은 "[일본] 정부가 한국에 대한 수출관리 운영을 변경해 텔레비전, 스마트폰 등 유기 EL 디스플레이 분야에서 사용되는 플루오린 폴리이미드, 반도체 제조에 불가결한 포토레지스트, 에칭가스(고순도 불화수소) 등 3개 품목의 수출규제를 7월 4일부터 강화한다. 징용공 소송에 대해 한국이 관계 개선을 위한 구체적인 대응을 하지 않는 것에 대한 사실상의 대항조치"라고 보도했다. 외교부 당국자는 확인을 요청하는 당일 〈한겨레〉 질의에 "아직 일본에서 통보받은 바 없다. 사실관계를 파악 중"이라고 답했다.

'설마' 했던 보도 내용은 사실이었다. 일본 경제산업성은 이튿날인 7월 1일 충격적인 뉴스가 사실임을 확인하는 보도자료를 내놓는다. 일본의 보복조치는 두 가지였다. 첫째, 보도대로 4일부터 고

순도 불화수소 등 반도체 생산에 꼭 필요한 3개 물질의 수출규제를 강화한다는 것. 둘째, 전략물자에 대한 수출규제 우대 조치가 적용되는 이른바 '화이트 리스트'에서 한국을 배제한다는 것이었다.

지난 12장에서 간략히 살펴봤듯 일본 정부가 자민당 의원들의 요구에 따라 한국에 대한 보복조치를 검토하기 시작한 것은 2019년 초부터였다. 아베 총리는 이 무렵 한국에 대한 "의연한 대응을 위해 구체적 조치를 검토할 것"을 지시했고, 6월에 들어서는 "뜻을 굽히지 말고, 출구를 찾아가면서 결행해줬으면 한다"는 의사를 재차 밝혔다.

6월 말 오사카에서 열리는 G20 정상회의 직후 보복을 결행한다는 '고go 사인'이 떨어진 것은 후루야 가즈유키古谷一之 관방 부장관보 주재로 6월 20일 아베 총리의 관저 내 집무실에서 열린 회의 자리였다. 아키바 외무성 사무차관, 가네스기 아시아대양주국장, 시마다 다카시嶋田隆 경제산업성 사무차관 등이 이 회의에 참석했다.

애초 경제산업성 내부에서는 "주먹을 휘두른 뒤에는, 어떻게 내릴 것인가. 그 뒤의 영향은 클 수밖에 없다"는 신중론이 대세였다. 5월께 좀 더 무난한 안*을 검토했지만, "그런 정도로는 한국은 아프지도 가렵지도 않다", "과감하게 안 하면 문재인 정권에 [일본의 불만이] 전해지지 않는다", "싸움은 첫 방에 어떻게 때리는가가 중요하다. 국내 여론도 딸려올 것이다!"[1]라는 반론이 쏟아졌다. 불화수소 등에 대한 수출규제 강화와 같은 한국이 깜짝 놀랄 만한 강력한 조치가 필요하다는 강경론이 대세를 점하기 시작한 것이다. 마지

---

* 외무성은 한국이 통화 스와프 협정 체결이나 환태평양경제동반자협정TPP 가입을 요청할 경우 거부하는 안을 검토했었다고 한다(《아사히신문》 2021년 5월 28일 자 4면).

막 회의에서도 "갑작스레 반도체에 손대는 것은 어렵다"는 신중한 의견도 나왔지만, 결국 "한국에 대해 수출규제를 강화한다"는 결론이 도출됐다. 하지만 논의를 주도한 것이 외무성이 아닌 경제산업성이었던 탓에 미국에 사전 통보가 이루어지지 않는 등 미일 간의 의사소통이 깔끔하게 이루어지지 못했다. 미국은 이후 "일본 정부가 [조치를 취하기 전에] '미국의 사전 양해를 얻었다', 미국도 '그린라이트였다'"는 식의 해명을 내놓자 "말도 안 되는 변명"이라고 일축했다.**

한국에 강력한 조치를 취한다는 결정은 내려졌지만, 당분간 이 사실은 철저히 극비로 유지돼야 했다. G20 정상회의가 8일 뒤, 코앞에 다가온 상황이었기 때문이다. 아베 총리는 이 회의의 의장국으로서 '자유무역의 중요성'을 강조하는 정상선언을 도출해내야 했다.*** 이런 중요 행사를 앞두고 한국에 대해 수출규제를 강화한다는 이야기가 사전에 공개되면, 일본의 입장이 난처해질 수밖에 없었다.

이 과정에서 고려한 또 다른 주요 일정은 7월 중에 예정돼 있던 참의원 선거였다. 한국을 향한 일본인들의 불만이 폭발 직전까지 차오른 상황을 정치적으로 활용한 것이다. 결국, 보복조치를 공개하는 시점은 선거 직전인 7월 1일로 정해졌다. 〈아사히신문〉은 이

** 마키노 기획위원은 미일 간 사전 소통이 불충분했기 때문에 미국이 7월 말 양쪽 모두가 현상동결을 한 채 더는 사태 악화를 피해야 한다는 중재안을 내놓게 되었다고 지적했다(〈AREA〉 2019년 8월 20일 자).

*** 실제로 2019년 G20 정상선언문에는 "우리는 자유롭고 공정하며 비차별적이고 투명하고 예측 가능하며 안정적인 무역과 투자환경을 구축하고 시장개방을 유지하기 위해 노력한다"는 문구가 포함됐다.

선택에 대해 "G20 정상회의에 대한 비판을 피하면서, 선거를 앞두고 한국에 대한 강한 자세를 보여줄 수 있는 아슬아슬한 타이밍"이었다고 짚었다.

일본이 이런 조치를 취한 이유는 앞서 거듭 언급했지만, 지난 대법원 판결에 대한 한국 정부의 불성실한 대응이었다. 〈아사히신문〉은 10월 18일 일본 정부가 한국에 보복조치를 취한 배경을 전하는 심층 기사에서, "일본 정부는 청와대와 교섭을 시도했지만, '파이프는 실과 같이 좁고, 내용 있는 대화는 불가능했다'"는 한일 관계 소식통의 발언을 소개했다. 일본이 너무나 중요하게 생각하는 65년 체제와 관련된 "문제의 심각성을 문재인 정권이 이해하지 못했다"는 것이었다. 이런 상황을 돌파하려면 어느 정도 강력한 충격 요법이 필요하다는 게 일본의 최종 결론이었다. 아베 총리 개인으로서는 사태를 방치해 일본 기업 자산이 실제로 현금화될 경우 한국을 상대로 유약한 외교를 펼쳤다는 비난을 받을 수밖에 없었다. 문재인 정부의 12·28 합의 무력화 시도로 적잖은 곤욕을 치렀던 아베 총리 입장에선, 두 번은 감당하고 싶지 않은 정치적 타격이었다.

한국 정부의 대응

문제는 조치가 너무 강력했다는 점이었다. 일본이 휘두른 칼은 1990년대 중반 이후 한국의 번영과 성장의 핵심축 역할을 감당해온 반도체 산업의 급소를 겨냥한 것이었다. 이지평 엘지경제연구원 상근자문위원은 경남대 극동문제연구소의 논문집《한일관계, 무엇이 문제이고 어떻게 풀어야 하나》에서 "3개 물질의 수입 규모는

2018년 기준으로 3억~4억 달러에 불과했지만, 이들 제품이 없으면 연간 1,500억 달러 이상이나 되는 반도체 수출에 심각한 타격이 예상"된다고 평했다.

불의의 일격을 맞은 한국 정부는 큰 놀라움과 당혹감을 감추지 못했다. 조세영 외교부 제1차관은 1일 당일 나가미네 야스마사 주한 일본대사를 불러들여 "금번 조치가 우리 연관 산업은 물론이고 양국 관계에도 부정적인 영향을 미칠 수 있다"고 강하게 항의했다. 홍남기 경제부총리는 긴급히 관계장관회의를 열어 대응책을 논의했다.

일본 정부의 조치가 공개되자 일본 내에서도 '정부가 무리수를 두었다'는 비판 의견이 나오기 시작했다. 후쿠나가 유카福永有夏 와세다대 교수는 3일 자 〈니혼게이자이신문〉 인터뷰에서 "타국의 정책을 변경시키는 압박을 가하려는 수단으로 무역조치를 쓰는 것은 미국과 같은 일이다. 비판해야 하는 일을 일본도 똑같이 했다는 점에서 안타깝다"고 말했다. 그는 이어 이번 조치가 세계무역기구 WTO 협정을 위반했을 가능성이 있다고 꼬집었다. 지한파 언론인인 사와다 가쓰미澤田克己 〈마이니치신문〉 논설위원도 삼성전자와 SK하이닉스의 반도체 제조에 "지장이 생길 경우, 세계의 관련 제조사의 생산에 영향이 이르게 될 위험이 있다. 특히 한국이 세계시장에서 50퍼센트 이상의 점유율을 갖는 반도체 메모리의 출하가 정체된다면, 일본이 악역이 되는 꼴"이라고 지적했다.

이번 일이 한국에 대한 부당한 보복조치라는 지적이 이어지자 일본 정부는 이를 진화하려 애썼다. 스가 요시히데 관방장관은 2일 정례 기자회견에서 "강제동원 배상 판결에 대한 보복이 아니"

라고 강변했지만, 그야말로 '삶은 소대가리가 앙천대소할' 궤변이
었다. 이 문제에 대한 아베 총리의 솔직한 답변이 공개된 것은 다음
날인 3일 도쿄 지요다구 일본기자클럽에서 진행된 당수토론 석상에
서였다.* 21일 치러질 참의원 선거를 앞두고 각 당의 정책을 비교하
기 위해 만들어진 자리였다. 아베 총리는 '일본 정부의 이번 조치는
역사 문제와 통상 문제를 결부시킨 위험한 결정'이라는 비판성 질
문에 대해 다음과 같이 답했다.

> 그 인식은 정말로 말씀드리지만 틀린 것이다. 역사와 통상 문
> 제를 결부시킨 것이 아니다. 징용공 문제는 역사 문제가 아니
> 라 국제법, 즉 국가와 국가 간의 약속을 지키는가의 문제이다.
> 1965년 청구권 협정 때 '서로 청구권을 포기했다는 것'은 국가
> 와 국가 사이의 약속이다. '이 약속을 지키지 않을 경우 어떻게
> 할 것인가'라는 문제다. 또 위안부 합의는 정상과 외무대신 사
> 이에서 이루어진 합의였다. 오바마 대통령도 이를 평가했다. 이
> 런 합의와 국제 약속이 지켜지지 않고 있다. 그런 의미에서 당
> 신의 인식은 틀렸다.

한국이 지난 위안부 합의를 무시하고, 2018년 10월 30일 대
법원 판결 이후 일본의 외교 협의(1월 9일)와 중재 요청(5월 20일) 등
문제 해결과 관련한 요청을 거듭 거부했기 때문에 보복했다는 사실
상의 '고백'이었다.

---

* 한국의 중견 언론인들의 모임인 관훈클럽 초청 토론회와 성격이 비슷하다. 일본기자
클럽은 이따금 이런 토론회를 주최해 존재감을 과시한다.

하지만 한국이 아베 총리의 발언을 말 그대로 '쿨하게' 받아들일 수는 없었다. 며칠 전 오사카에서 어색한 악수를 하고 헤어진 지 사흘 만에 등 뒤에 비수를 꽂은 아베 총리의 '정확한 의도'를 청와대는 이해하려 하지 않았다. 일본 정부의 보복이 대법 판결에 대한 자신들의 불만을 격렬한 방식으로 표현한 것인지, 아니면 정말로 한국 반도체 산업의 명줄을 끊으려 한 것인지 냉정하게 판단하지 않은 채 격정에 휘둘린 것이다. 만약 전자라면, 한국 정부의 대응은 '냉정하고, 의연하게, 실무적으로' 이루어져야 했다. 그리고 후자라면 우리가 가진 모든 역량을 끌어올려 전면 대결에 나설 수밖에 없었다. 당시 청와대 내부 상황을 잘 아는 한 핵심 당국자는 "조치가 나온 시점을 생각해봐라. 판문점에서 남북미 정상이 회담을 한 바로 다음 날이었다"고 말하며 일본에 강한 불쾌감을 드러냈다. 청와대는 '아베의 급습'을 일본의 턱밑까지 쫓아온 한국 경제를 쓰러뜨리기 위한 '경제침략'이자, 다시 시작되려는 한반도 평화 프로세스에 재를 뿌리려는 '훼방 공작'이라고 받아들였다. 그런 의미에서 8월 2일 김현종 제2차장의 발언 내용은 이번 사태를 바라보는 한국 정부의 속내를 잘 보여준다는 점에서 매우 시사적이다.

국민 여러분께서 이번 일본의 경제보복조치로 인한 영향에 많은 걱정을 하고 계신 것을 알고 있습니다. 정부는 대기업, 중소기업 그리고 국민들과 힘을 합쳐 이번 위기를 일본에 대한 가마우지 경제 체제의 고리를 끊는 기회로 삼을 것입니다. 우리는 이미 박정희 대통령의 '중화학 공업 정책선언'으로 많은 제조업 분야에서 일본의 절대 우위를 극복했습니다. 그리고 김대중 대통령의 '소재 부품 산업 육성 전략'으로 부품 산업 발전의 발판을 마련하였습니다. 정부는 이번에 직면한 어려움을 소재·부품·장비 강국으로 자립하는 기회가 될 수 있도록 적극 활용해 나갈 것입니다. (중략)

우리는 일본을 한반도 평화 프로세스에 있어 주요 구성원으로 보고 남북 정상회담 등 계기에 납북 일본인 문제는 물론 북일 수교와 관련한 일본 측 입장을 북측에 전달하는 등 일본을 적극 성원하였습니다. 그러나 일본은 우리의 평화 프로세스 구축 과정에서 도움보다는 장애를 조성하였습니다. 일본은 평창동계올림픽 당시 한미 연합훈련 연기를 반대했고, 북한과의 대화와 협력이 진행되는 와중에서도 제재·압박만이 유일한 해법이라고 주장하는가 하면, 한국에 거주하는 일본 국민의 전시 대피 연습을 주장하는 등 긴장을 조성하기도 했습니다. 초계기 사건에서 보았듯이 일본은 한일 간 협력을 저해하는 환경을 조성하기도 하였습니다. 일본이 지향하는 평화와 번영의 보통국가의 모습이 무엇인지 우리는 한번 신중히 생각해볼 필요가 있습니다.

청와대가 이번 사태를 일본의 경제침략이자 훼방 공작이라고 받아들인 이상, 대응 방법은 실존적이고 근본적인 방향으로 흐를 수밖에 없었다. 이런 국난을 극복하려면 단기적으로는 미국의 중재를 통해 일본의 일방적 조치를 제어하는 등 '급한 불'을 끄고, 중장기적으로는 대일 의존도가 높은 소·부·장(소재·부품·장비) 산업을 강화해 '누구도 흔들 수 없는 나라'를 만들어야 했다.

폭발하는 반일 정서

이런 흐름 속에서 정부·여당 인사들의 발언 역시 대일 강경책을 호소하고, 우리 안의 '토착왜구'를 박멸하자는 격앙된 내용으로 채워졌다. 문재인 대통령은 12일 전남도청을 방문해 "전남 주민은 이순신 장군과 함께 불과 열두 척의 배로 나라를 지켜냈다"고 말했고, 김현종 제2차장은 13일 "우리는 국채보상운동으로 위기를 극복한 민족의 우수함이 있다"면서 "이제는 우리가 똘똘 뭉쳐서 [반도체] 부품 소재와 관련해 이 상황을 극복해야 한다"고 말했다.[2] 이 와중에 일본이 실무협의차 도쿄를 방문한 한국 대표단을 테이블과 간이의자가 귀퉁이에 쌓여 있는 어수선한 방에 부른 뒤 물은커녕 인사도 하지 않고, 명함도 주지 않는 몰상식한 태도를 보이자 국민 감정은 한층 더 폭발했다.[3]

이 국면에서 가장 도드라진 메시지를 쏟아낸 것은 문재인 정부의 후반기 국정운영에 큰 부담을 끼치게 되는 이른바 '조국 사태'의 주인공인 조국 청와대 민정수석이었다. 그는 13일 자신의 페이스북에 동학농민운동을 배경으로 한 '죽창가'를 링크하는 것을 시작으로 한국 사회를 '애국이냐, 이적이냐'는 단순 논리로 가르는 위험한 선동을 시작했다.

대한민국의 의사와 무관하게 '경제전쟁'이 발발했다. 문재인 대통령은 이 '경제전쟁'의 최고통수권자로 혼신의 힘을 다하고 있다. '전쟁' 속에서도 '협상'은 진행되기 마련이고, 또한 그러해야 하며, 가능하면 빠른 시간 [안에] '종전'해야 한다. 그러나 '전쟁'은 '전쟁'이다. 이러한 상황에서 중요한 것은 '진보'냐 '보수'냐, '좌'냐 '우'냐가 아니라, '애국'이냐 '이적 利敵 이냐'이다 (7월 18일).

싸울 때는 싸워야 한다. 그래야 협상의 길도 열리고, 유리한 협상도 이끌어낼 수 있다. 국민적 분노를 무시, 배제하는 '이성적 대응'은 자발적 무장해제일 뿐이다. 여건 야건, 진보건 보수건, 누가 가해자고 누가 피해자인지 확실히 하자. '피 彼'와 '아 我'를 분명히 하자. 그리고 모든 힘을 모아 반격하자(8월 2일).

여당 정치인들이 쏟아내는 언어는 서로 경쟁하듯 날카로워졌다. 더불어민주당은 7월 11일 일본경제보복대책특별위원회(이하 특위)를 만든 뒤 17일 '보복'이라는 용어를 '침략'으로 바꿨다. 최재성 특위 위원장은 "이 정도 경제침략 상황이면 의병을 일으켜야 한다"(7일), 김민석 특위 위원은 "친일 가짜 뉴스를 파는 행위는 매국이다"(16일), 이해찬 더불어민주당 대표는 "일본이 결국 문재인 정권을 흔들겠다는 것이다"(19일), 이인영 원내대표는 "한일전에서 우리 선수를 비난하면 신친일"(21일)이라고 말했다. 시민사회는 자발적인 일본 제품 '불매운동'을 시작했고, 분노한 부산 대학생들은 22일 동구 초량동 일본 총영사관에 무단 침입해 시위를 벌였다. 그와 동시에 거리에는 아베 타도를 외치는 촛불이 타올랐다. 아베 규탄 촛불문화제는 20일 시작돼 광화문 광장과 일본대사관 앞 등으로 장소를 옮겨가며 8월 말까지 일곱 차례 이어졌다. 그 와중에 더불어민주당의 싱크탱크인 민주연구원은 다음 총선은 한일전이라는 취지의 동향 보고서(《한일 갈등에 대한 여론 동향》)를 30일에 발표해 여론의 호된 질책을 받았다.

상대국인 일본에서도 감당할 수 없는 험한 열풍이 일기 시작했다. 한국 종편채널의 정치 논평 프로그램과 유사한 일본 방송사의 '버라이어티 방송'은 연일 한국을 주제로 올려 "약속을 지키지 않는 한심한 나라"라고 때려대기 시작했다. 보수 우익의 정서를 대변하는 월간지 〈분케이슌주〉는 2019년 한 해 동안 열두 번의 표지 특집 가운데 여섯 번을 한국을 공격하는 내용으로 채웠다. 9월호의 표지 제목은 "한국 붕괴 직전-부정수출안건 리스트"였고, 10월호는 "병의 근원인 문재인 '반일'의 본질을 폭로한다", 11월호의 제목은 아예 "한국이 적이 되는 날"이었다. 우익 잡지 〈Will〉은 11월호 특집 "한국이 사라져도 아무도 곤란하지 않다"에서 '일제 36년이야말로 천국이었다'는 대담 기사를 내보냈다.[4] 보다 못한 와다 하루키, 우치다 마사토시 内田雅敏 등 일본 지식인들은 7월 25일 〈한국은 적인가〉라는 성명을 발표해 위험 수위에 도달한 일본 내 반일 정서를 끊으려 애썼다. 이들은 "일한 관계가 지금 악순환에 빠져 있다. 지금 여기서 악순환을 멈추고 숨을 깊이 쉬고 머리를 식혀 냉정한 마음을 되찾아야 한다. 본래 대립과 분쟁에는 양쪽 [모두에게] 문제가 있는 경우가 많다. 이번에도 일한 정부 양쪽에 문제가 있다고 우리는 생각한다"고 호소했다.[5] 한국이 지난 대법 판결에 대한 일본의 불만에 무심했다면, 일본은 한국인의 내면에 잠복해 있는 '한의 정서'에 무지했던 것이다. 국가 간 분쟁 해결의 수단으로 무력행사를 허용했던 20세기 초였다면, 한국과 일본은 2019년 가을께 실제 전쟁을 벌였을지 모른다.

국가 간의 처절한 싸움이 시작된 이상 반드시 승리해야 했다.

문재인 대통령은 18일 청와대로 5당 대표를 불러모아 거국적인 단일대오를 형성하려 했다. 이 만남에서 심상정 정의당 대표는 "외교적 노력만으로 결과를 도출할 단계가 아니다. 행동 대 행동을 취해야 한다"고 말하며 일본이 한국을 화이트 리스트에서 배제하면 '지소미아 파기'를 검토해야 한다고 주장했다. 심 대표는 회동 뒤 기자회견에서도 "화이트 리스트 배제는 일본이 대한민국을 안보 파트너로 인정하지 않겠다는 뜻이기 때문에 양국이 서로 군사정보를 제공할 이유가 없다"고 말하며 "일본이 먼저 도발했기 때문에 명분도 충분하다"고 덧붙였다. 심 대표는 3일 주한 일본대사관 앞에서 열린 '아베 도발 규탄·한일군사정보보호협정 파기 촉구' 정당 연설회에서는 "'1965년 체제 청산위원회'를 대통령 산하에 구성해서 그동안 1965년에서 2019년에 이르기까지 대한민국의 국력과 국위의 변화를 감안한 새로운 한일 관계 정립을 위한 작업에 착수할 것을 문재인 대통령에 정중히 요청한다"고 밝혔다. 일본의 경제보복에 지소미아 파기로 대응하는 것은 물론, 65년 체제를 폐기하고 한일 관계를 근본적으로 재정립해야 한다고 주장한 것이다.

문제는 '어떻게'였다. 대한민국에겐 그런 '정의롭고 원대한 구상'을 단번에 실현할 수단이 없었다. 결국, 미국의 귀를 붙잡고 늘어지는 전통적 외교로 돌아갈 수밖에 없었다. 김현종 청와대 국가안보실 제2차장은 10일 급히 미국을 찾았고, 강경화 외교장관도 그날 밤 11시 45분 폼페이오 국무장관에게 전화를 걸어 도움을 요청했다. 15분 동안 이어진 이 통화에서 강 장관은 "일본의 무역제한 조치가 우리 기업에 피해를 야기할 뿐 아니라, 글로벌 공급체계를 교란시킴으로써 미국 기업은 물론 세계무역질서에서 부정적 영향을 미칠 수 있다"고 지적했다. 외교부는 보도자료를 통해 폼페이오 장관이 "이해를 표명했다"고 밝혔지만, 미국이 전적으로 한국의 편을 들어줄지는 알 수 없었다.

그러는 사이 북한의 대남 비방 수위가 감당할 수 없을 정도로 치솟았다. 하노이 결렬 이후 살얼음판 같던 남북 사이에서도 본격적인 불협화음이 터져 나오기 시작한 것이다. 실명을 밝히지 않은 북한 외무성 미국연구소 정책연구실장은 7월 11일 담화에서 한국의 F-35A 전투기 도입을 문제 삼으며 "울며 겨자 먹기로 상전인 미국의 비위를 맞추어 살아가는 것이 남조선 당국의 이상한 사람들"이라면서 "그러면서도 북남 사이의 화해와 협력을 떠들어대고 있는 것을 보면, 뻔뻔스럽기도 하고 가련하기도 하다"고 말했다. 이어 북한이 반대해온 한미 연합훈련이 8월 5일 시작되자 "동족에 대한 신의를 저버리고 미국의 대조선 압살 책동에 편승하여 온 남조선 당국"은 "고단할 정도로 값비싼 대가를 치르게 될 것"이라고 경고했다.

중재에 실패한 미국

한국의 간절한 도움 요청에 미국은 썰렁하게 반응했다. 트럼프 대통령은 7월 19일 아폴로 11호의 달 착륙 50주년을 기념하는 백악관 행사에서 "문재인 대통령이 한일 갈등에 관여할 수 있는지 물어왔다"는 사실을 밝히며 "내가 얼마나 많은 문제에 관여해야 하냐"는 반응을 보였다. 하지만 미국으로서는 동아시아에 보유한 두 핵심 동맹인 한국과 일본이 정면충돌한 이상 계속 두고 볼 수만도 없는 노릇이었다. 일본을 거쳐 한국을 찾은 볼턴 보좌관이 정의용 실장을 만난 것은 그로부터 닷새 뒤인 24일이었다.

미국의 태도는 한국에 결코 우호적이지 않았다. 미국이 한일 간 역사 갈등에서 한국에 우호적으로 개입한 예는 현직 일본 총리가 야스쿠니신사에 참배*하거나 위안부 문제에 대한 반성적 역사인식을 담은 고노 담화를 부정**하려 할 때뿐이었다. 게다가 미일 동맹은 2015년 4월 미일 방위협력지침 개정으로 기존의 '지역 동맹'에서 '글로벌 동맹'으로 위상과 역할이 커져 있었다. 나아가 이 무렵엔 미국과 함께 '자유롭고 열린 인도·태평양'이라는 이름이 붙은 새로운 글로벌 외교안보 전략을 열성적으로 추진하는 중이었다. 인도·태평양 구상은 이후 미국·일본·오스트레일리아·인도 등 네 나라가 모인 대중 견제를 위한 안보협력체인 '쿼드Quad' 결성으로 구체화된다.

미국에 올인하는 일본과 미중 사이에서 균형을 잡으려는 한국을 두고 미국은 어느 편을 들게 될까. 볼턴 보좌관은 회고록에서 "한국은 1965년의 한일 기본관계조약을 휴지 조각으로 만들고 있다는 인식은 전혀 없이, 그저 한국 대법원의 결정대로 행동해야 한다는 주장만 늘어놓았다"고 적었다. 정 실장은 이날 볼턴 보좌관에게 한국이 지소미아 카드를 사용할 수 있다는 뜻을 처음 밝힌다. 사태가 여기까지 이르자 트럼프 행정부는 동아시아의 소중한 두 동맹

---

* 아베 총리가 2013년 12월 26일 야스쿠니신사를 참배한 직후 미국 정부는 "실망했다"는 공식 반응을 보였다.

** 아베 총리가 1차 집권기에 고노 담화를 부정하려는 모습을 보이자 미 하원은 2007년 7월 30일 역사적인 위안부 결의안을 통과시켰다.

을 화해시키기 위한 '최소한의 개입'에 나설 수밖에 없었다. 로이터 통신은 30일 미국이 한일 두 나라에 각각 '일본은 한국을 화이트 리스트에서 배제하는 결정을 멈추고', '한국은 압류된 일본 기업 자산의 현금화 절차를 정지하는' 현상동결 협정standstill agreement을 제안했다고 보도했다.

이미 칼을 뽑아든 일본은 미국의 중재안을 받아들일 생각이 없었다. 스가 관방장관은 당일 오전 기자회견에서 "그런 요청을 받은 사실이 없다. 계속해서 한국 쪽에 적절한 대응을 강하게 요구해 간다는 생각에 변함이 없다"고 냉담하게 반응했다. 볼턴-정의용-야치 선에선 현상동결에 대한 공감대가 이루어졌지만, 일본의 '윗선'[아마도 아베]이 거부했을 것으로 추정된다. 그로 인해 8월 1일 오전 8시 40분 타이 방콕에서 진행된 한일 외교장관 회담 역시 파국으로 치달을 수밖에 없었다. 그다음 날은 한국을 화이트 리스트에서 배제하는 일본의 각료회의가 예정된 날이었다. 일본은 예고대로 2일 각료회의를 열어 한국을 화이트 리스트에서 제외했다.

한국은 강한 유감의 뜻을 감추지 않았다. 문재인 대통령은 이 날 임시 국무회의 모두발언에서 일본이 "일정한 시한을 정해 현재의 상황을 더 악화시키지 않으면서 협상할 시간을 가질 것을 촉구하는 미국의 제안에도 응하지 않았다"고 말하며 "우리 정부와 국제사회의 외교적 해결 노력을 외면하고 상황을 악화시켜 온 책임이 일본에 있는 것이 명확해진 이상 앞으로 벌어질 사태의 책임도 전적으로 일본 정부에 있다는 점을 분명히 경고한다. 우리는 다시는 일본에게 지지 않겠다"고 선언했다. 문 대통령이 이 과정에서 사용한 "가해자인 일본이 적반하장으로 오히려 큰소리치는 상황을 결코 좌시하지 않겠다"는 문장 속에 들어간 '적반하장'*이라는 표현을 둘러싸고 한일 언론은 다시 한번 처절한 감정 대립을 벌였다.

쏟아내는 말은 거칠었지만, 문재인 정부는 7월 하순 이후 타협적 자세로 돌아서 있었다. 김현종 제2차장이 8월 2일과 23일 브리핑에서 밝힌 대로 "우리 정부 고위 인사(정의용 실장)의 파견이 7월 중 두 차례 있었"고, 이 인사는 "8월 15일에도 일본을 방문"했다. 여러 경로를 통해 미국의 냉랭한 태도를 확인한 뒤 한일 갈등이 장기화되는 것이 한국에게 유리하지 않다는 사실을 감지하고 사태의 조기 수습을 시도한 것이다. 그에 따라 문 대통령이 15일 내놓은 광복절 경축사 역시 예상과 달리 매우 온건한 대일 메시지로 채워지게 된다.

> 우리는 과거에 머물지 않고 일본과 안보·경제협력을 지속해왔습니다. 일본과 함께 일제강점기 피해자들의 고통을 실질적으로 치유하고자 했고, 역사를 거울삼아 굳건히 손잡자는 입장을 견지해왔습니다. 과거를 성찰하는 것은 과거에 매달리는 것이 아니라 과거를 딛고 미래로 가는 것입니다. 일본이 이웃나라에게 불행을 주었던 과거를 성찰하는 가운데, 동아시아의 평화와 번영을 함께 이끌어가길 우리는 바랍니다.

문 대통령은 "지금이라도 일본이 대화와 협력의 길로 나온다

---

* 한국어로 적반하장이란 말은 '잘못한 사람이 오히려 화를 낸다'는 중립적 의미를 가질 뿐이다. 그러나 이를 일본어로 번역한 말인 盗人猛々しい는 상대방이 정말 도둑놈이고 뻔뻔하다는 강한 비난의 뜻이 된다.

면 우리는 기꺼이 손을 잡을 것"이라고 제안한 뒤, 김기림의 시 '새 나라 송誦'에서 따온 "아무도 흔들 수 없는 새 나라"를 언급하며 "평화로 번영을 이루는 평화경제를 구축하고 통일로 광복을 완성하고자 한다"는 구상을 공개했다. 일본을 다독여 현재 위기를 벗어난 뒤, 장기적으로는 남북 간 평화경제를 구축해 일본이 함부로 흔들 수 없는 위대한 나라를 만들겠다는 원대한 계획이었다.

그에 대한 반응은 두 갈래에서 터져 나왔다. 첫 번째는 북한이었다. 북미 대화의 장기 교착과 한미 연합훈련에 잔뜩 독이 오른 북은 16일 조국평화통일위원회 대변인 담화를 통해 '남조선 당국자', 즉 문재인 대통령을 향한 막말을 쏟아냈다.

태산명동에 서일필이라는 말이 있다. 바로 남조선 당국자의 '광복절 경축사'라는 것을 두고 그렇게 말할 수 있다. 섬나라 족속들에게 당하는 수모를 씻기 위한 똑똑한 대책이나 타들어가는 경제상황을 타개할 뾰족한 방안도 없이 말재간만 부리였으니 '허무한 경축사', '정신구호의 나열'이라는 평가를 받을 만도 하다. 한마디 짚고 넘어가지 않을 수 없는 것은 남조선 당국자가 최근 북조선의 몇 차례 '우려스러운 행동'에도 불구하고 대화 분위기가 흔들리지 않았다느니, 북조선의 '도발' 한 번에 조선반도가 요동치던 이전의 상황과 달라졌다느니 뭐니 하면서 광복절과는 인연이 없는 망발을 늘어놓은 것이다. 남조선 당국자의 말대로라면 저들이 대화 분위기를 유지하고 북남 협력을 통한 평화경제를 건설하며 조선반도평화체제를 구축하기 위해 노력하고 있다는 소리인데 삶은 소대가리도 앙천대소할 노릇

이다. (중략)

역사적인 판문점 선언 이행이 교착 상태에 빠지고 북남 대화의 동력이 상실된 것은 전적으로 남조선 당국자의 자행의 산물이며 자업자득일 뿐이다. 남조선 당국이 이번 합동 군사연습이 끝난 다음 아무런 계산도 없이 계절이 바뀌듯 저절로 대화국면이 찾아오리라고 망상하면서 앞으로의 조미 대화에서 어부지리를 얻어보려고 목을 빼 들고 기웃거리고 있지만 그런 부실한 미련은 미리 접는 것이 좋을 것이다. 두고 보면 알겠지만 우리는 남조선 당국자들과 더 이상 할 말도 없으며 다시 마주 앉을 생각도 없다.

2018년 남북 정상이 서로를 끌어안으며 판문점의 봄과 평양의 가을을 노래했던 것이 불과 1년 전이었다. 그 아름답던 기억이 하룻밤의 꿈처럼 허무하게 사라져버린 것이다.

북의 반발은 말에 그치지 않았다. 같은 날 강원도 통천에서 단거리탄도미사일로 보이는 발사체를 두 발 쏘아 올렸다(북은 7~8월 두 달 동안에만 일곱 번 발사체를 쏘았다). 일본 역시 냉담한 반응이었다. 고노 외무상은 15일 방문지인 세르비아에서 "국제법 위반 상태를 시정하기 위한 리더십을 대통령이 취해줬으면 한다"고 말했다. 말만 번드르하게 하지 말고 행동을 취하라는 얘기였다. 한국이 보인 타협적인 자세에도 일본의 강경한 입장은 1㎜도 변하지 않은 것이다.

'이런 수모까지 당하면서, 무엇을 더 양보할 수 있을까.' 청와대의 한 비서관은 〈한겨레〉에 "광복절 경축사에 그렇게까지 했는데 일본의 답이 없었다. 우리는 언제든 대화에 응할 용의가 있다고 6월 이전부터 노력했다. 두 차례나 특사를 보냈고, 경축사 일부분을 미리 보내기까지 했다. 마지막까지 기다렸는데, 아무것도 없었다"고 말했다. 청와대는 애초 국민적 관심사로 떠오른 지소미아 종료 문제와 관련해 "내용상 실익도 중요하고 상징적 의미도 중요하다. 파기에 신중해야 한다"(서훈 국정원장의 8월 1일 발언)는 조심스러운 입장이었다. 그러나 강경하고 비타협적인 일본의 태도에 머리끝까지 화가 치밀어 오른 청와대는 비로소 진지하게 지소미아 연장 종료 카드를 만지작거리기 시작한다.

15장 허무한 결렬

마지막 기대였던 스톡홀름의 반전 카드

지소미아 종료

　김유근 청와대 국가안보실 제1차장이 무표정한 얼굴로 춘추관 2층 브리핑장 연단에 올라선 것은 8월 22일 오후 6시 20분이었다. 김 차장은 한국이 지소미아를 '유지' 혹은 '조건부 유지'할 것이라는 전문가들의 전망을 깨고, '종료' 결정을 내렸다는 사실을 전했다.

　한일 간 '군사비밀정보의 보호에 관한 협정', 즉 지소미아 GSOMIA 연장 여부에 관한 정부의 결정에 대해 말씀드리겠다. 정부는 한일 간 '군사비밀정보의 보호에 관한 협정'을 종료하기로 결정하였으며, 협정의 근거에 따라 연장 통보시한 내에 외교 경로를 통하여 일본 정부에 이를 통보할 예정이다. 정부는 일본 정부가 지난 8월 2일 명확한 근거를 제시하지 않고, 한일 간 신뢰 훼손으로 안보상의 문제가 발생하였다는 이유를 들어 '수출무역관리령 별표 제3의 국가군'(일명 백색국가 리스트)에서 우리나라를 제외함으로써 양국 간 안보협력환경에 중대한 변화를 초래한 것으로 평가했다. 이러한 상황에서 정부는 안보상 민감한 군사정보 교류를 목적으로 체결한 협정을 지속시키는 것이 우리의 국익에 부합하지 않는다고 판단했다.

이 발표가 이루어지기 하루 전인 21일 오후 2시, 한일 외교장관은 한중일 외교장관 회의 참석을 위해 모인 베이징에서 마지막 만남을 가졌다. 회담 결과를 설명하는 한국 외교부 자료를 보면, 강장관은 "일본 정부가 2일 화이트 리스트에서 우리나라를 제외한 각의 결정을 강행한 데 대해 재차 깊은 유감을 표명하고 상황의 엄중함을 지적하는 한편, 일본 정부가 지금이라도 해당 조치를 철회할 것을 강력히 요구"했다. 정의용 청와대 국가안보실장은 석 달 뒤인 11월 24일 브리핑에서 "우리 고위급 대표*를 여러 차례 일본에 보냈고, 8월 15일 광복절 경축사에서 대통령께서 한일 간의 이러한 현안을 원만하게 해결하기 위한 긍정적 메시지를 발신했는데도 불구하고 일본은 전혀 움직이지 않았다. 이러한 상황에서 지소미아를 연장한다는 것은 전혀 합리적이 아니라는 판단에 8월 20일 [협정 종료를] 결정"했다고 밝혔다. 협정 종료 결정이 20일 이루어진 만큼, 이 회담은 일본을 마지막으로 한 번 더 설득해보고 여의치 않을 경우 지소미아를 종료하겠다는 '최후통첩'을 위한 자리였던 것으로 보인다. 일본 외무성 자료를 보면, 고노 외무상은 대법원 판결 이후 초래된 지금까지의 상황은 "한국 쪽의 책임으로, 한국이 국제법 위반 상태를 조기에 시정해야 한다"고 말하며 물러서지 않았다. 두 나라

---

* 정의용 실장 본인이다.

의 입장에 변화가 없었으니 남은 선택지는 종료밖에 없었다.

김유근 제1차장의 발표 이후 청와대 당국자가 백브리핑에 나섰다. 그는 "NSC 상임위원회가 오후 3시에 개최됐다. 이 자리에서 [20일 종료 쪽으로 기본 방침이 정해진 지소미아의] 연장 여부를 심도 깊게 논의했고 종료를 결정했다. 이어, 청와대 여민1관 3층 대통령 집무실 옆 소회의실로 자리를 옮겨 대통령께 결정을 보고했다. 약 1시간 동안 다시 한번 토론했고, 대통령이 이를 재가했다"고 밝혔다.

하지만 한국 정부가 좋아서 이 같은 결정을 내린 것은 아니었다. 청와대는 가급적 이런 파국을 피하려 했다. 추가 설명에 나선 청와대 당국자는 "정부 내 7월 말까지 상황을 보면, 사실상 유지 쪽의 의견이 다수였고 그쪽으로 가는 듯했다"고 말했다. 하지만 일본은 '양쪽 다 더는 상황을 악화시키지 말라'는 7월 말 미국의 중재도 거부했고, 한국이 8·15 경축사 등을 통해 내민 화해의 손도 끝내 잡지 않았다. 청와대 당국자는 "민감한 군사정보를 상호 교환한다는 것은 우방국 간의 안보협력을 전제로 이루어지는 것이다. 국가 이익이란 것은 명분이 중요하고, 실리도 중요하고, 국민의 자존감을 지켜주는 것도 중요하다"고 말했다. 그는 2016년 11월 지소미아가 체결된 뒤 한일 간에 직접 정보를 교류한 횟수는 29회였다고 덧붙였다. 협정을 만든 뒤 실제 오간 정보가 많진 않으니 국가 안보에 구멍이 뚫리는 일은 없을 것이란 뜻이었다.

일본과 미국의 반응

　일본 정부는 한국의 화해 노력에도 왜 비타협적 태도를 고집한 것일까. 이번 갈등을 양국의 국민성 차이에서 찾는 흥미로운 관전평이 있다. 마치다 미쓰구町田貢 전 주한 공사는 최근 갈등에 대한 양국 정부의 대응을 보며 "일본인은 조용히 참지만, 한번 화나면 좀처럼 원래대로 돌아오지 않는다. 반대로 한국인은 하고 싶은 말을 다 해도 화해할 수 있다고 생각하는 특징이 있다[한국인은 서로 속내를 다 드러내고 싸운 뒤에도 화해가 가능하다는 의미]. 문 정권은 한국의 가치관을 그대로 일본에도 적용하려 했다"고 말했다.[1] 그의 설명대로 한국인들은 서로 거친 막말을 주고받은 다음 날에도 술잔을 기울이며 화해하지만, 일본인들은 한번 선을 넘은 인간관계는 포기하고 다시 돌아보지 않는 경향이 있다. 아베 총리는 2019년 1월 시정방침연설에서 한국을 아예 언급하지 않음으로써 문재인 정부를 더는 상대하지 않겠다는 무언의 메시지를 보낸 바 있다. 일본이 그에 대한 구체적 실력행사로 7월 1일 한국의 심장에 비수를 꽂는 보복조치를 감행했으니 일본인의 상식에서 볼 때 이제 두 나라의 관계는 갈 데까지 간 것이고, 그런 의미에서 상당 기간 대립이 불가피했다.

　한국 정부의 지소미아 종료 결정은 2019년 2월 말 '하노이 결렬'로 묘하게 꼬이고 만 동아시아 안보 정세에 너무나 복잡한 파문을 몰고 왔다. 가장 먼저 상대국인 일본은 한국이 어리석은 결정을 내렸다며 경멸의 감정을 숨기지 않았다. 고노 외무상은 그날 밤 9시 30분 남관표 주일 한국대사를 불러 항의한 뒤, 밤 10시 6분 외무성 중앙 현관 로비에서 카메라 앞에 섰다. 고노 외무상은 "현재 지역의 안보 환경을 완전히 잘못 본 대응이라고 말하지 않을 수 없다. 이런 결정이 내려진 것에 대해 단호히 항의하려 한다"고 운을 뗐다. 그리고 거친 발언을 이어갔다.

현재 북한 문제 등을 생각할 때 이 협정의 중요성은 아마도 누구나 이해하고 있을 것이라 생각한다. 수출관리 운용 변경과 연결 지어 이런 결정을 했다는 것에 대해 [한국 정부가] 안전보장 환경에 대해 완전히 [정세를] 잘못 읽고 있다고 말하지 않을 수 없다. (중략) 이번 결정을 포함해 한국에서 매우 부정적이고 불합리한 움직임이 이어지고 있어, 매우 엄혹한 상황이 지속되고 있지만 일본 정부로선 여러 문제에 대해 우리나라의 일관된 입장에 기초해 계속해서 한국 쪽에 현명한 대응을 강하게 요구해 나갈 것이다.

미국 역시 격렬한 거부 반응을 보였다. 폼페이오 국무장관은 22일 캐나다 외교장관과 회담 뒤 열린 기자회견에서 "나는 오늘 아침 내 한국 카운터파트[강경화 외교부 장관]와 얘기했다. 우리는 정보 공유 협정에 대해 한국인들이 내린 결정에 실망했다. 우리는 두 나라가 계속 대화하도록 촉구하고 있다"고 말했다. 미국이 민감한 반응을 보인 이유는 중국 견제를 위해 한일 협력에 기초한 한미일 3각 연대가 절실하기 때문이었다.

일본과 한국은 공통된 이해를 갖고 있다. [한일의 우호적 관계가] 미국에게도 중요하다는 것은 의심할 여지가 없다. 우리는 두 나라가 관계를 정확히 제자리에 돌려놓기를 희망한다. 나는 국무장관으로서 지내는 동안 [양국 관계의 중요성을] 경험해왔다. 이는 북한과의 맥락에서 귀중할 뿐만 아니라 전 세계에서 우리가 수행하는 일과 관련해서도 중요하다. 한일은 모두 미국의 훌륭한 파트너이자 친구이다. 우리는 그들이 함께 다시 진전을 이루어낼 것을 희망한다.

지소미아 종료로 인해 직접적 영향을 받게 되는 미 국방부 역시 같은 날 두 차례 성명을 통해 "강한 우려와 실망을 표명한다"고 발표했다. 미국이 동아시아의 주요 동맹에 '실망했다'는 감정을 드러낸 것은 아베 총리의 2013년 12월 야스쿠니신사 참배 이후 처음이었다. 이와 대조적으로 경솽耿爽 중국 외교부 대변인은 "국가협력의 실시나 종료는 국가의 권리"라는 입장을 보이며 한국을 두둔했다.

중국과 러시아의 도발

미국의 "실망했다"는 격앙된 반응에 당황한 김현종 국가안보실 제2차장은 23일 기자회견을 자청해 "지소미아 문제 검토 과정에서 미국과 수시로 소통"했다고 해명했다. 하지만 한미일 3각 안보협력에 대한 미국의 기본 입장을 김 차장이 너무 안이하게 판단한 게 아니냐고 비판할 수밖에 없다. 중국의 부상에 맞서 미일 동맹을 강화하고, 한일 역사 갈등을 해결(12·28 합의)해 한미일 3각 안보협력을 강화해나간다는 것은 2010년 중반 이후 미국이 일관되게 추진해온 동아시아 정책의 '핵심'이었다.

2013년 최고 지도자가 된 시진핑 국가주석은 그동안 중국이 유지해온 대외정책의 기조인 도광양회韜光養晦(자신의 실력을 드러내지 않고 실력을 키운다는 의미) 전략을 버리고 "중화민족의 위대한 부흥"(중국몽)을 내세우기 시작했다. 그해 6월 미국을 방문한 시 주석은 버락 오바마 대통령에게 "태평양은 두 대국을 수용할 만큼 넓다"고 말하며 미중 관계의 새로운 발전 모델로 '신형 대국 관계'를 제시했다. 태평양은 넓으니 미국은 서태평양에서 중국의 패권을 인정하고 장기적으로 하와이가 있는 동태평양으로 물러서야 한다고 해석할 수도 있는 아슬아슬한 주장이었다. 이어, 2015년부터는 남중국해 암초섬에 대한 군사기지화에 나섰다. 이에 맞선 오바마 대통령은 '아시아 재균형Pivot to Asia' 정책으로 대중 견제의 시작을 알렸다. 이어, 트럼프 대통령은 2017년 12월 '국가안보전략NSS'을 통해 "강대국 간 경쟁의 시대가 회귀했다", "중국과 러시아는 지역과 세계에서 그들의 영향력을 재주장하고 있다"는 말로 세계가 본격적인 미중 갈등의 시대로 접어들었음을 선언했다. 이어, 2018년 7월 중국을 상대로 무역전쟁의 포문을 열어젖혔다.

중국에 대한 미국의 경계심이 나름 체계화된 형태로 모습을 드러낸 것은 마이크 펜스 부통령이 2018년 10월 허드슨 재단에서 발표한 연설을 통해서였다. 이 연설의 정서는 '거대한 실망'이었다. "소련 붕괴 이후 우리는 '자유로운 중국'이 필연적이라고 봤다. 낙관적 기대 아래 미국은 베이징이 미국 경제에 자유롭게 접근하게 하고 WTO 가입도 도왔다. 전임 정권은 중국 내의 자유가 경제뿐 아니라 정치 영역에까지 확장될 것이라 기대했지만, 이는 실현되지 않왔다." 중국을 도우면 미국과 함께 세계질서를 유지할 '책임 있는 이해당사자'가 되리라는 기대가 무너졌다는 주장이다.

트럼프 행정부는 이어 2019년 6월 1일 A4 용지 54쪽 분량의 '인도·태평양 전략 보고서: 준비태세, 파트너십 그리고 연계된 지역의 활성화'를 발표했다. 태평양과 인도양을 아우르는 동맹국·동반국들과 힘을 합쳐 중국의 부상을 군사적으로 억누르겠다는 이른바 '인도·태평양 전략'을 공식화하는 선언이었다. 미 국방부는 이 문서에서 "이 지역에 대한 우리의 [방어] 공약을 유지하고 우리와 동맹국·동반국의 이익을 지키기 위해 행동할 것"이라고 밝혔다. 보고서는 미일 동맹을 "인도·태평양 지역의 평화와 번영의 초석cornerstone" 이라 불렀고, 한미 동맹은 그보다 범위가 좁은 "한반도와 북동아시아의 평화와 번영을 위한 핵심축linchpin"이라고 묘사했다. 효율적으로 기능하는 미일 동맹과 한미 동맹 그리고 이를 포괄하는 한미일 3각 협력을 통해 미국이 안보 위협이라고 지목한 중국·러시아·북한에 대응하겠다는 게 미국이 내세운 새 글로벌 전략의 핵심이었다.*

그로부터 1년이 지난 2019년 7월 중국과 러시아는 인도·태평양 지역에 대한 미국의 결의를 시험하는 도발에 나섰다. 중러는 한일 갈등이 본격화된 직후인 7월 23일 사상 처음으로 한반도 인근에서 전략 폭격기를 동원한 연합군사훈련에 나섰다. 오전 6시 44분, 먼저 중국의 H-6 전략 폭격기 2대가 이어도 북서방에서 한국 방공식

---

* 미국과 일본은 이어 미국·일본·오스트레일리아·인도 등 4개국이 참여하는 안보 협의체인 쿼드를 통해 대중 견제를 좀 더 글로벌한 맥락으로 확대해가는 상황이었다. 네 나라는 2019년 9월 뉴욕에서 첫 쿼드 외교장관 회의를 열어 "'자유롭고 열린 인도·태평양 구상'을 실현하기 위해 협력하자"는 합의를 이루어냈다(《한겨레》 2019년 6월 3일자 5면).

별구역KADIZ에 무단 진입했다. 이들은 제주도 남쪽 상공을 빠르게 동진하다 방향을 북북동으로 꺾어 동해로 진입했다. 울릉도와 동해 사이 상공을 가로지른 중국 전략 폭격기 2대는 8시 33분께 러시아 전략 폭격기 TU-95와 합류한 뒤 남남서로 방향을 꺾어 다시 울릉도와 동해 사이 상공을 따라 남하했다. 중국과 러시아의 전략 폭격기 4대가 함께 비행하며 KADIZ에 이탈했다 진입하기를 반복한 것이다.

이 와중에 러시아 A-50 조기 경보통제기는 오전 9시 9분 9초부터 12분 31초, 9시 33분 34초부터 37분 29초 등 두 차례에 걸쳐 총 7분 동안 대한민국 영공인 독도 상공을 휘저었다. 깜짝 놀란 한국 공군은 F-15K와 KF-16 전투기 등 18대를 긴급 발진시켜 20발의 플레어(섬광탄)를 투하하고 360여 발의 경고 사격을 했다.

일본도 중러의 수상한 움직임을 심각한 안보 위협으로 받아들였다. 중러의 전략 폭격기가 일본 방공식별구역JADIZ으로 진입하자 일본 항공자위대도 F-15J, F-2 등 전투기 10여 대를 긴급 출동시켰다. 동해가 한중일러의 군용기 30여 대로 뒤엉키는 아수라장이 된 것이다. 〈조선일보〉는 7월 24일 자 1면에서 "외국 군용기의 우리 영공 침범과 우리 군의 경고 사격은 모두 1953년 정전협정 이후 처음"이라고 말하며 "한미 연합훈련 폐지·축소에 이어 한일 갈등으로 한미일 3각 안보협력이 휘청대는 상황에서 중러가 허를 찌른 모습"이라고 지적했다.

이 점에선 한국의 보수와 일본의 견해가 정확히 일치했다. 일본 방위성 관계자는 〈마이니치신문〉에 "중러가 연대해 항공기 운용이 가능하다는 것을 미국, 일본 등 주변국에 보여주려는 의도"라고 말했고, 외무성 고위 당국자 역시 "긴밀한 관계를 과시해 미국을 견제하려는 의도"라고 짚었다. 다음에 인용하는 〈산케이신문〉의 25일자 기사는 이 상황을 대하는 일본 보수의 견해를 가감 없이 보여준다.

> 한국이 불법점거를 이어가고 있는 다케시마(시마네현 오키노시마초)[독도의 일본식 명칭] 상공을 23일 중국군 폭격기를 동반한 러시아 공군 경계관제기가 영공 침범을 한 것에 대해 한국군 전투기가 경고사격을 했다. 중러가 다케시마를 둘러싼 일한 대립을 다시금 부추기려는 의도를 보인 것이라 받아들일 수 있다. 나아가 한국 정부 고위 당국자가 18일 일본과 체결한 지소미아 종료에 대해 언급한 것도 중러와 북한이 일한의 분열을 다시금 확대하려는 의도를 보이는 [하나의] 원인이 됐다고 생각된다.

미국의 입장도 대동소이했다. 미 국방부 대변인은 24일 영공침범은 동아시아 지역의 불안정화를 노린 중러의 책략이라고 우려한 뒤 "중러의 도발적 행동에 대해 일한과 연대해가겠다. 동맹국들을 방위한다는 미국의 약속은 흔들리지 않는다"고 말했다. 린지 그레이엄 Lindsey Graham 공화당 상원의원은 중국과 러시아라는 "폭력배 같은 두 국가에 맞서야 한다. 향후 비슷한 도발이 있을 경우, 미국은 일본과 한국과 협력해 '폭력 행위의 지배'가 아닌 '법의 지배'를 지지해야 한다"고 말했다.

그런 의미에서 한국 정부가 내린 지소미아 종료 결정은 미국이 세운 '자유롭고 열린 인도·태평양'이라는 거대한 세계 전략에 역행하는 일탈 행위로 해석될 수밖에 없었다. 일본을 꺾기 위해 이런 초강수를 두려면, 최소한 남북 소통이 원활하고, 북미 핵협상이 꾸준한 성과를 올리는 '유리한 시점'을 골랐어야 했다. 하지만 하노이 결렬로 남북 대화는 중단된 상태였고, 6월 30일 판문점 깜짝 회담으로 북미 간 실무회담이 재개된다고 했지만, 성공 가능성은 극히 불투명했다. 사면초가의 불리한 전장에서 전 병력에 "돌격 앞으로"를 외쳤다면, 이후 결과는 불 보듯 뻔한 일이었다.

꼬이는 스텝

한발 더 나아가 이 무렵 한국 정부는 북한과의 관계에서 해결하기 힘든 딜레마에 봉착해 있었다. 문재인 정부의 핵심 공약 사항 중 하나였던 '전시작전통제권의 임기 내 전환'을 마무리하려면, 국방비를 대폭 늘리고* 한미 연합군사연습을 거듭 실시해 한국이 독자적으로 작전을 수행할 능력을 갖췄음을 미국에 입증해야 했다. 이 작업을 마치려면 8월 11일 예정된 한미 연합지휘소훈련을 실시할 수밖에 없었다.

하지만 북은 하노이 실패로 '제재 해제' 대신 '적대시 정책 철회'를 요구하면서 F-35 등 신형 무기 도입과 한미 연합군사연습 등에 날 선 반응을 쏟아내고 있었다. 이에 대한 북의 최후통첩이 나온 것은 7월 26일 김정은 국무위원장의 '권언勸言'을 통해서였다. 김 위

---

* 국방부는 2019년 8월 14일 발표한 '2020~2024년 국방중기계획'을 통해 향후 5년간 국방비로 291조 원을 투입하기로 했고, 29일에는 2020년도 국방예산으로 전년보다 7.4퍼센트 증가한 50조 1,527억 원을 신청했다.

원장은 이날 신형 전술유도무기 위력시위 사격을 참관한 뒤 "남조선 당국자가 사태발전 전망의 위험성을 제때 깨닫고 최신 무기 반입이나 군사연습과 같은 자멸적 행위를 중단하고 하루빨리 지난해 4월, 9월과 같은 바른 자세를 되찾기 바란다"고 말했다. 2018년 한때 '한반도의 평화'를 노래하며 뜨거운 포옹을 나누었던 문재인 대통령을 향해 던진 사실상 최후통첩이었다. 〈조선중앙통신〉이 이날 공개한 김 위원장의 발언을 그대로 인용해본다.

경애하는 최고령도자 동지께서는 동행한 간부들과 국방과학부분의 지도간부들에게 조선반도 남쪽의 시끄러운 정세에 대하여 설명하시며 최근 남조선 군부 호전세력들이 저들의 명줄을 걸고 필사적으로 끌어들이고 있는 최신 무장장비들은 감출 수 없는 공격형 무기들이며, 그 목적 자체도 변명할 여지 없고 숨길 수 없는 것이라고 하시면서 우리 국가의 안전에 무시할 수 없는 위협으로 되는 그것들을 필요하다고 생각하는 초기에 무력화시켜 쓰다버린 파철로 만들기 위한 위력한 물리적 수단의 부단한 개발과 실전배치를 위한 시험들은 우리 국가의 안전보장에 있어서 급선무적인 필수사업이며 당위적인 활동으로 된다고 말씀하시었다.

경애하는 최고령도자 동지께서는 남조선 당국자들이 세상 사람들 앞에서는 '평화의 악수'를 연출하며 공동선언이나 합의서 같은 문건을 만지작거리고 뒤돌아 앉아서는 최신 공격형 무기 반입과 합동군사연습 강행 같은 이상한 짓을 하는 이중적 행태를 보이고 있다고 하시면서 우리는 부득불 남쪽에 존재하는 우리 국가안전의 잠재적, 직접적 위협들을 제거하기 위한 초강력 무기체계들을 줄기차게 개발해나가야 한다고 말씀하시었다.

우드워드가 저서 《분노》에서 "실망한 친구, 혹은 연인"의 편지 같았다고 묘사한 김 위원장의 서한은 그로부터 열흘 뒤인 8월 5일 트럼프 대통령에게 발송됐다. 이 친서에서 김 위원장은 "내 믿음은 실무적 협상이 진행되는 동안 도발적 훈련이 취소되거나 연기된다는 것이었다. 한반도 남부에서 이루어지는 군사훈련은 누구를 향한 것이냐. 그들은 누구를 봉쇄하려 하고, 누구를 쓰러뜨리고 공격하려는 것이냐"고 물었다. 김 위원장은 자존심에 큰 상처를 입었는지 "남조선의 군대는 내 상대가 안 된다"고 호언장담했다. 절박한 김 위원장과 대조적으로 트럼프 대통령의 반응은 태평할 뿐이었다. 그는 8월 9일 오전 9시 49분 전용 헬기 '마린원'을 타기 위해 백악관 남쪽 잔디광장으로 이동하다 기자들에게 둘러싸여 최근 진행 중인 한일 갈등에 대한 질문을 받았다. 트럼프 대통령은 "그들은 잘 지내야 한다"는 원론적 답변을 한 뒤 "어제 김정은으로부터 매우 긍정적인 편지를 받았다. 언젠가 이 편지를 당신들에게 주겠다. 우리는 또 한 번 만남을 가질 것이다. 그는 나에게 세 쪽짜리 아주 아름다운 편지를 썼다"고 말했다.

지소미아 종료라는 초강수를 둔 상황에서 북한의 미사일 도발이 잇따르고 남북 관계가 갈수록 악화되니 정부의 스텝은 꼬일 수밖에 없었다. 게다가 문재인 대통령에게는 '임기 내 전작권 환수'라는 반드시 달성해야 할 또 다른 정책 목표가 있었다. 결국 미국과 국내 보수층의 안보 우려를 차단하고, 미국이 요구하는 전작권 전환의 조건을 달성하기 위해 '국방력 강화'라는 방향으로 폭주하기에 이른다. 김현종 제2차장은 지소미아 종료 배경을 설명하는 8월 23일 회견에서 "정부는 앞으로 국방예산 증액, 군 정찰위성 등 전략자산 확충을 통해 안보 역량 강화를 적극 추진해나갈 것"이라고 강조했다. 문재인 대통령도 29일 국무회의에서 일본에 "정직해야 한다"는 질타를 쏟아낸 뒤, "강한 나라의 기반인 자주국방과 외교 역량 강화"를 위해 "2020년 국방예산이 올해 대비 7.4퍼센트 늘어나 사상 최초로 50조 원"을 넘었다고 밝혔다. 이정철 숭실대 정치외교학과 교수*는 2020년 6월 18일 경남대 극동문제연구소 토론회에서 "우리 정부는 2019년 8월 국면에서 한일 대전을 중심으로 한 지소미아 탈퇴를 이슈의 중심으로 삼고 남북 관계를 후순위에 두었다"고 평가했는데 이는 실로 뼈아픈 지적이라 할 수 있다.

파탄에 이른 북미 실무협상

지소미아 종료에 대한 북의 반응은 말이 아닌 행동으로 나왔다. 한국 정부의 발표가 나온 지 이틀 만인 24일 함경남도 선덕에서 동해상으로 '최강의 우리 식 초대형 방사포'를 시험발사한 것이다. 이 발사체는 최고 고도 97㎞, 최고 속도 마하 6.5 이상으로 약 380㎞를 비행했다. 이 광경을 현장에서 지도·감독한 김 위원장은 "적대 세력들의 가중되는 군사적 위협과 압박 공세를 단호히 제압 분쇄할 우리 식의 전략·전술 무기 개발을 계속 힘 있게 다그쳐 나가

---

* 　현재는 서울대 정치외교학부 교수로 옮겼다.

야 한다"고 강조했다.

일본 방위성은 북한의 초대형 방사포 발사 소식을 한국 합동참모본부보다 26분 이른 아침 7시 10분에 발표했다. 익명의 외무성 간부는 25일 자 〈아사히신문〉 인터뷰에서 "일본은 미국과 연대하고 있으며, 독자적으로 정보를 수집하고 있다. 일본의 [정보 수집] 능력이 뛰어나다는 것을 보여줬다"고 말했다. 한국이 지소미아를 종료한다고 밝혔지만, '우리는 신경 쓰지 않는다', '애초 한국의 도움 따위 필요 없었다'는 우회적 의사 표시였다. 격한 주먹다짐을 벌인 한일은 장기간 냉각기에 돌입할 수밖에 없었다.

유일한 반전 카드는 곧 북미 실무협상이 재개된다는 소식이었다. 8월 말까지 폼페이오 장관을 상대로 거친 말을 쏟아내던 북한은 9월 9일 돌연 최선희 외무성 제1부상 담화를 통해 "미국이 그사이 우리와 공유할 수 있는 계산법을 찾기 위한 충분한 시간을 가졌으리라고 본다"고 말하며 "9월 하순 합의되는 시간과 장소"에서 실무회담을 열자고 제안했다. 이에 호응하듯 트럼프 대통령은 10일 트위터를 통해 볼턴 보좌관에게 "백악관은 더는 당신을 필요로 하지 않는다"고 전했다는 사실을 알렸다. 하노이 결렬의 원흉이었던 볼턴이라는 거대한 걸림돌이 제거된 것이었다. 트럼프 대통령은 18일에는 북한이 격하게 반감을 드러내온 '선비핵화, 후보상'을 뼈대로 한 리비아식 해법을 비판하며 "어쩌면 새로운 방식 new method 이 매우 좋을 수도 있다"고 말했다. 북한의 새 실무협상 대표로 등장한 김명길 외무성 순회대사는 20일 성명을 통해 "트럼프 대통령이 '리비아식 핵포기' 방식의 부당성을 지적하고 조미 관계 개선을 위한 '새로운 방법'을 주장했다는 보도를 흥미롭게 읽었다"고 말하면서 "나는 미국 측이 이제 진행될 조미 협상에 제대로 된 계산법을 가지고 나오리라고 기대하며 그 결과에 낙관하고 싶다"고 밝혔다.

정세 변화를 감지한 문 대통령은 9월 16일 수석·보좌관회의 모두발언에서 "곧 북미 실무대화가 재개될 것이며, 남북미 정상 간의 변함없는 신뢰와 평화의 의지는 한반도 평화 프로세스를 진전시키는 힘이 될 것"이라고 말했다. 이어, 9월 말 한국 정상으로선 처음으로 3년 연속 유엔 총회에 참석했다. 23일 한미 정상회담에 이어 24일 유엔 총회 기조연설에 나선 문 대통령은 "[북미] 두 정상이 한 걸음 더 큰 걸음을 옮겨주기를 바란다"고 간곡히 호소했다.

그렇지만 한일 갈등은 여전히 해소될 조짐이 없었다. 한국과 일본은 유엔 총회를 계기로 양국 외교장관이 뉴욕에서 50분 정도 만났을 뿐, 정상들은 단 1초도 얼굴을 마주하지 않았다. 트럼프 대통령은 25일 만난 아베 총리에게 "최근 한국이 북한과 연락을 하지 못하고 있는 것 같다. 신뢰를 받지 못하는 게 아니냐"라고 말했다. 한국이 북에 대한 영향력을 완전히 상실했음을 간파하고, 이 같은 의견을 일본에 전한 것이다. 아베 총리는 한국이 지소미아의 종료를 일방적으로 통고했고, 한일 청구권 협정 위반 상태를 여전히 이어가고 있다고 답했다.[2]

모두가 목을 빼고 기다리던 북미 실무협상 일정이 공개된 것은 10월 1일 최선희 제1부상의 담화를 통해서였다. 10월 4일 예비접촉, 5일 실무협상 등 주요 일정이 공개됐다. 그에 앞서 북은 '협상력 강화'를 노렸는지 2일 동해 원산만 수역에서 잠수함발사탄도미사일인 북극성-3형을 발사했다. 최대 비행고도는 910㎞, 비행거리는 약 450㎞였다. 군사 전문가들은 북한이 사정거리 2,000㎞급의 잠수함

발사탄도미사일을 개발한 것이라 평가했다. 잠수함발사탄도마사일은 전략 폭격기, 대륙간탄도미사일과 더불어 전쟁의 양상 그 자체를 바꿀 수 있는 3대 전략무기로 분류된다. 한반도를 둘러싼 안보 상황이 이전과는 또 다른 국면으로 접어든 것이다. 앞선 7월 23일 북은 김정은 위원장이 잠수함발사탄도미사일을 능히 탑재할 만한 대형 잠수함을 시찰하는 모습을 공개한 바 있다. 이 미사일을 7월에 언뜻 공개한 대형 잠수함에 탑재할 수 있다면 북한은 미국의 선제 핵 공격을 당하고도 반격할 수 있는 보복 타격능력을 확보하게 된다.

북한이 잠수함발사탄도미사일을 시험발사했다는 것은 그동안 쏘아 올린 단거리탄도미사일과 달리 미국이 그려놓은 레드라인을 넘어선 중대한 도발 행위였다. 당황한 아베 총리는 오전 8시 57분 카메라 앞에 나서 "안전보장이사회 결의 위반"이라고 강력히 항의했지만, 트럼프 대통령은 당일 트위터에 24건의 글을 올리거나 리트윗하면서도 북한과 관련해선 일언반구 언급하지 않았다.[3]

예고대로 5일 스웨덴의 빌라 엘비크 스트란드Villa Elfvik Strand 리조트에서 8개월 만에 북미 실무협상이 열렸다. 기대를 모았던 이 협상은 오전 2시간, 오후 4시간을 합친 6시간 만에 끝났다. 오후 6시 30분 협상을 마치고 주스웨덴 북한대사관으로 돌아온 김명길 외무성 순회대사는 5분 뒤 30여 명의 취재진 앞으로 돌아와 준비된 성명을 읽었다.

미국은 그동안 유연한 접근, 새로운 방법, 창발적인 해결책을 시사하며 기대감을 한껏 부풀게 하였으나 아무것도 들고나오지 않았으며 우리를 크게 실망시키고 협상 의욕을 떨어뜨렸다.

우리가 이미 미국 측에 어떤 계산법이 필요한가를 명백히 설명하고 시간도 충분히 주었음에도 미국이 빈손으로 협상에 나온 것은 결국 문제를 풀 생각이 없다는 것을 보여준다. (중략) 우리의 입장은 명백하다. 조선반도의 완전한 비핵화는 우리의 안전을 위협하고 발전을 저해하는 모든 장애물들이 깨끗하고 의심할 여지 없이 제거될 때에라야 가능하다.

〈복스〉의 알렉스 워드는 하노이 정상회담 때와 마찬가지로 북미 실무협상이 열리기 사흘 전인 2일 흥미로운 특종 보도를 내놓았다. 그는 '여기 미국이 이번 주 북한에 제시할 핵 제안이 있다'라는 제목의 보도를 통해 "미국이 유엔 안보리 제재에서 북한의 직물과 석탄 수출에 대한 제한을 3년 동안 유예하는 대가로 영변 핵시설의 검증 가능한 폐쇄closure와 우라늄 농축의 중단을 제안할 것"이라고 전했다. 이 보도가 사실이라면, 북한이 회담 반나절 만에 자리를 박차고 나왔다 해도 무리가 아니었다. 북한은 하노이 결렬 이후 "미국이 다시 이런 천재일우의 기회를 얻지 못할 것"이라고 말하며 미국이 셈법을 바꾸고 대북 적대시 정책을 철회해야 한다는 근본적 얘기를 쏟아냈었다. 미국 입장에서 새 제안은 '완전한 비핵화 전에 제재 해제는 없다'는 입장을 다소 완화한 결단이었겠지만, 북한이 볼 때는 간에 기별도 가지 않는 모욕적 요구였다.

북한 외무성 대변인은 다음 날인 6일 담화에서 "우리는 이번 협상을 통하여 미국이 조미 관계를 개선하려는 정치적 의지를 가지고 있지 않으며 오직 저들의 당리당략을 위해 조미 관계를 악용하려 하지 않는가 하는 생각을 가지게 되었다"고 실망감을 토로했다.

이어서 "미국이 우리 국가의 안전을 위협하고 우리 인민의 생존권과 발전권을 저해하는 대조선 적대시 정책을 완전하고도 되돌릴 수 없게 철회하기 위한 실제적인 조치를 취하기 전에는 이번과 같은 역스러운 협상을 할 의욕이 없다"고 선언했다. 협상이 허무하게 결렬된 것이었다. 기대를 걸었던 마지막 반전 카드가 무산됐으니, 한국은 이제 '조직적 퇴각'을 준비해야 했다.

16장 다시 냉전으로

한국, 익숙한 냉전 관성에 휩슬리다

한미일 대 북중러

큰 기대를 걸었던 2019년 10월 5일 스웨덴 스톡홀름의 북미 실무협상이 결렬됐다는 소식에 청와대는 한동안 침묵을 지켰다. 문재인 대통령은 이틀 뒤인 7일 열린 수석·보좌관 회의 모두발언에서도 8일 국무회의 모두발언에서도 관련 소식을 일절 입에 올리지 않았다.

청와대 공식 언급이 나온 것은 결렬로부터 13일이 흐른 18일 주한 외교단 초청 리셉션 환영사를 통해서였다. 문 대통령은 "한국은 지금 한반도 비핵화와 항구적 평화라는 역사적 변화에 도전하고 있다. 우리는 지금 그 마지막 벽을 마주하고 있다. 그 벽을 넘어야만 대결의 시대로 되돌아가지 않고 밝은 미래를 펼칠 수 있다"고 말했다. 문 대통령은 나흘 뒤인 22일 국회 시정연설에서도 "한반도는 지금 항구적 평화로 가기 위한 마지막 고비를 마주하고 있다"고 말하며 "북한의 호응을 촉구"했다. 문 대통령은 이번 협상 결렬을 '마지막 고비'라고 평가하며 끝까지 포기하지 않으려는 결의를 밝혔지만, 냉정히 생각해볼 때 2018년 초 기적처럼 시작된 한반도 평화 프로세스는 이미 상당 부분 동력을 상실한 상태였다.

한반도와 동아시아를 짓누르는 불신과 대립을 극복하고 한반도 비핵화와 항구적 평화를 실현하려는 한국의 처절한 현상변경 전략이 좌절된 지점에서 작동하기 시작한 것은 '한미일 대 북중러'라는 냉전의 익숙한 관성이었다. 미국은 악화된 한일 관계를 개선하고 방치돼왔던 한미일 3각 동맹을 정상화하기로 마음먹는다. 이 작업은 한국이 8월 22일 내린 지소미아 종료 결정을 뒤엎는 데서 시작할 수밖에 없었다.

먼저 칼을 빼 들고 나선 것은 지소미아 종료로 직접적인 영향을 받게 될 당사자인 미 국방부였다. 랜들 슈라이버Randall Schriver 인도·태평양 담당 차관보는 1일 미국 브루킹스연구소 토론회에서 "우리는 우리 동맹들에 (한일) 갈등으로 이익을 얻는 것은 중국·러시아·북한이라는 사실을 계속 일깨울 필요가 있다"고 말하며 11월 태국 방콕에서 예정된 "아세안 국방장관 회담에서 (한미일) 3개국 국방장관 회담을 열 기회를 가질 것"이라고 밝혔다. 이에 화답하듯 외무상에서 9월 11일 제20대 방위상으로 자리를 옮긴 고노 다로도 8일 기자회견에서 "기회가 있다면 정경두 국방장관과 만나는 데 인색하지 않겠다"고 말했다. 아베 총리는 11일 중의원 예산위원회에서 한 술 더 떠 "한국 쪽의 현명한 판단을 바란다"고 말하며 지소미아 종료 결정을 철회할 것을 요구했다. 북중러의 도발에 맞서려면 한미일이 더 굳세게 단합해야 한다는 미국의 채근은 지소미아 종료 시점인 11월 23일 0시가 가까워질수록 점점 거세어질 터였다.

궤도 수정

이 무렵 청와대 역시 지소미아 종료가 몰고 온 엄청난 후폭풍을 실감하고 궤도 수정을 시도한 것으로 보인다. 목표는 11월 초 방콕에서 열리는 아세안 관련 정상회의에서 한일 정상회담을 여는 것이었다. 문 대통령과 아베 총리가 직접 얼굴을 맞대고 한국은 '지소미아 종료', 일본은 '수출규제 철회' 문제에서 서로 조금씩 양보하는 타협책을 도출해내는 그림을 그렸을 것이다. 그랬다면 한국은 별다른 국가적 위신의 손상 없이 8월 말 내린 지소미아 종료 결정을 거두어들일 수 있었을지 모른다.

한국이 일본에 재차 접근을 시도한 것은 10월 중순이었다. 문 대통령은 14일 태풍 하기비스로 큰 피해를 받은 일본에 위로 전문을 보낸 데 이어, 지일파인 이낙연 국무총리를 천황 즉위식 참석이라는 명분을 내세워 도쿄에 파견했다. 청와대는 이낙연 총리 파견을 한일 관계 회복을 위한 결정적 카드라 판단했다.

이 총리의 방일 계획이 처음 보도된 것은 〈아사히신문〉을 통해서였다. 신문은 11일 '아베 정권 간부'를 인용해 "22일 거행되는 천황폐하 즉위식에 한국에서 지일파라 알려진 이낙연 총리가 출석하는 것으로 밝혀졌다. 일한 양국 정부는 이 총리 방문 기간에 아베 신조 총리와 회담하는 방향으로 조정 중"이라고 밝혔다. 이낙연 총리가 꽉 막힌 한일 간 교착 상황을 타개할 묘안을 아베 총리에게 제시할 것인가 주목한 것이다.

이 무렵 이 총리는 지난 6월 한국 정부가 공개한 1+1안에서 한국이 조금 더 양보한 1+1+α안을 통한 해결을 모색하고 있었다. 파이프 역할을 떠맡은 이는 한일의원연맹 일본 쪽 간사장인 가와무

라 다케오였다. 가와무라 간사장은 한 달 전인 9월 2일 이낙연 총리
와 만난 뒤, 이튿날인 3일 아베 총리에게 관련 내용을 보고했었다.
이낙연 총리가 전한 안은 한국의 지소미아 종료와 일본의 수출규제
철회를 세트로 묶어 처리하는 생각에 일본이 동의해준다면, 한국이
1+1+α와 같은 양보안을 받아들일 수 있다는 것이었다. 그러나 아베
총리는 "한국이 징용공 문제를 해결하는 게 가장 중요하다"고 말하
며 이 제안을 단칼에 거절했었다. 가와무라 간사장은 10월 11일 〈아
사히신문〉 인터뷰를 통해 당시 논의 내용을 자세히 설명했다.

—9월에 이낙연 총리와 회담했다. 한국이 지소미아 파기를 통고
한 직후 타이밍이었는데 어떤 대화가 오갔나.
"서울 총리관저에서 2시간 가까이 얘기했다. 이 총리는 어쨌든
한국을 화이트 리스트에 다시 포함시키면, 지소미아도 함께할
수 있다고 말했다. 나는 전前 징용공 문제 해결이 최우선이라고
생각하기 때문에 '전제는 징용공'이라고 말했다. 그러자 이 총
리가 '그에 대해서는 1+1+α를 생각하고 있다'고 했다. (중략) 즉
1+1은 징용공과 관계 있는 일본과 한국 기업이 [함께 기금에]
참여한다는 것으로, 여기에 '+α'인 한국 정부도 자금을 출연해
전 징용공에게 지급하는 안이다. 그러나 [일본 기업이] 배상금
을 다시 내면 [청구권 문제가 완전히 그리고 최종적으로 해결
됐다고 확인한] 일한 청구권 협정이 무너지고 만다. 나는 '일본
이 이 같은 배상금적 성격의 돈을 내는 안에 함께할 순 없다'고
전했다."

─이 총리가 [지금은] 대한 수출규제 강화와 지소미아 파기를 묶어 해결하자고 요구했다는 사실을 부인하고 있다는 보도도 나오는데.

"그는 화이트 리스트 해제를 우선한다는 입장인 것 같다. 한국 여·야당의 대립도 격렬해지고 있고 국내 여론도 있어서 국내 [여론]를 향한 강한 발언이 필요할 것이다. 하지만 나는 징용공 해결이 우선이라는 생각을 양보할 수 없다."

이 인터뷰가 공개된 직후인 16일 한일 국장급 회의가 서울에서 열렸다. 한국 외교부는 이 만남에서 새로 임명된 김정한 아시아태평양국장이 다키자키 시게키滝崎成樹 일본 아시아대양주국장에게 "일본의 수출규제 조치가 갖는 보복적 성격을 재차 지적하면서 조속 철회의 필요성"을 강조했고, 일본은 "일본의 입장을 설명"했다고 밝혔다. 외교부는 보도자료에 적진 않았지만, 이 회담에서 이낙연 총리의 방일 일정에 대한 논의도 이루어졌을 것이다. 이를 보여주듯 〈니혼게이자이신문〉은 17일 "한국이 [이 회담에서] 22일 일본을 방문하는 이낙연 총리와 아베 신조 총리의 회담을 실현시켜줄 것을 요청했다"고 밝혔다.

이후 한국 정부 당국자들이 잇따라 일본 언론에 등장하기 시작한다. 이낙연 총리 방일을 앞두고 한일 화해 무드를 조성하려는 일종의 군불 때기였다. 남관표 주일 한국대사는 17일 〈니혼게이자이신문〉에 한국은 "해결을 향한 모든 방법에 대해 열린 자세이다. 일본에게 더 좋은 아이디어가 있으면 협의하는 것도 가능하다", "입장의 차이가 정부 간 대립이 되어선 안 된다. 어느 쪽이 옳은지 싸우고 싶지 않다. 문제를 함께 해결하기 위한 지혜를 짜내는 게 중요하다"고 말했다. 방일을 앞둔 이 총리 역시 18일 자 교도통신과 가진 인터뷰에서 문 대통령이 한일 관계 현안 해결에 "강한 의지를 갖고 있다", "양국 관계를 7월 이전으로 되돌리기 바란다", "양국은 비공식 대화도 하고 있다. 쌍방의 지도자가 뒤를 밀면 속도가 올라갈 수 있다"고 말했다. 이 총리는 문제의 해결을 절실히 원했는지 "두 최고 지도자가 역사적인 의무라고 생각하고 [한일 현안을] 해결해주길 바란다. 그를 위해 내가 사자로서 역할을 하겠다"고 거듭 강조했다.

중대한 사명을 띠고 22일 일본으로 건너간 이 총리는 23일 오전 도쿄의 한 호텔에서 누카가 후쿠시로 한일의원연맹 회장을 만났다. 둘의 만남은 무려 1시간 10분이나 이어졌다. 이 총리는 누카가 회장에게 자신이 문재인 대통령의 친서를 가져왔으며, 이를 내일 예정된 아베 총리와의 만남에서 전달하겠다고 말했다. 누카가 회장은 호텔 앞으로 몰려든 기자들에게 "1965년 일한 청구권 협정 위에 지금의 한일 관계가 있다"고 말하며, 이 총리에게 협정을 지켜달라는 뜻을 전했음을 밝혔다. 그에 대해 이 총리는 "[청구권 협정을] 지키지 않는다고 말하지 않았다. 지키는 게 전제"라고 답했다.

이튿날인 24일 이 총리는 마침내 아베 총리와 얼굴을 마주했다. 만남에 할당된 시간은 애초 고작 10분이었지만, 오전 11시 12분부터 33분까지 21분간 면담이 이루어졌다. 이 총리는 한국이 2018년 10월 대법원 판결을 통해 이른바 65년 체제를 무너뜨리려 한다는 일본의 우려를 인식한 듯 "한국도 1965년 한일 기본조약과 청구권 협정을 존중하고 준수해왔다"고 말했다. 이어, 정상회담의 조기 개최를 요청하는 문 대통령의 친서를 건넸다.* 아베 총리는 "(한국) 대법원 판결은 국제법을 명백히 위반한 것이다. 일한 관계의 법적 기반을 근본부터 무너뜨렸다"고 쌀쌀하게 반응했다. 이 총리는 회담이 끝난 뒤 한국 기자단에게 "단속적으로 이어지던 외교 당국 간 비공식 대화가 이번 회담으로 공식적인 게 됐다"고 말했고, 동행한 한국 정부 고위 관계자도 "관계가 악화된 7월 이후 처음으로 고위급 회담이 열렸다. 하나의 분기점"이라고 의미를 부여했다.

하지만 아베 총리의 경직된 태도는 그대로였다. 〈요미우리신문〉은 이낙연 총리가 아베 총리를 예방한 지 엿새 만인 30일 "일본 정부가 다음 달 정상회담을 열지 않는다는 방침을 굳혔다"고 보도했다. 유화적 내용의 광복절 경축사를 통해 화해를 시도한 지난 8월에 이어 일본이 다시 한번 한국이 내민 손길을 뿌리친 것이었다.

이날은 하필 대법원 판결이 나온 지 정확히 1년째 되는 날이기도 했다. 일본 언론은 대법원 판결 이후 지난 1년을 돌아보는 특집 기사에서 원고인단이 현재 추진하고 있는 강제집행 명령이 실행돼 일본 기업 자산이 현금화되면 한일 관계는 한층 더 악화될 수밖에 없다는 경고를 쏟아냈다. 모테기 도시미쓰茂木敏充 외무상도 29일 기자회견에서 "현금화는 이루어져선 안 된다. 그런 일이 일어날 경우 일한 관계는 한층 더 심각한 상태가 된다. 그에 대해 강경화

---

* 　강경화 장관은 2019년 10월 30일 국회 외교통일위원회에서 "일본의 한 언론 보도를 보면 '이낙연 총리가 전한 대통령 친서에 조기 정상회담을 권하는 내용이 있었다'고 하는데 그것이 사실"이냐는 원혜영 더불어민주당 의원의 질문에 "그런 정상 간의 대화에 늘 열려 있는 입장에서 현안이, 어려운 시기가 극복이 되어서 만날 수 있으면 좋겠다 하는 희망을 피력하신 것으로 알고 있다"고 말했다. 문 대통령이 친서를 통해 정상회담을 요청했음을 인정한 것이다.

장관에게 내가 [일본의 우려를] 명확히 전달했다"고 말했다. 현금화가 이루어질 경우 추가 보복하겠다는 경고였다. 그렇다면 한국 역시 대응하지 않을 수 없고, 보복이 보복을 부르는 더 큰 '증오의 악순환'에 빠질 수밖에 없었다. 이는 안 될 일이었다.

이 무렵 한국 정부를 난처하게 만든 것은 문제 해결을 위한 시간이 절대적으로 부족하다는 점이었다. 23일 0시라는 지소미아 종료일이 성큼성큼 다가오고 있었다. 어쩔 수 없이 문 대통령이 직접 나서 다소 무리를 해서라도 일본과 소통할 기회를 만들어야 했다. 청와대는 조만간 태국 방콕에서 열리는 아세안+3 정상회의를 활용하기로 마음먹는다. 문 대통령은 11월 4일 아침 8시 35분(방콕 현지시각) 회의 참석을 위해 대기실에 입장하는 아베 총리와 악수한 뒤, 그를 옆에 있는 소파로 잡아끌었다. 두 정상은 소파에 앉아 11분 정도 환담했다.

만남 결과를 전하는 고민정 청와대 대변인의 서면 브리핑에 따르면, 문 대통령은 아베 총리에게 "[문제 해결을 위해] 필요하다면 보다 고위급 협의를 갖는 방안도 검토해보자"고 제의했다. 아베 총리가 10월 말 거부했던 정상회담을 '재요청'한 것이었다. 아베 총리는 "우리가 1965년 일한 청구권 협정에 관한 원칙[한일 간의 청구권에 관한 모든 문제는 해결됐다는 입장]을 바꾸는 일은 없을 것"이라는 종래 입장을 두 번 되풀이해 말했다. 양국 정상이 "우호적이고 진지한 분위기 속에서 환담을 이어갔다"는 청와대 발표와 달리 일본 총리관저는 자료를 따로 내놓지 않으며 불쾌한 기색을 감추지 않았다. 일본 외무성은 자국 언론에 "아베 총리가 양국 간 문제에 대한 우리 입장을 분명히 전했다"고만 알렸다.

치열한 실무협상

정상회담을 통한 문제 해결의 길이 막히자 한국 정부는 실무
회담으로 방향을 틀 수밖에 없었다. 마키노 요시히로 〈아사히신문〉
기획위원의 2020년 1월 〈분게이슌주〉 기고를 보면, 지소미아 종료
를 2주 앞둔 11월 10일 시작된 실무회담의 대표로 나선 이는 조세
영 외교부 제1차관과 아키바 다케오 외무성 사무차관이었다. 조 차
관이 '최소 두 번' 일본을 극비 방문하는 치열한 협상 끝에 ①한국
이 지소미아 종료 통고를 정지한다 ②한일 과장급에서 진행 중이
던 수출규제 조치에 대한 협의를 국장급으로 올린다 ③수출규제 철
폐를 위한 로드맵을 만든다는 타협안에 합의했다. 한국은 "수출규
제 협의에 기한을 정하자"고 주장했지만, 일본은 그렇게 되면 "철폐
를 전제로 한 협의가 된다"는 이유로 거부했다. 한국이 지소미아 종
료 결정을 번복하는 '현금'을 내놓은 데 견주어 일본은 수출규제에
대한 협의를 강화하는 '어음'만을 제시한, 한국의 대폭적인 양보 안
이었다. 이 안은 일단 19일 문 대통령에게 보고됐다. 정부는 이 안을
받아들일지 선뜻 결단하지 못했다.

조세영-아키바의 치열한 실무협상이 이어질 무렵, 한국은
'지소미아 종료 결정을 철회하라'는 미국의 노골적 압박에 시달리고
있었다. 데이비드 스틸웰David Stilwell 미 국무부 동아시아·태평양 담
당 차관보는 6일 김현종 제2차장과 70분에 걸쳐 가진 만남에서 "지
소미아는 미국뿐 아니라 한국의 국익에도 도움이 된다"고 말하며
연장을 강하게 요구했다. 이어, 마크 에스퍼Mark Esper 국방장관은
15일 제51차 한미 안보협의회의SCM가 끝난 뒤 기자회견에서 "지소
미아의 종료나 한일 갈등으로 득을 보는 곳은 평양과 베이징"임을

재차 강조했다. 에스퍼 장관은 회견 뒤 마크 밀리Mark Milley 합참의
장, 해리 해리스 주한 미국대사 등과 문 대통령을 예방해 지소미아
를 연장해달라는 무언의 압박을 가했다. 문 대통령은 "안보상 신뢰
할 수 없다는 이유로 수출규제 조치를 취한 일본에 대해 군사정보
를 공유하긴 어렵다"는 한국의 기본 입장을 설명하며 맞섰다.

비슷한 시기 일본 언론들은 지소미아 연장이 꼭 필요하다
고 주장하는 미국 인사들의 인터뷰 기사를 미친 듯 쏟아내며 한국
의 양보를 요구했다. 북한이 쉴 새 없이 탄도미사일을 쏘아대는 상
황에서 한미일 3각 연대는 한일 모두에게 사활적 국익이라는 주장
이었다. 〈니혼게이자이신문〉은 6일 사설에서 "지소미아 유효기간인
22일을 앞두고 일한의 엇갈림이 방위협력에 혼란을 가져오고 있다"
고 지적했다. 신문은 이어 한국 정부가 지소미아를 종료하겠다고 결
정한 뒤 "북한이 8월 24일, 9월 10일, 10월 2일, 10월 31일 탄도미사
일을 발사했다. 일본은 10월 2일 애초 두 발의 탄도미사일이 발사
됐다고 설명했지만, 나중에 한 발로 수정했다. 8월 24일 미사일 발사
때는 일본이 먼저 발표했다. 그동안은 한국이 1보를 전하는 게 일반
적이었다"고 밝혔다. 한일 두 나라가 싸움을 벌이는 탓에 군 당국 간
의 협조 체제가 흔들리면서 대북 안보 태세에 구멍이 났다고 우려
한 것이다.

지소미아 종료를 불과 일주일 앞둔 11월 17일, 슈라이버 차
관보가 10월 초 예고했던 한미일 3개국 국방장관 회담이 열렸다. 오
후 3시 반, 방콕 아바니 리버사이드 호텔에서 시작된 회담에 앞서
세 나라 장관은 사진 촬영에 응했다. 에스퍼 장관은 정경두 국방장
관과 고노 방위상과 손을 맞잡고 "동맹 맞죠, 동맹allies, right? allies"이

라고 물었다. 정 장관과 고노 방위상은 어색한 미소를 지었다.

대통령의 생각

그로부터 이틀 뒤인 19일 문 대통령은 전국에 생방송으로 중계된 '국민과의 대화'에 나섰다. 대화 말미에 당시 최대 국민적 관심사였던 남북 관계, 한일 관계, 지소미아 등에 대한 질문이 나왔다. 먼저 남북 관계에 대해 문 대통령은 자신의 생각을 솔직하게 털어놓았다. 오랫동안 대치해온 남북이 관계를 회복하려면 시간이 걸리고, 우여곡절이 있을 수밖에 없다는 설명이었다.

지금은 전쟁의 위험은 제거되고 대화국면에 들어서 있다. 물론 대화가 아직까지 완전히 성공한 것은 아니다. 우리는 반드시 현재 대화국면을 성공시켜 내야 한다고 생각한다. 초기에 2018년도 평창동계올림픽에 북한이 참가한 이후 아주 빠르게 세 차례 남북 정상회담, 두 차례 북미 정상회담이 전개가 되어왔기 때문에 근래의 남북 관계 상황이 교착 상태로 느껴지고 좀 답답하게 느껴질지 모르겠다. 그러나 좀 크게 보면 70년간의 대결과 적대를 이렇게 평화로, 그것도 대화와 외교를 통해 평화로 바꿔내는 일이기 때문에 시간이 많이 걸릴 수밖에 없고, 많은 우여곡절을 겪을 수밖에 없다. 그 점을 이해해주기 바란다.

곧바로 지소미아에 대한 답변이 이어졌다. 답변 도중 문 대통령은 일본이 한국에 일종의 안보 무임승차를 하고 있다고 지적했다.

이는 지난 냉전 시기 한국이 일본에 경제협력을 요청하며 '전가의 보도'처럼 꺼내 사용하던 논리였다. 1979년 12·12 쿠데타를 통해 정권을 잡은 전두환 정권은 1981년 4월 일본을 향해 느닷없이 "한국은 자유진영의 주축으로 국가 예산의 35퍼센트를 국방예산으로 쓰고 있다. 그로 인해 가장 큰 혜택을 받는 국가는 일본"이라고 말하며, 100억 달러라는 천문학적 경제협력을 요구했다. 문 대통령이 절실히 극복하려 했던 40년 전 '냉전의 논리'가 다시 자신의 입을 통해 쏟아져나온 것이다. 1980년대 말 냉전을 끝낸 동아시아가 30여 년에 걸친 탈냉전 시기를 지나 미중 대립으로 상징되는 신냉전으로 이행하고 있음을 보여주는 장면이었다. 문 대통령의 답변은 이어졌다.

정부 입장은 여러 번 밝혔다. 마지막 순간까지 지소미아 종료라는 사태를 피할 수 있다면 일본과 함께 그런 노력을 해나가겠다. 조금 추가로 설명하고 싶은 것은 지소미아 종료 문제는 일본이 그 원인을 제공한 것이라는 점이다. 우리 한국은 일본의 안보에 굉장히 큰 도움을 주고 있다. 일본의 안보에서 한국은 방파제 역할을 하고 있다. 일본은 미국으로부터 안보 우산을 제공받고 있다. 일본은 미국이 제공해주는 안보 우산, 우리가 하고 있는 방파제 역할에 의해 방위비용을 적게 들이면서도 자신들의 안보를 유지하고 있다.

일본의 전체 국내총생산GDP에서 국방비 비율은 1퍼센트가 채되지 않는다. 반면에 우리는 2.5~2.6퍼센트에 가깝다. 한국은 방위에 굉장히 많은 돈을 쓰고 있고 또 그것을 통해 일본 안보에도 도움을 주고 있는 것이다. 그런데 일본이 수출통제를 하면서 그 이유를 한국을 안보상으로 신뢰할 수가 없기 때문이라는 이유를 들었다. 한국에 수출되는 불화수소 등 우리 반도체에 필수적인 소재 부품들이 북한이나 제3국들에 건너가서 그게 다중살상무기나 화학무기가 될 수 있기 때문에 한국을 믿지 못하겠다는 것이다. 한국을 안보상으로 신뢰할 수 없다고 하면서 군사정보는 공유하고자 한다면 그것은 모순되는 태도이다. 그 의문, 의혹 자체가 터무니없는 것이기도 하거니와 설혹 그런 의구심이 있었다면 수출물자 통제를 좀 강화하는 조치를 취해달라든지, 수출물자가 실제 어떻게 사용되는지 내역을 알고 싶다든지, 한일이 그에 대한 소통이 필요하면 소통을 강화한다든지, 그런 식의 아무런 사전 요구 없이 어느 날 갑자기 수출통제 조치를 취한 것이다. 그에 대해선 우리로선 당연히 취할 도리를 취한 것이라는 말씀을 드린다. 우리로선 우리 안보에서 한미 동맹이 핵심이지만 한미일 간의 안보협력도 매우 중요하다. 우리는 최대한 일본과도 안보상으로 협력하고자 한다. 만약 지소미아가 종료되는 한이 있어도 일본과 안보협력을 해나갈 것이다. 그리고 일본이 지소미아의 종료를 원하지 않는다면, 수출통제 조치와 함께 그 문제가 해결될 수 있도록 하는 노력을 한국과 함께 머리를 맞대고 해나가야 할 것이다.

마지막 순간

양보할 것인가, 버틸 것인가. 절체절명의 순간, 김현종 제2차장은 18일부터 2박 3일 일정으로 미국을 극비 방문했다. 마지막으로 한 번 더 미국을 만나 지소미아 종료 결정에 대한 이해를 구하려 한 것이다. 하지만 매슈 포틴저 미 백악관 국가안보 부보좌관은 "지소미아는 유지해야 한다"고 차갑게 반응했다. 한국 정부는 마침내 '막다른 골목'에 다다랐음을 직감했다. 이대로 23일 0시가 되면 지소미아는 종료되고, 한국은 그에 대한 모든 비난을 뒤집어쓸 수밖에 없었다. 청와대는 조세영-아키바 안을 삼키기로 한다.

한국이 결정적인 양보를 결심했는데도 일본은 "문 대통령을 상대하고 싶지 않다. 지소미아를 종료하려면 종료하라"는 격앙된 입장을 바꾸지 않았다. 나고야에서 열린 G20 외교장관 회담 참석을 위해 방일 중이던 스틸웰 차관보는 21일 야치 국장의 후임인 기타무라 시게루 국가안전보장국장을 만나 "일본도 유연한 자세를 가져야 한다"고 설득했다. 미국이 그렇게까지 나오자 일본도 더는 고집을 피울 수 없었다. 아베 총리 역시 한국의 양보안을 받아들이기로 마음을 굳힌다.

한일 지소미아 갈등이 '한국의 양보'로 정리되어 가던 21일 북한 관영 〈조선중앙통신〉은 기묘한 자료 하나를 내놓는다. 문 대통령이 지난 5일 "부산에서 25일부터 열리는 한-아세안 특별정상회의에 김정은 국무위원장을 초청하는 친서를 보냈"고, 이후 "몇 차례나 국무위원장이 못 오신다면 특사라도 방문하게 해달라는 간절한 청을 보내왔다"는 내용이었다. 국정원은 앞선 9월 24일 국회 정보위원회에서 "김정은 위원장이 오는 11월 부산 회의에 참석할 가능성이 있다"는 사실을 밝힌 바 있다.[1] 김 위원장의 부산 방문과 관련해 남북 사이에 어느 정도 의사소통이 있었음을 알 수 있다.

하지만 북한의 최종 결론은 '불참'이었다. "판문점·평양·백두산에서 한 약속이 하나도 실현된 것이 없는 지금의 시점에 형식뿐인 북남 수뇌상봉은 차라리 하지 않는 것보다 못하다"고 말하며 문 대통령의 간곡한 요청을 돌려세웠다. 문 대통령이 친서를 보낸 날은 방콕에서 아베 총리를 억지로 소파에 앉혀 대화를 나눈 다음 날이었다. 김 위원장의 부산 방문이 성사됐다면, 한국은 지소미아 종료 결정을 유지할 수 있었을까.

이튿날인 11월 22일 오후 6시, 김유근 국가안보실 제1차장이 재차 춘추관 2층 브리핑실 연단에 올랐다. 두 달 전 자신이 발표했던 지소미아 종료 결정을 번복하는 내용이었다.

한일 양국 정부는 최근 양국 간의 현안 해결을 위해 각각 자국이 취할 조치를 동시에 발표하기로 했다. 우리 정부는 언제든지 한일 군사비밀정보보호협정의 효력을 종료시킬 수 있다는 전제하에 2019년 8월 23일 종료 통보의 효력을 정지시키기로 하였으며 일본 정부는 이에 대한 이해를 표했다. 한일 간 수출관리정책 대화가 정상적으로 진행되는 동안 일본 측의 3개 품목 수출규제에 대한 WTO 제소 절차를 정지시키기로 했다.

1분 남짓의 브리핑이 끝났지만, 김 차장은 묘한 표정을 지으며 쉽게 연단에서 내려오지 못했다. 무거운 침묵이 브리핑실을 짓누르고 있었다. 국가의 모든 위신을 걸고 벌인 한일 외교전에서 우리가 백기를 든 것이었다.

아베 총리의 회견은 그 직후인 오후 6시 32분 시작돼 28초 만에 끝났다. 이튿날 일본 언론에 보도된 총리동정을 보면, 한일의 막판 의사소통이 치열했는지 오후 3시 15분부터 이 긴 드라마의 일본 쪽 주인공들이 쉴 새 없이 총리관저를 드나든 기록을 확인할 수 있다. 사진 기자들의 플래시 소리가 미친 듯 쏟아지는 가운데 아베 총리는 "북한에 대한 대응을 위해 일한, 또 일미한의 연대협력은 매우 중요하다. 그것은 내가 거듭해 말한 것이었다. 이번에 한국도 그런 전략적 관점에서 판단한 것이라고 생각한다"고 말했다. 한동안 공개 석상에서 '일미 협력'만을 강조해오던 아베 총리의 발언 속에서 '일한, 일미한 협력'이라는 표현이 다시 부활했음을 알 수 있다. 표정은 한결 편안해졌지만, 이전과 다름없는 쌀쌀한 말투였다.

에필로그

청와대가 지소미아 종료 결정을 철회한다고 발표한 직후인 11월 23일 강경화 외교장관은 G20 외교장관 회의가 열린 일본 나고야에서 모테기 도시미쓰 외무상과 얼굴을 마주했다. 한국의 '큰 양보'가 이루어진 마당에 일본도 더는 정상회담을 거부할 명분이 없었다. 이날 오후 3시께부터 35분간 이어진 회담에서 양국은 "12월 [중국에서] 개최가 추진되고 있는 한일중 정상회의를 계기로 한일 정상회담 개최를 위해 조율해나가기로" 합의했다.

지소미아 종료 결정을 철회하는 치욕적인 결정을 내린 뒤 청와대는 "경제산업성의 22일 밤 왜곡 발표에 대해 일본이 미안하다는 뜻을 전해왔다", "일본이 한 달 안에 수출제한 조치를 풀지 않으면 지소미아를 다시 종료하면 된다", "일본이 자꾸 그런 식으로 하면, 한국도 앞으로 어떻게 할지 모른다try me" 등의 격한 반응들을 쏟아냈다. 특히, 한국어로 번역하면 '덤벼봐'에 해당할 "트라이 미"란 반응이 세인들의 관심을 잡아끌었다. 정의용 실장은 24일 그동안 있었던 한일 공방을 설명하는 브리핑에서 "지소미아 종료 통보 효력과 세계무역기구 제소 절차 정지 결정은 모두 조건부였고 잠정적이라는 점을 다시 한번 강조한다. 앞으로 협상은 모두 일본의 태도에 달려 있다"고 말하며 "끝으로 한마디만 더 덧붙이면 영어로 '트라이 미'라는 얘기가 있다. 어느 한쪽이 터무니없는 주장을 하면서 상대방을 계속 자극할 경우 '그래, 계속 그렇게 하면 내가 어떤 행동을 취할지 모른다'라는 경고성 발언이다. 제가 그런 말을 일본에 하고 싶다"고 내뱉었다. 현실 외교에서 상대의 태도가 마음에 들지 않는다고 해서 이미 내린 결정을 뒤집겠다고 공언하거나, "덤벼보라"고 도발할 순 없는 일이다. 결국, 모두 부질없는 말들이었다.

약속대로 한 달 뒤인 12월 24일 한중일 3개국 정상회담이 열린 중국 청두 샹그릴라 호텔에서 한일 정상이 만났다. 아베 총리가 회담장에 먼저 도착해 어색한 표정을 지으며 문재인 대통령을 기다렸다. 두 정상은 가볍게 미소 짓고 악수한 뒤 정해진 자리에 앉았다.

아베 총리가 먼저 "일한 양국은 서로에게 중요한 이웃이고, 북한을 비롯한 안전보장에 관한 문제에 있어 일한, 일한미의 연대는 극히 중요하다. 나는 중요한 일한 관계를 개선하고 싶다. 솔직한 의견 교환을 하고 싶다"고 말했다. 문 대통령은 뒤이어 "현재 양국 외교 당국과 수출관리 당국 간에 현안 해결을 위한 협의가 진행 중이다. 양국이 머리를 맞대어 지혜로운 해결 방안을 조속히 도출하기를 기대한다. [두 나라가] 경제·문화·인적 교류를 비롯한 협력을 이어나가고, 동북아 평화와 번영에도 함께하길 바란다"고 말했다. 한국은 이후 일본 정부가 7월 1일 불화수소 등에 대한 수출규제 강화 조치를 취한 명분으로 내세운 문제를 해소하기 위해 2020년 3월 18일 대외무역법을 개정해 재래식 무기로 전용 가능한 비전략 물자를 수출할 때 미리 정부의 허가를 받도록 하는 등 적극 대응했다.

그렇지만 예상대로 일본 정부의 보복조치 철회는 이루어지지 않았다. 일본 정부의 표면적 설명과 달리, 한국에 대한 보복이

2018년 10월 한국 대법원 판결에 대한 '대항조치'였기 때문이다. 일본이 꿈쩍도 하지 않자 한국은 6월 2일 지소미아 종료 결정을 취소하며 잠시 멈춰두었던 WTO 분쟁해결절차를 재개하기로 결정했다. 나승식 산업통상자원부 무역투자실장은 이날 "일본이 대한국 수출규제 강화조치 때 제기한 한일 정책대화 중단, 재래식 무기에 대한 '캐치올 통제'* 미흡, 수출관리 조직과 인력의 불충분 등 세 가지 사유는 모두 해소됐다. 불화수소 등 세 가지 품목과 관련해 지난 11개월 동안 운영과정에서 일본이 수출규제의 원인으로 지목했던 안보상 우려가 일체 발생하지 않았다"고 말했다. 그의 설명대로 한국은 2019년 12월, 2020년 3월 일본과 두 번의 정책대화를 했고, 대외무역법을 바꾸었으며, 산업통상자원부 내에 국장급의 무역안보정책관을 신설해 수출관리 인력과 조직 체계를 강화했다. 한국 정부가 제소 절차를 재개했지만, 현재 WTO 분쟁해결절차의 최종심을 담당하는 상소기구Appellate Body는 작동을 위한 최소 인원인 세 명을 채우지 못한 상태다. WTO 분쟁해결절차의 기능이 정지된 상태이니 최종 결과가 언제쯤 나올지 예측하기 어렵다.

일본이라고 이 기간 동안 편히 발 뻗고 지냈던 것은 아니다. 일본의 고민 역시 깊었다. 2019년 7월 한국의 등 뒤에 칼을 꽂은 조치로 인해 세계 IT 산업을 지탱하는 한국의 반도체 산업이 큰 타격

---

* 수출금지 품목이 아니더라도 대량살상무기에 이용될 가능성이 높은 수출품에 대해선 꼭 허가를 받도록 하는 제도를 말한다.

을 입는다면 첨단 산업 분야의 글로벌 공급망이 교란될 수밖에 없었다. 그런 일이 발생한다면 그 비난을 오롯이 일본이 뒤집어써야 했다. 이를 우려한 일본은 2019년 12월부터 불화수소와 플루오린 폴리이미드에 대해 개별 수출허가를 내주기 시작했고, 포토레지스트는 다시 포괄허가로 기준을 완화했다. 일본의 공격에 깜짝 놀란 한국도 '탈일본'을 위해 수입선을 다변화하면서, 조치가 나온 직후 쏟아졌던 여러 우려와 달리 결과적으로 한국 경제는 별다른 타격을 입지 않았다. 이는 지난 2019년 7월 일본의 조치가 자신들의 불만에 귀를 기울이지 않는 한국을 강하게 자극하려 한 것일 뿐, 한국 경제의 아킬레스건을 끊어 다시 일본에 굴복시키려는 '원대한 목적' 아래 이루어진 것이 아님을 방증하는 것이다.*

한국무역협회가 2020년 6월 내놓은 보고서 '일본 수출규제 1년, 3개 규제품목 수입동향'을 보면, 일본의 보복조치가 나온 2019년 7월부터 2020년 5월까지 11개월 동안 "포토레지스트(92.8퍼센트→86.7퍼센트)와 불화수소(42.4퍼센트→9.5퍼센트)의 대일 수입비중이 감소"했음을 확인할 수 있다. 하지만 플루오린 폴리이미드(92.7퍼센트→92.95퍼센트)의 수입비중은 오히려 "소폭 증가"했다. 또 불화수소에 대해선 어느 정도 탈일본화에 성공했지만, 나머지 두 물질의

---

* 일본이 한국 경제를 초토화시키겠다는 '의사'를 갖고 있는지는 알 수 없으나 그럴 만한 '능력'이 없음은 분명해 보인다. 한국의 반도체 산업은 이미 세계 IT 산업을 지탱하는 공급망의 중요한 부분을 차지하고 있다.

일본 의존도는 여전히 절대적임을 알 수 있다. 전국경제인연합회는 2020년 6월 29일 '일본 수출규제 1년, 평가와 과제 세미나'를 열어 "소·부·장(소재·부품·장비) 산업의 국산화가 일부 성공했지만, 한일은 협력할 때 더 큰 이익을 얻을 수 있다"고 짚었다. 일본 쪽의 평가도 비슷하다. 〈니혼게이자이신문〉은 2021년 2월 7일 자에서 일본의 보복조치 이후 한국에서 진행 중인 탈일본화 움직임을 건조하게 열거하며 일본이 쓸데없는 짓을 저질러 피차간에 피곤하게 됐다고 결론을 냈다. 한일 외교전에선 일본이 승리했지만, 경제전쟁의 승자는 누구인지 똑 부러지는 답을 찾기 힘들다.

그러는 사이, 코로나바이러스감염증-19(이하 코로나19) 위기가 전 세계를 덮쳤다. 2020년 초 시작된 코로나19 팬데믹으로 2018년 한때 1,000만 명에 달하던 한일 간 인적 왕래와 교류가 전면 중단됐다. 일본이 3월 5일 선제적으로 한국인에 대한 입국제한 강화 조치를 취하자, 강경화 외교장관은 이튿날 도미타 고지富田浩司 주한 일본대사를 초치해 "우리 국민을 대상으로 입국제한 강화 조치를 취한 데 대해 깊은 유감의 뜻을 표명하고 이러한 부당한 조치의 조속한 철회를 강력히 촉구"했다. 외교부 당국자는 일본의 '저의가 의심된다'고 날 선 감정을 드러냈지만, 섣부른 얘기였다. 코로나19의 영향으로 전 세계는 한동안 서로에게 문을 닫아걸 수밖에 없었다. 그 여파로 한일 대립 역시 잠시 소강상태에 접어들게 된다.

반면, 남북 관계는 돌이킬 수 없는 지경까지 크게 훼손됐다.

북한은 6월 16일 탈북민 단체가 북한에 띄워 보낸 대북 전단을 문제
삼으며 2018년 이후 남북 화해의 상징이었던 개성 남북공동연락사
무소를 폭파했다.

그런 가운데 한일 관계에 뜻하지 않은 전기가 찾아온다. 아
베 총리가 8월 28일 지병인 장궤양이 재발했다는 소식을 전하며 갑
작스레 사임 의사를 밝힌 것이다. 청와대는 그 뒤를 이어받은 스가
요시히데 총리를 상대로 "도쿄올림픽의 성공 개최에 적극 협력하
겠다"고 말하며 관계 개선을 위한 적극 외교를 펼쳤다. 박지원 신임
국가정보원장은 10월 10일 오후 3시 40분부터 26분 동안 스가 요시
히데 총리를 만났다. 박 원장은 이 자리에서 "도쿄올림픽의 평화적
개최와 일본인 납치 문제 해결에 실질적인 도움을 줄 수 있는 이는
문재인 대통령밖에 없다"고 말하며 한일 우호 관계의 새 지평을 연
1998년 파트너십 선언의 뒤를 잇는 또 다른 공동선언을 제안했다.
뒤를 이은 김진표 한일의원연맹 회장도 12일 도쿄에서 열린 한일의
원연맹 총회에서 "일본 정부에게 내년 7월 추진하는 도쿄올림픽이
(관계 개선의) 좋은 계기가 되리라 생각한다"고 말했고, 이튿날 스가
총리와 만나 이 생각을 다시 전했다. 하지만 일본은 "매우 엄혹한 상
황에 있는 일한 관계를 건전하게 되돌리기 위한 계기를 한국 쪽에
서 만들어줄 것을 다시 요구했다"는 강경한 입장을 바꾸지 않았다.
스가 총리의 등장을 계기로 2020년 연내에 한국에서 한중일 3개국
정상회의를 개최하고 이 틈을 타 한일 정상회의를 열려던 정부의

계획은 다시 무산됐다.

　이 책을 통해 2018~2019년 극에 달했던 한일 갈등이란, 남북 관계를 개선하고 북미 간 타협을 촉진해 한반도를 둘러싼 대립과 불신을 극복하려던 한국의 '현상변경' 전략과 중국의 부상과 북한의 핵 개발에 맞서려면 역사 문제를 극복하고(12·28 합의) 한미일 3각 동맹을 공고화해야 한다는 일본의 '현상유지' 전략 사이의 충돌이었음을 보여주려 노력했다. 한일 정상이 마지막으로 만난 청두 회담의 짧은 발언에서도 이 같은 '화해하기 힘든' 견해차가 고스란히 드러난다. 문재인 대통령이 "경제·문화·인적 교류를 비롯한 협력을 이어나가고, 동북아 평화와 번영에" 한일이 함께하자고 호소하는 데 견주어, 일본은 "북한을 비롯한 안전보장 문제에 있어 일한, 일한미의 연대는 극히 중요하다"고 밝히고 있기 때문이다. 결국, 이 견해차를 양국이 어떻게 소화하는지에 따라 한일 관계의 미래가 결정될 것이다.

　현재 일본엔 한국을 바라보는 세 가지 시선이 존재한다. 첫 번째는 일본의 대표적 지한파 지식인이자 전통적 리버럴인 와다 하루키 도쿄대 명예교수의 시선이다. 와다 명예교수는 한일 갈등이 최고조에 달해 있던 2019년 11월 2일 일본기자클럽 강연에서 한국에 두 가지를 요구했다. 하나는 한국이 지난 12·28 합의를 존중해줬으면 좋겠다는 것, 또 하나는 한반도 평화 프로세스에 일본을 초대해

달라는 것이었다. 이 강연에서 와다 명예교수는 "문재인 대통령이
[한반도 평화 프로세스 성공을 위해] 적극 노력하고 있지만, 한국만
으로는 아무것도 안 된다. 일본의 총리에게 '도와달라, 같이 하자'고
해야 한다"고 요청했다. 한국과 일본이 역사 문제를 극복하고 그 힘
을 바탕으로 평화로운 동아시아를 만들어나가자는 견해라 요약할
수 있다. 하지만 이 견해에 동의할 수 있는 일본인은 극히 소수일 것
이라 판단한다.

　두 번째는 〈아사히신문〉과 같은 중도 리버럴의 시선이다.
〈아사히신문〉은 한일이 서로를 향해 정면충돌하던 2019년 8월 17일
'일본과 한국을 생각한다, 다음 세대에 건네줄 호혜 관계를 유지
하자'라는 제목의 긴 사설을 게재했다. 사설의 핵심 주장은 한국은
일본군 '위안부' 문제에 대한 12·28 합의를 존중하고, 일본은 지난
2010년 간 나오토菅直人 총리가 내놓은 '간 담화'를 존중하자는 것이
었다. 간 담화는 일본의 지난 식민지배가 "조선인들의 뜻에 반해 이
루어졌다"고 인정해 '식민지배의 불법성'까지는 아니지만, 최소한
'부당성'을 인정한 담화였다. 양쪽이 이렇게 절반씩 양보해 역사 문
제에 종지부를 찍은 뒤, 북한과 중국의 위협에 대비하기 위해 한일,
한미일 군사협력을 강화하자는 게 중도 리버럴의 주장이다. 이 같은
주장에 입헌민주당 등 일본의 야당 세력이 공감할 것이라 생각한다.

　마지막은 현재 집권 세력인 자민당을 떠받치는 일본 보수 주
류의 견해다. 이들의 역사관이 집대성된 문서로는 일본이 2015년

8월 14일 '아베 담화'를 공개하기 직전인 8월 6일 '21세기 구상간담회'가 내놓은 보고서가 있다. 기타오카 신이치 도쿄대 명예교수 등이 참가해 만든 이 문서는 한국 386세대의 감정적인 반일 정서를 깊이 우려하면서 다음과 같은 제안을 내놓고 있다. "한국 정부가 역사 인식 문제에 있어 '골대'를 옮겨온 경위를 돌이켜보면[요구사항을 계속 옮겨왔다는 의미], 영속하는 화해를 달성하기 위해선 양국이 함께 한국의 국민감정에 어떻게 대응할지 방법을 검토하고, 화해를 [이루기] 위한 해법을 생각해내 [두 나라 정부가] 책임을 공유할 필요가 있다." 일본에 대한 한국인들의 격렬한 민족 감정을 일본 정부 혼자서 다루는 것은 극히 어려운 일이니 한일 양국 정부가 협력해 해법을 만들어야 한다는 제안이었다. 이 같은 고민에서 탄생한 것이 양국 정부가 '함께' 위안부 문제가 "최종적, 불가역적"으로 해결됐음을 확인한 12·28 합의였다.

　　그러나 2017년 5월 등장한 문재인 정부는 12·28 합의를 사실상 무력화했고, 2018년 10월엔 대법원 판결까지 나오면서 한일의 대립 전선은 위안부 문제에서 강제동원 피해 문제에까지 확장됐다. 한일 간의 역사 갈등이 수습할 수 없는 지경에 이르자 일본의 주류 보수는 이후 양국 관계를 사실상 포기하는 지경에 이르게 된다. 이런 심리를 가장 잘 드러내는 것이 스가 정권의 젊은 외교·안보 브레인인 호소야 유이치細谷雄一 게이오대 교수의 2019년 8월 18일 자 〈요미우리신문〉 기고다. 호소야 교수는 이 글에서 "한반도에선 문재인 정권이 남북통일에 대해 격렬한 열정을 보이고, 한국 정치에 대한 북한의 영향력 확대라는 흐름이 관찰된다. (중략) 한국이 다시 감정적 행동에 나서도 일본은 보복하지 말고 냉정하게 자제를 촉구해야 한다. 왜냐하면 일미한 안보협력의 파기와 미군의 한반도 철수를 요구하는 세력이 한국 정부의 배후에 꿈틀거리고 있기 때문이다. 일한 관계의 악화는 그들의 전략적 승리가 된다"고 주장했다. 이들의 주장은 일본이 12·28 합의로 역사 문제에서 양보할 만큼 한 이상 더는 양보가 불가능하며, 한미일 3각 협력의 필요성으로 인해 한일 관계가 중요하긴 하지만 여기에 지나치게 목맬 필요는 없다는 것으로 요약된다. 한국의 도발을 냉정하게 응시하면서, 사태 악화만을 막자는 결론이다. 아마도 대다수 일본인들이 공감하는 견해일 것이다.

이런 사실을 두루 생각해볼 때 한일 관계 개선의 해법을 도출해내는 것이 쉽지 않다. 일본의 주류가 생각하는 대한 외교의 목표가 역사 문제의 봉합과 그에 근거한 안보협력의 심화이기 때문이다. 한국인 대부분은 이런 일본의 주장에 대해 "역사 문제는 잊고, 미일이 주도하는 대북·대중 포위망의 최전선에 한국을 총알받이로 세우겠다는 것이냐"라고 받아들일 것임이 분명하다. 쉽지 않은 문제이나 이에 대한 나름의 해법을 제시하는 것으로 책을 마무리하려 한다.

역사 문제와 관련해선 크게 두 가지 쟁점이 있다. 하나는 위안부 문제, 다른 하나는 강제동원 문제이다. 먼저 위안부 문제와 관련해 한국과 일본은 2014~2015년 치열한 외교 협상을 통해 12·28 합의를 도출해냈다. 문재인 정부는 이 합의에 대한 무력화를 시도했지만, 파기를 선언하고 재협상을 요구하지는 않았다. 그로 인해 2018~2019년 양국 갈등이 정점에 달한 시기에도 위안부 문제가 한일 간의 현실적 외교 문제로 재부상하진 않았다.

하지만 이 불안한 균형은 2021년 1월 8일 나온 위안부 판결로 깨지게 된다. 법원이 '국내 법원이 외국 정부에 대한 소송에서 재판권을 행사하지 않는다'는 국제 관습법상의 주권면제(국가면제) 원칙을 깨고, 일본 정부가 일본군 '위안부' 피해자들에게 각 1억 원을 배상해야 한다고 판결했기 때문이다. 서울중앙지법 민사34부(재판장 김정곤)는 위안부 제도에 대해 "일본 제국에 의해 계획적·조직적으로 광범위하게 자행된 반인도적 범죄행위로서 국제 강행규범을 위반한 것으로, 이 사건의 행위가 국가의 주권적 행위라 해도 국가면제를 적용할 수 없다"고 판단했다.*

이 판결은 1991년 8월 자신이 위안부였음을 밝힌 김학순 할

---

* 하지만 서울중앙지법 민사15부(재판장 민성철)는 4월 21일 고 곽예남 할머니 등 20명이 일본 정부를 상대로 낸 손해배상 소송에서 각하 결정을 내렸다. 1월 판결과 똑같은 쟁점을 묻는 판결에서 정반대의 결론을 내린 것이다. 1월 판결을 위안부 문제와 같은 국제강행규범을 위반한 반인도적 범죄행위엔 국가면제를 적용할 수 없다고 판단했지만, 4월 판결은 "반인도적 범죄행위에 대해 국가면제를 적용할 수 없다는 쪽으로 국제 관습법이 변경됐다고 볼 수 없다"고 결론 냈다.

머니의 '첫 고발' 이후, 일본 정부에 의한 정치적 해결 시도(1995년 아시아여성기금), 일본 법원을 통한 소송(3건 모두 패소), 한일 정부 간 외교적 타협(2015년 12·28 합의) 등 30년에 걸친 길고 긴 우여곡절 끝에 한국 법원이 피해자들이 소망해온 '법적 배상' 요구에 마침표를 찍었다는 역사적 의미를 갖는다. 하지만 실제 집행되지는 못하는 상징적 판결로 남을 가능성이 높다. 원고들이 일본의 '진정한 사과'를 요구하고 있을 뿐, 배상금을 확보하기 위해 일본 정부의 국내 자산을 대상으로 강제집행 절차를 시작할 의사가 없다고 밝히고 있기 때문이다. 2020년 10월 베를린 소녀상이나 2021년 2~3월 마크 램지어Mark Ramseyer 하버드대 교수 사건에서 알 수 있듯, 위안부 문제를 보는 국제 여론은 한국에게 유리하다 할 수 있다. 정부는 원고들과 활발히 소통하면서, 위안부 문제는 전시하 여성에 대한 씻을 수 없는 국가 범죄라는 굽힘 없는 원칙만 유지하면 된다.*

다음은 강제동원 판결이다. 이 문제는 실로 난제라 할 수밖에 없다. 한국이 양보할 수 없는 마지노선인 '대법원 판결 이행'과 일본이 사수하려 하는 '65년 체제 유지'를 모두 만족시킬 수 있는 안을 도출하는 게 사실상 불가능하기 때문이다. 한국 정부는 어떻게든 피고 기업의 돈이 원고들에게 지급되어야 한다고 주장하지만, 일본은

---

* 법원은 1월 판결과 똑같은 쟁점을 물은 4월 21일 판결에선 정반대의 결론을 내며 원고들의 소청을 각하했다. 개인적으로 이를 한국 위안부 30년 운동에 대한 강제 마침표 시도라 평가한다.

그럴 경우 65년 체제는 무너지게 되니 받아들일 수 없다는 입장을 고수하고 있다. 만약 현재 압류돼 있는 피고 기업들의 자산이 현금화된다면 한일은 단교에 버금가는 마찰을 빚을 수밖에 없다.

생각할 수 있는 유일한 대안은 '피고 기업의 사과'를 입구로 하는 한일의 역사적 화해다. 일본의 주장대로 한일 간의 모든 청구권 문제가 1965년 청구권 협정으로 다 해결됐다 하더라도, 앞으로 꾸준히 이웃으로 살아가야 하는 두 나라가 서로에게 지켜야 할 기본적 도리의 문제까지 사라진 것은 아니다. 일본 기업들이 몇 명 남지 않은 고령의 원고들과 만나 진심으로 사과하고 손을 잡아준다면, 그들의 마음속에 응어리진 미움이 사라질 수 있다.

2018년 10월 판결은 대법원의 판결이긴 하지만, 민사 판결이다. 민사 판결에서 가장 중요한 것은 원고들의 의사이다. 피고 기업이 원고들에게 마음에서 우러나는 사과를 한다면, 원고들의 자발적 판단으로 현재 진행 중인 강제집행 절차를 내려놓을 여지가 생긴다. 실제로 원고 변호인은, 일본 기업의 사과가 문제 해결의 중요한 단초가 될 수 있음을 여러 차례 밝힌 바 있다. 원고 변호인단 임재성 변호사는 2020년 8월 〈한겨레〉 기고에서 "'사과'만으로 판결 이행이 완료되었다 할 수는 없습니다. 그러나 증폭되는 갈등 속에서, 일본제철 대표이사가 지금 당장 할 수 있는 '사과'라는 행위 이후, 우리는 분명 다른 관계를 시작할 수 있을 것"[1]이라고 밝혔다.

원고들이 피고 기업의 사과를 받고 역사적 화해에 응해준다면, 문재인 정부는 그동안 내세워온 피해자 중심주의 원칙에 따라 판결로 확정된 금액을 대지급하는 조치에 나서야 한다. 이후 한일은 외교 협상을 통해 이 역사적 화해를 뒷받침할 수 있는 재단 설립 등 후속 조치를 고민할 수 있다. 앞으로 생기는 재단은 일본에서 큰 관심을 보였던 '문희상안'*의 원칙에 따라 한국 기업은 참여를 의무화한다 해도 일본 기업은 완벽히 자발적 의사에 따라 참여하도록 해야 한다. 이 원칙이 지켜지지 않는다면 일본은 타협안을 받아들이지 않을 것이다. 재단 등이 설립된 뒤 한국 정부는 원고들에게 이미 지급한 금액을 받아올 수 있다. 일본 정부는 피고 기업의 사과를 입구로 하는 이 안에 대해서도 부정적 의견을 밝히고 있지만, 한일이 이웃으로 공존하기 위해선 인간으로서 자신들이 해야 할 도리를 해야 한다.

마지막 쟁점은 안보협력이다. 일본은 지난 150여 년 동안 대륙의 위협에 맞서 일본 열도를 지키려면, 한반도를 자기들의 영향력 아래 두어야 한다는 일관된 정책을 추진해왔다. 이런 인식을 명확한 외교 노선으로 처음 표현한 이가 메이지의 '원훈' 야마가타 아리토

---

* 문희상 전 국회의장은 2019년 12월 기억·화해·미래재단에 기금을 설치해 한일 양국 기업과 개인이 기부금으로 재원을 조성한다는 법안을 내왔다. 이 법안의 핵심은 재단이 "국내외에서 기부금 모집 때 [일본 기업의 참여를] 강요하지 않는다"(제11조)는 것이다. 이 안은 100퍼센트 가까운 일본 기업의 자발적 참여를 못 박아 일본에서 호의적 관심을 모을 수 있었다. 하지만 2020년 6월 20대 국회가 마무리되며 폐안됐다. 21대 국회에서도 법안 자체는 재발의된 상황이지만, 큰 관심을 받지 못하고 있다.

모山県有朋(1938~1922, 3·9대 총리)다.

야마가타가 제시한 '이익선'이라는 개념 아래에서 일본은 1904~1905년 국운을 걸고 러일전쟁에 임했고, 그 결과 한반도를 손에 넣었다. '한반도를 일본의 영향력 아래 두어야 한다'는 거대 명제 아래, 일본은 처음엔 조선을 식민지로 만들어 '직접 지배'했고, 1965년 한일협정 이후엔 한국의 경제발전을 지원하며 자신들의 영향력 아래 두는 '간접 통치' 전략을 구사했다. 하지만 한국의 국력이 커지며 한반도에 대한 일본의 영향력은 급격히 위축되는 중이다. 한일 관계 전문가인 기무라 간木村幹 고베대학 교수는 한일 관계가 악화된 근본 원인을 "성장한 한국이 더 이상 일본의 뜻대로 움직이지 않기 때문"이라고 설명하고 있다. 예전처럼 호락호락하지 않은 한국에게 일본이 초조감을 넘어 짜증과 분노를 느끼게 됐다는 것이다. 탁견이라 할 수 있다.

실제로 일본이 향후 10년 정도에 걸쳐 펼쳐갈 방위정책의 큰 틀을 담은 '방위협력 대강'을 보면, 한국에 대한 기대가 차차 실망으로 변해가는 흐름을 읽을 수 있다. 민주당 정권 시절 일본은 한국과 군사비밀보호협정은 물론 상호군수지원협정ACSA까지 추진할 계획이었다. 이런 기조는 아베 총리가 취임 1년 만에 책정한 2013년 12월 방위협력 지침에도 유지되고 있다. 일본은 한국을 미국 다음으로 중요한 안보협력 파트너로 상정하며 한국과의 협력에 대해 "북동아시아에서 미국의 프레젠스를 지지하는 입장에 있는 한국과 긴밀한 연대를 추진하며 정보보호협정과 물품역무상호제공협정(상호 군수지원협정)의 체결 등 이후 연대의 기반 확립을 위해 노력하겠다" 고 언급했다.

그러나 한일 관계가 악화되고 미일 동맹의 강조점이 좀 더 글로벌한 맥락의 '인도·태평양 전략'으로 옮겨가면서, 한국과 안보 협력을 이전보다 덜 강조하게 된다. 2018년 12월 개정된 방위협력 대강을 보면, 일본은 "자유롭고 열린 인도·태평양이라는 비전에 서서, 지역의 특성이나 상대국의 실정을 고려하며 다각적·다층적 안전 보장협력을 전략적으로 추진한다"고 말하면서 미국 다음으로 오스트레일리아·인도·아세안 국가를 먼저 언급한다. 이들 국가·지역에 이어 네 번째로 언급된 한국에 대해선 "폭넓은 분야에서 방위협력을 추진하는 것과 함께 연대의 기반 확립을 위해 노력한다. 또 지역에 있어서 평화와 안정을 유지하기 위해 일미한 3국 간 연대를 계속해 강화한다"는 정도의 언급에 그치고 있다. 현재 일본 내 안보 담론에서 한미일 3각 협력이 사라진 빈자리를 채우고 있는 것은 대중 견제를 위한 미국·일본·오스트레일리아·인도 등 네 나라 안보협력체인 쿼드이다.*

---

* 쿼드 4개국은 2019년 9월 뉴욕에서 처음으로 외교장관 회의를 열어 "'자유롭고 열린 인도·태평양 구상'을 실현하기 위해 협력하자"는 합의를 이루어냈다. 이 기조는 조 바이든Joe Biden 행정부 취임 뒤에도 이어질 전망이다. 바이든 대통령은 2021년 3월 12일 화상이긴 하지만, 처음으로 쿼드 정상회의를 열었다.

하지만 일본의 '한국 지우기'는 진심으로 한국과 안보협력을 하지 않겠다는 의미가 아니다. 일본에게 북한의 위협을 억제하기 위한 '한미일 3각 동맹'과 중국의 부상에 맞서기 위한 '쿼드'는 어느 하나 빼놓을 수 없는 안보의 양대 축이다. 다만, 한일 관계가 악화된 상황에서 한국의 협력을 얻기가 쉽지 않다고 보고 잠시 이를 '공백'으로 방치하고 있는 데 불과하다.

동맹을 중시하는 조 바이든 행정부는 한미일 안보협력을 강화하려 들 것이다. 3개국의 안보협력 그 자체는 우리에게도 현실적인 이익이 되는 만큼 무작정 꺼릴 일은 아니다. 중요한 것은 한국과 일본이 앞으로 어떤 동아시아를 만들어나갈지에 대한 '공통된 미래 비전' 속에서 협력을 추진해야 한다는 점이다. 일본은 오랫동안 한국에게 역사 문제는 그만 잊고 안보협력을 강화하자고 주장해왔다. 대부분의 한국인들은 지난 역사를 망각한 채 북한을 봉쇄하고 중국을 견제하고자 한미일이 뭉쳐야 한다는 것에 대해 강한 거부 반응을 보일 수밖에 없다. 그런 의미에서 일본은 남북 관계 개선과 통일에 대한 한국인의 열망을 이해해야 한다.

이 책에서 줄곧 언급해온 신냉전의 두 요소는 '중국의 부상'과 '북한의 핵 개발'이라 요약할 수 있다. 중국의 부상은 미중 간 패권 경쟁의 요소가 있어 단기간에 해법을 도출하기가 쉽지 않다. 그러나 북한의 핵 개발에 대해선 한일이 한데 의견을 모으는 게 불가능한 것만은 아니다. 실제로 2000년 김대중 대통령과 2002년 고이즈미 총리는 이 같은 공통 인식을 통해 같은 방향을 바라볼 수 있었다. 한일의 전략적 이해와 판단이 일치했기 때문에 2000년대 한일 관계의 황금기가 도래할 수 있었다.

먼저, 양국은 북한을 바라보는 전략적 시각차를 좁혀야 한다. 그래야만 지금과 같은 갈등 구조를 깨뜨릴 실마리를 찾을 수 있다. 아베 전 총리가 말했듯 "상호불신의 벽을 깨고" 북과 마주보지 않으면 결국 아무것도 시작되지 않는다.

다행히도 2021년 1월 20일 출범한 조 바이든 행정부는 합리적인 방향으로 대북정책의 큰 틀을 잡았다. 토니 블링컨Antony Blinken 미 국무장관은 3월 17~18일 한미 외교·국방 장관회의(2+2) 참석을 위해 서울을 방문해 북한을 '권위주의 정권'으로 규정하면서 "국민들에 대한 조직적이고 광범위한 학대를 자행하고 있다"고 작심 비판했다. 이어, 발언 기회가 있을 때마다 꼬박꼬박 북한의 일방적 비핵화를 암시하는 '북한 비핵화'란 표현을 고집했고, 18일 기자회견에서도 "우리는 북한 비핵화에 전념하고 있다"는 용어를 사용했다. 북미 대화는 또다시 멀어지는 것으로 보였다.

하지만 미국의 최종 선택은 북한과 대화를 통해 문제를 해결한다는 현실적인 접근이었다. 젠 사키Jennifer Psaki 백악관 대변인은 4월 30일 조 바이든 행정부가 '대북정책 재검토'를 끝냈다는 사실을 알리며 '한반도 비핵화'라는 표현을 사용했다. 이어, 미 외교안보정책의 사령탑인 제이크 설리번Jake Sullivan 백악관 국가안보좌관은

2일 ABC 방송에서 미국의 대북정책이 "북한을 적대하기 위함이 아니다"는 사실을 밝히며 자신들의 최종 목표가 "한반도의 완전한 비핵화"라고 못 박았다. 3월 중순 서울에서 한국 정부의 애를 태웠던 블링컨 장관도 5월 3일 G7 외교장관 회담이 열린 런던에선 '북한 비핵화'란 표현을 버리고 자신의 목표가 "한반도의 완전한 비핵화"임을 분명히 했다. 남북이 함께 비핵화를 달성하겠다는 한반도 비핵화와 달리, 북한의 일방적인 핵포기를 뜻하는 북한 비핵화는 외교적 수단으로는 도무지 달성할 수 없는 '먼 꿈'일 뿐이다. 미국이 한국 정부의 집요한 설득을 받아들여 실용적인 방향으로 대북정책의 방향을 잡은 것이다.

이어 5월 21일 역사적인 한미 정상회담이 열렸다. 이 회담에서 문재인 대통령과 바이든 대통령은 한반도의 완전한 비핵화에 대한 김정은 북한 국무위원장의 서약을 담은 6·12 싱가포르 공동선언뿐 아니라 "남북이 공동번영과 자주통일의 미래를 앞당긴다"는 내용을 담은 4·27 판문점 선언까지 수용했다. 또 "남북 대화와 관여, 협력에 대한 지지를 표명"하며 전임 트럼프 행정부가 끝내 인정하지 않았던 남북 관계의 자율성을 일정 부분 인정했다. 한국 정부가 오랫동안 요구해온 대북정책의 '독자성'을 대폭 받아들인 것이다. 문재인 대통령은 회담 이후 기자회견에서 "싱가포르 공동성명 등 과거 합의를 토대로 현실적이고 실용적인 접근을 통해 북한과 외교를 모색하겠다는 바이든 정부의 대북정책을 환영한다"고 말하며

"북한의 긍정적인 호응을 기대한다"고 밝혔다.

이에 대해 일본은 여전히 핵·미사일·납치 문제 해결 등 자신들의 3대 요구사항을 고수하며 경직적인 모습을 보이고 있다. 모테기 외무상은 25일 기자회견에서 한미 정상회담 결과에 대한 의견을 묻는 질문에 "일미한 3개국의 협력은 인도·태평양 지역의 평화, 안정, 번영에 불가결하다. 일본은 북한에 대한 대응 등 지역의 안정을 위해 앞으로도 일미한 3개국 연대를 해나가겠다"고만 말했다. 일본은 바이든 행정부가 싱가포르 공동선언을 계승하기로 했다는 점에 대해 가타부타 의견 표명을 삼가는 중이다.

바이든 행정부의 초기 선택은 일본보다 한국 정부의 입장을 대폭 받아들인 모양새다. 하지만 일본은 바이든 행정부의 대북정책이 자신들의 국익을 훼손하는 방향으로 집행돼 간다면 2018~2019년에 그랬던 것처럼 외교력을 집중해 맹렬히 저항할 것이다. 그렇게 될 경우 '신냉전 한일전' 2라운드가 불가피해 보인다.

이런 상황을 막기 위해서라도 한국은 재팬 패싱을 통해 동아시아의 현상을 변경하려는 시도를 포기해야 한다. 일본은 2018~2019년 이 지역의 안보 질서에 근본적인 변화를 가져오는 한반도 평화 프로세스를 시행하는 데 상당한 '비토 파워 veto power'를 보유하고 있음을 실증했다. 한국이 추진하는 2차 한반도 평화 프로세스는 일본을 포섭하는 방식이 되어야 한다. 일본은 한국이 자신들에게 적대적으로 돌아서는 순간, 일본 열도의 방어선이 현재의 휴전선에서 대한해협으로 내려올 수 있다는 사실에 극도의 공포심을 느끼고 있다. 일본인이 남북 관계 개선과 통일에 대한 한국인들의 열망을 이해해야 하듯, 한국인들도 한반도 정세 변화에 늘 촉각을 곤두세우는 일본의 안보 불안을 이해해야 한다. 일본의 불안감을 해소하는 가장 분명한 해법은 할 수 있는 선에서 한일 간 군사협력을 심화하는 것이다. 이를 위해 한일은 외교·국방 장관회의(2+2)를 정례화하는 등 허심탄회한 소통의 자리를 가급적 많이 만들어야 한다.[2]

2017년 4월 도쿄 특파원을 마치고 귀국한 뒤 그해 10월 펴낸 책《아베는 누구인가》에서 "역사 문제는 접어두고 안보협력을 하자는 일본과 이에 동의하지 못하는 한국 사이의 갈등은 계속 이어질 것이다. 지난 4년 동안 이어져온 한일 갈등은 어쩌면 앞으로 닥칠 '거대한 불화'의 서막에 불과할지도 모른다"고 적었다. 예측대로 한국과 일본은 불화했고, 동아시아의 미래를 건 처절한 한일 외교전에서 한국은 패배했다. 이 복잡하게 얽힌 불신과 증오의 늪에서 극적인 화해의 계기를 찾아내기란 불가능하다. 다를 수밖에 없는 서로의 '전략적 입장'에 대한 상호 이해를 바탕으로 더는 사태를 악화시키지 않으려는 초인적인 자제력과 부단한 소통이 필요하다.

감사의 말

이 책을 쓰며 허다한 분들의 도움을 받았다.

한일 관계가 엉망으로 치닫던 2019년 여름에서 겨울 사이, 한일 양국에서 열린 적잖은 토론회에 불려나가 여러 얘기를 주고받았다. 가장 도움이 된 토론회는 2019년 8월 8일 경남대 극동문제연구소에서 열린 제64차 통일전략포럼 '한일 관계 어떻게 풀어야 하나?'와 8월 26일 서울대학교 일본연구소 관정일본연구 제1회 학술회의 '한일 관계 반일과 혐한을 넘어서'였다. 이 자리에서 듣고, 말하고, 정리한 얘기들이 이 책 내용의 단단한 줄기가 됐다. 토론회에 초대해준 조진구 경남대 교수와 남기정 서울대 일본연구소 교수께 감사드린다.

2018~2019년 전개된 한일 갈등은 무엇이었을까. 전쟁 같았던 양국 간 대결을 목도하면서 민족 감정을 배제하고 차분한 이성의 눈으로 지난 갈등의 추이를 하나의 스토리로 재구성해보고 싶다는 생각을 품게 됐다. 이 막연한 생각이 구체적인 집필 계획으로 바뀐 것은 2020년 4~5월께였다. 김병준 생각의힘 발행인은 출판 제안에 적극 화답해줬고, 정혜지 편집자는 원고를 잘 갈라쳐가며 집필 의욕을 북돋워줬다.

책 계약이 이루어진 직후인 6월께 고경태 〈한겨레〉 부국장으로부터 신문에 연재할 수 있는 좋은 기획거리가 있으면 알려달라는 제안을 받았다. 이 책을 쓰려고 모아둔 생각을 정리해 전달했더니, 흔쾌히 받아들여줬다. 연재가 최종적으로 승인되기까지 다소 우여곡절이 있었다고 들었지만, 2020년 7월 15일 〈한겨레〉 24면에 무사히 첫 원고를 내보낼 수 있었다. 〈한겨레〉 지면에 문재인 정부의 대일정책을 맹렬히 비판하는 글을 18회나 연재하는 게 쉬운 일은 아니었을 텐데, 고 부국장과 임인택 여론팀장은 그에 대해 일언반구 언급한 적이 없다. 두 분께 감사의 뜻을 전한다.

연재가 마무리된 것은 3월 초였다. 이후 두 달에 걸쳐 신문 연재엔 다 싣지 못한 내용을 보강하는 작업에 몰두했다. 바쁜 일과 중에 틈틈이 원고를 정리하느라 죽을 만큼 고생했다. 크고 작은 짜증과 궁시렁거림을 참아준 이주현 정치부장과 같은 팀의 박병수·이제훈 선배, 후배 김지은 씨께 감사드린다. 원고에 대해 다양한 의견을 남겨준 정태인 선생님, 권혁태 선생님(성공회대), 정욱식 평화네트워크 대표, 하남석 서울시립대 교수, 박민희 선배께도 감사드린다.

나이가 점점 들어가면서, 어떻게 사는 삶이 올바르고 가치 있는 것인가 확신하지 못해 길을 잃고 헤매곤 한다. 북극성이 없는 칠흑 같은 밤바다에서 나침판 역할을 해주는 것은 오로지 가족들의 존재다. 두 어머님인 강홍자·최인수 여사, 아내 김명아, 멀리 떨어진 누나 길민정에게 미안하다는 말을 전한다. 책에서 발견되는 크고 작은 실수와 오류가 있다면 모두 저자인 나의 책임이다.

2021년 6월 이문동 서재에서
길윤형

미주

프롤로그

1. 〈한겨레〉 2015년 6월 5일 자 8면

2. 〈한겨레〉 2019년 8월 5일 자 9면

3. 홍지상, 〈일본 수출규제 1년, 3대 규제품목 수입 동행 및 대일의존형 비민감 전략물자 점검〉, 한국무역협회 국제무역통상연구원, 2020년 25호

4. 오구라 가즈오, 조진구·김영근 역, 《한일 경제협력자금 100억 달러의 비밀》, 디오네, 2015, 17쪽

5. 최서면, 《한일 관계 막후 60년 최서면에게 듣다1·2》 나남, 2020, 136쪽

1장

1. 더불어민주당, 〈제19대 대통령선거 더불어민주당 정책공약집: 나라를 나라답게〉, 2017, 234쪽

2. 문재인 구술, 이나미 씀, 《운명에서 희망으로》, 다산북스, 2017, 250~251쪽

3. Bob Woodward, 《Rage》, Simon & Schuster, 2020, 71쪽

4. 〈한겨레〉 2017년 11월 11일 자 8면

5. 조성렬, 《한반도 비핵화 리포트》, 백산서당, 2019, 19쪽

6. 문재인, 《문재인의 운명》(특별판), 북팔, 2017, 111쪽

7. 安倍晋三, 岡崎久彦, 《この国を守る決意》, 扶桑社, 2004, 103쪽

8. 〈한겨레〉 2017년 12월 29일 자 3면

2장

1. 〈조선중앙통신〉 2017년 11월 29일

2. 〈한겨레〉 2018년 2월 10일 자 4면

3. 〈한겨레〉 2018년 2월 12일 자 4면

3장

1. 이 영상(https://www.youtube.com/watch?v=VLwIIMT6uFw) 속에 당시 상황이 담겨 있다.

2. 조성렬, 위의 책, 113쪽

3. 牧野愛博, 《ルポ金正恩とトランプ》, 朝日新聞出版, 2019, 151쪽

4. Bob Woodward, 《Fear》, Simon & Schuster, 2018, 98쪽

5. Bob Woodward, 《Rage》, Simon & Schuster, 2020, 39~40쪽

6. Bob Woodward, 위의 책, 155쪽

7. 〈동아일보〉 2018년 5월 11일 자 2면

8. Woodward, 위의 책, 40~43쪽

9. Woodward, 위의 책, 91쪽

4장

1. 존 볼턴, 박산호·김동규·황선영 역, 《그 일이 일어난 방》, 시사저널, 2020, 122쪽

2. 존 볼턴, 박산호·김동규·황선영 역, 위의 책, 122쪽

3. 牧野, 위의 책, 53쪽

4. 〈아사히신문〉 2018년 4월 23일

5. 볼턴, 위의 책, 126쪽

6. 牧野, 위의 책, 60쪽

5장

1. 조성렬, 위의 책, 122쪽

2. 볼턴, 위의 책, 175쪽

3. 牧野, 위의 책, 40~41쪽

4. 볼턴, 위의 책, 153쪽

5. 牧野, 위의 책, 41쪽

6. 〈아사히신문〉 2018년 6월 14일

6장

1. 〈아사히신문〉 2018년 6월 14일

2. 〈마이니치신문〉 2020년 9월 4일

7장

1. 볼턴, 위의 책, 172쪽

2. 정욱식, 《한반도의 길, 왜 비핵지대인가?》, 유리창, 2020, 106쪽

3. 〈로이터통신〉 2018년 8월 9일, 牧野, 위의 책, 9쪽

4. 牧野, 위의 책, 75~77쪽

5. 볼턴, 위의 책, 177쪽

6. 볼턴, 위의 책, 178~179쪽

7. 牧野, 위의 책, 110쪽

8. Woodward, 위의 책, 172쪽

9. 〈한겨레〉 2018년 8월 6일 자 6면

10. 볼턴, 위의 책, 180쪽

11. 볼턴, 위의 책, 180쪽

12. 〈조선중앙통신〉 2018년 9월 6일

13. 〈한겨레〉 2018년 9월 21일 자 2면

8장

1. 〈한겨레〉 2018년 12월 4일 자 1면

2. 〈국무총리실 한일수교회담문서공개 등 대책기획단 활동 백서〉, 42~43쪽

3. 牧野, 《ルポ「斷絶」の日韓》, 朝日新聞出版, 2019, 56쪽

4. 〈중앙일보〉 2019년 8월 3일 자 6면

5. 堀山明子, 〈世界〉, 2019년 5월호

6. 〈마이니치신문〉 2020년 9월 4일

7. 牧野, 위의 책, 67쪽

8. 堀山明子, 〈世界〉, 2019년 5월호

9장

1. 牧野, 위의 책, 60쪽

2. 牧野, 위의 책, 58~60쪽

3. 牧野, 위의 책, 61쪽

4. 牧野, 위의 책, 20~21쪽

5. 〈산케이신문〉 2018년 12월 29일 자

6. 〈마이니치신문〉 2020년 7월 13일 자

7. 〈아사히신문〉 2018년 12월 29일 자

8. 〈한겨레〉 2019년 1월 23일 자

9. 2019년 8월 26일 서울대학교 일본연구소 관정일본연구 제1회 학술회의 발언

10장

1. 牧野, 《ルポ金正恩とトランプ》, 2019, 79~80쪽

11장

1. 〈조선일보〉 2019년 1월 21일 자 2면

2. Woodward, 위의 책, 174쪽

3. 〈한겨레〉 2019년 1월 21일 자 1면

4. 볼턴, 위의 책, 467~468쪽

5. 김양희, 일본의 수출규제 강화에 대응한 한국의 '탈일본화'에 관한 시론적 고찰, 일본비평 24호, 27쪽, 아카이케 의원 블로그(https://ameblo.jp/akaike-masaaki/entry-12432383035.html)

6. 〈아사히신문〉 2019년 10월 18일 자

7. 〈조선일보〉 2019년 2월 9일 자 1면

8. 볼턴, 위의 책, 466~467쪽

9. 조성렬, 위의 책, 130쪽

10. 〈아사히신문〉 2019년 2월 19일 자

11. 볼턴, 위의 책, 467~468쪽

12. 〈한겨레〉 2019년 2월 28일 자 6면

13. 볼턴, 위의 책, 468쪽

12장

1. 볼턴, 위의 책, 475~476쪽

2. CNN 2018년 3월 7일, 이를 인용해 보도한 〈한겨레〉 3월 8일 자 6면

3. Woodward, 위의 책, 175쪽

4. 문 대통령 1일 수석·보좌관 회의 발언

13장

1. 〈조선일보〉 2021년 5월 10일 자 1면

2. 볼턴, 위의 책, 493쪽

3. Woodward, 위의 책, 176쪽

14장

1. 〈마이니치신문〉 2019년 9월 3일, 〈아사히신문〉 2019년 10월 18일 보도

2. 〈조선일보〉 2019년 7월 15일 자 4면

3. 〈한겨레〉 2019년 7월 13일 자 6면

4. 岡本有佳·加藤圭木(編集), 《だれが日韓「対立」をつくったのか》, 大月書店, 2019, 116~120쪽

5. 성명 전문은 이곳(peace3appeal.jimdofree.com)에서 확인할 수 있다.

15장

1. 牧野愛博, 《韓國を支配する「空氣」の研究》, 文藝春秋, 2020, 168~169쪽

2. 〈니혼게이자이신문〉 2019년 9월 26일 자

3. 〈조선일보〉 2019년 10월 4일 자 8면

16장

1. 〈조선일보〉 2019년 9월 25일 자 1면

에필로그

1. 〈한겨레〉 2020년 8월 6일 자 23면 기고

2. 조진구, 〈일본의 대한수출규제 1년의 한일관계 평가와 전망〉, 경남대학교 극동문제연구소, IFES BREIF_2020-16

참고문헌

정부 자료

본문에 자료 혹은 보도자료라 표기된 자료는 아래 누리집에서 확인할 수 있다. 미국은 트럼프 행정부 시절 자료를 찾아볼 수 있는 아카이브 사이트를 표기해둔다. 검색이 불가능해 해당 자료를 찾으려면 큰 고생을 해야 한다.

한국
- 청와대 www.president.go.kr
- 외교부 www.mofa.go.kr
- 국방부 www.mnd.go.kr

일본
- 총리관저 www.kantei.go.jp
- 외무성 www.mofa.go.jp/mofaj/
- 방위성 www.mod.go.jp

미국
- 백악관 trumpwhitehouse.archives.gov/news
- 국무부 2017-2021.state.gov/bureaus-offices/under-secretary-for-public-diplomacy-and-public-affairs/bureau-of-global-public-affairs/office-of-the-spokesperson/index.html
- 국방부 www.defense.gov

정기간행물

한국

· 〈한겨레〉, 〈조선일보〉, 〈동아일보〉, 〈창작과비평〉

일본

· 〈朝日新聞〉, 〈読売新聞〉, 〈毎日新聞〉, 〈日経新聞〉, 〈産経新聞〉,
〈文藝春秋〉, 〈世界〉, 〈Will〉, 〈AREA〉, 〈外交〉

미국

· 〈New York Times〉, 〈Washington Post〉, 〈Wall Street Journal〉, 〈VOX〉,
〈Foreign Affairs〉

단행본

한국

· 길윤형, 《아베는 누구인가》, 돌베개, 2017
· 경남대학교 극동문제연구소, 《한일관계, 무엇이 문제이고 어떻게 풀어야 하나》, 페이퍼로드, 2020
· 더불어민주당, 〈제19대 대통령선거더불어민주당 정책공약집: 나라를 나라답게〉, 2017
· 라종일, 《한국의 불행한 대통령들》, 파람북, 2020
· 류성룡, 김흥식 역, 《징비록》(개정증보판), 서해문집, 2014
· 문재인, 《문재인의 운명》(특별판), 북팔, 2017
· 문재인 구술, 이나미 씀, 《운명에서 희망으로》, 다산북스, 2017
· 사와다 가쓰미, 정태섭 역, 《한국과 일본은 왜?》, 책과함께, 2020

· 심규선, 《위안부 운동, 성역에서 광장으로》, 나남, 2021

· 아오키 오사무, 길윤형 역, 《아베삼대》, 서해문집, 2017

· 야스다 고이치, 김현욱 역, 《거리로 나온 넷우익》, 후마니타스, 2013

· 오구라 가즈오, 조진구·김영근 역, 《한일 경제협력자금 100억 달러의 비밀》, 디오네, 2015

· 위성락, 《한국 외교업그레이드 제언》, 21세기북스, 2020

· 정성장·김진무·전봉근·김열수, 《한반도 비핵.평화의 길》, 세종연구소, 2018

· 정욱식, 《한반도의 길, 왜 비핵지대인가?》, 유리창, 2020

· ──, 《한반도 평화, 새로운 시작을 위한 조건》, 유리창, 2021

· 조성렬, 《한반도 비핵화 리포트》, 백산서당, 2019

· 최서면, 《한일 관계 막후 60년 최서면에게 듣다1·2》 나남, 2020

일본

· 安倍晋三, 岡崎久彦, 《この国を守る決意》, 扶桑社, 2004

· 岡本有佳·加藤圭木(編集), 《だれが日韓「対立」をつくったのか》, 大月書店, 2019

· 姜尙中, 《朝鮮半島と日本の未来》, 集英社新書, 2020

· 木村幹, 田中悟, 金容民, 《平成時代の日韓関係》, ミネルヴァ書房, 2020

· 牧野愛博, 《ルポ金正恩とトランプ》, 朝日新聞出版, 2019

· ──, 《ルポ「断絶」の日韓》, 朝日新聞出版, 2019

· ──, 《韓國を支配する「空氣」の研究》, 文藝春秋, 2020

· 峯岸博, 《日韓の断層》, 日本經濟新聞出版社, 2019

· 武藤正敏, 《文在寅という災厄》, 悟空出版, 2019

· ──, 《日韓対立の真相》, 悟空出版, 2015

미국

· Bob Woodward, 《Fear》, Simon & Schuster, 2018

· ---, 《Rage》, Simon & Schuster, 2020

· John Bolton, 《The Room Where It Happened》, Simon & Schuster, 2020

· Kurt Campbell, 《The Pivot》, Twelve, 2016

논문

· 길윤형, 〈구조적 위기 위에 놓인 한일관계〉, 황해문화, 103호

· 김양희, 〈일본의 수출규제 강화에 대응한 한국의 '탈일본화'에 관한 시론적 고찰〉, 일본 비평 24호

· 심규선, 〈위안부 합의는 적폐인가: 위안부 TF보고서에 대한 비판적 검증〉, 일본공간, 24호

· 와다 하루키, 〈위안부 문제의 해결을 목표로 한 운동에 대한 감상〉, 일본공간 24호

· 조진구, 〈문재인 정부의 대일정책: 일본군 위안부 문제를 중심으로〉, 한일민족문제연구, 36권 0호

· 홍지상, 〈일본 수출규제 1년, 3대 규제품목 수입 동행 및 대일의존형 비민감 전략물자 점검〉, 한국무역협회 국제무역통상연구원, 2020년 25호

신냉전 한일전

동아시아 신냉전 시대에 마주한
결정과 갈등과 대립의 순간들

1판 1쇄 펴냄 | 2021년 7월 1일

지은이 | 길윤형
발행인 | 김병준
편　집 | 정혜지
디자인 | 최초아
마케팅 | 정현우
발행처 | 생각의힘

등록 | 2011. 10. 27. 제406-2011-000127호
주소 | 서울시 마포구 양화로7안길 10, 2층
전화 | 02-6925-4183(편집), 02-6925-4188(영업)
팩스 | 02-6925-4182
전자우편 | tpbook1@tpbook.co.kr
홈페이지 | www.tpbook.co.kr

ISBN 979-11-90955-16-4 93300